Dr. Sven Jungmann und Felix Staeritz

Das entscheidende Jahrzehnt

DR. SVEN JUNGMANN
UND FELIX STAERITZ

DAS **ENTSCHEIDENDE**
JAHRZEHNT

Wie wir mit **digitaler Innovation**
die nächsten Krisen meistern können

Übersetzung aus dem Englischen
von Philipp Seedorf

REDLINE | VERLAG

Bibliografische Information der Deutschen Nationalbibliothek
Die Deutsche Nationalbibliothek verzeichnet diese Publikation in der Deutschen Nationalbibliografie. Detaillierte bibliografische Daten sind im Internet über http://dnb.d-nb.de abrufbar.

Für Fragen und Anregungen
info@redline-verlag.de

Originalausgabe
1. Auflage 2021
© 2021 by Redline Verlag, ein Imprint der Münchner Verlagsgruppe GmbH
Türkenstraße 89
80799 München
Tel.: 089 651285-0
Fax: 089 652096

© der Originalausgabe
Die englische Originalausgabe erschien 2020 bei Lid Publishing
unter dem Titel *FightBack NOW: Leveraging your assets to shape the new normal.*

Übersetzung: Philipp Seedorf
Redaktion: Jordan Wegberg
Umschlaggestaltung: Marc Fischer
Umschlagabbildung: Shutterstock/ Jackie Niam_ concept of network connection technology
Satz: Achim Münster, Overath
Druck: GGP Media GmbH, Pößneck
Printed in Germany

ISBN Print 978-3-86881-842-0
ISBN E-Book (PDF) 978-3-96267-314-7
ISBN E-Book (EPUB, Mobi) 978-3-96267-315-4

Weitere Informationen zum Verlag finden Sie unter
www.redline-verlag.de
Beachten Sie auch unsere weiteren Verlage unter www.m-vg.de

INHALT

WIE DIESES BUCH ENTSTAND

Entrepreneure wollen die Welt verändern. So sind sie nun einmal. Sie werden als Aktivisten geboren, die stets unzufrieden sind mit dem Status quo, ob im Unternehmen oder der Gesellschaft. Voller Ungeduld streben sie nach Wandel und sind intolerant gegenüber Gewohnheiten, Traditionen und Vorannahmen, die sich darauf gründen, dass man das »schon immer so gemacht hat«.

Inspiriert werden sie von allem, was um sie herum geschieht – was sie sehen, hören, lesen, was sie frustriert, was sie träumen oder sich vorstellen. Und wenn sie erst einmal eine Idee haben, wollen sie diese ausprobieren. Denn für den wahren Entrepreneur hat eine Idee, die nicht umgesetzt wird, keinen Wert.

Der Mitgründer von FoundersLane, Felix Staeritz, ist ein erfolgreicher Entrepreneur und Investor. Als 16-Jähriger kehrte er nach einem Jahr in den Vereinigten Staaten nach Deutschland zurück. Das Entrepreneur-Virus hatte ihn erwischt. Noch während er in der Nähe von Dresden das Gymnasium abschloss, erhielt er Startkapital von Unternehmen, der Europäischen Union und deutschen Stiftungen, um seiner ersten Mission nachzugehen und das Bildungssystem zu verbessern.

Trotz des Erfolgs seiner ersten unternehmerischen Aktivitäten bestanden seine Eltern darauf, dass er auf die Universität ging. Nachdem er in Europa, den Vereinigten Staaten und Asien studiert hatte und Erfahrung im Strategy Consulting sammeln konnte, setzte er seine missionsgetriebenen unternehmerischen Aktivitäten fort und gründete erfolgreiche Start-ups und digitale Plattformen, darunter KochAbo/MarleySpoon, ShareTheMeal, Solytic und viele weitere. Er ist außerdem Business Angel und Investor bei Cavalry, einem Venturekapital-Fonds, der noch am Anfang steht, sowie bei Profectus Capital, einem Private Equity Fund. Er ist Mitgründer und CEO von FoundersLane, einem gründergeführten Corporate Venture Builder mit Fokus auf die Gesundheitsindustrie und klimabezogene Industrien, der in Europa, im Nahen Osten und Nordafrika sowie in Asien aktiv ist.

Mit über zwanzig Jahren Erfahrung beim Aufbau von Unternehmen bis zum Börsengang ist Felix Staeritz außerdem Vorstandsmitglied der Digital Leaders Community des Weltwirtschaftsforums und Mitglied des Forbes Technology Council. Er schrieb den Bestseller *FightBack* und gründete die Fight-Back-Initiative, eine Multi-Stakeholder-Plattform, die strategische Allianzen zwischen den bedeutendsten Unternehmen, Entscheidungsträgern und Unterstützern in Europa bildet, um nachhaltige Lösungen für die bedeutenden gesellschaftlichen und wirtschaftlichen Herausforderungen im Bereich Klima und Gesundheit zu schaffen.

2013 kam Felix in Kontakt mit Sven Jungmann. Fünf Jahre später schrieb Sven, dass er im Begriff sei, eine neue Reise in seinem beruflichen Leben anzutreten, nachdem er Chief Medical Officer bei einem digitalen Corporate Venture von Helios geworden war, damals Europas größter Klinikkonzern. Er hatte eine vielversprechende Karriere als Arzt begonnen, war aber nach Erfahrungen an vorderster Front in Deutschland, Frankreich, Spanien, Südafrika, Brasilien und Kenia so frustriert vom Gesundheitssystem verschiedener Länder, dass er sich einer großen Herausforderung stellte. Er wollte die Macht der digitalen Technologien im Gesundheitssektor entfesseln, damit unser Gesundheitssystem so großartig würde, dass er selbst wieder bereit wäre, an Krankenbetten zu arbeiten. Sven hatte bereits ein E-Commerce-Unternehmen und ein Kreditunternehmen gegründet. Außerdem hatte er in Cambridge Healthcare Entrepreneurship studiert. Aufgrund seiner Faszination für den Gesundheitssektor beschloss Felix, diese Reise mit ihm gemeinsam anzutreten.

Die Lebensläufe beider Autoren unterschieden sich beträchtlich; sie hatten völlig verschiedene Erfahrungen und berufliche Hintergründe. Aber beide hatten das Ziel, neue digitale Lösungen zu schaffen und zu skalieren. Ihre persönlichen Narrative sind ein wiederkehrendes Motiv in diesem Buch: dass bahnbrechende Veränderungen neue Allianzen über verschiedene Disziplinen und Industrien hinweg erforderlich machen und nach konstantem Umdenken verlangen.

In nur wenigen Jahren hat FoundersLane dabei geholfen, verschiedene digitale Unternehmen aufzubauen, gemeinsam mit mächtigen etablierten

Unternehmen in Europa, Asien und in Nahost und Nordafrika. Das war nur möglich, weil viele Menschen an den Weg und an die Mission von Founders-Lane und FightBack glaubten.

Eine Reise, für die man sich begeistert, sorgt dafür, dass man diesen Weg gern mit anderen teilen möchte. Der tiefe Wunsch hinter diesem Buch ist es, die Neugier zu wecken, neue Ventures aufzubauen. Es ist an der Zeit, den Entrepreneur in sich zu wecken und Assets mithilfe von digitalen Geschäftsmodellen einzusetzen. Dafür lässt sich Corporate Venture Building nutzen, eine neue Assetklasse.

Die Herausforderungen, denen sich die Menschheit gegenübersieht, sind komplex. Ein neuer Ansatz ist nötig, sich ihnen zu stellen. Wie Sie erfahren werden, beginnt alles mit Ihnen und dem festen Vorsatz, im neuen Normal, das sich nach COVID herausbilden wird, obenauf zu bleiben.

VORWORT DER AUTOREN

Wir haben *Das entscheidende Jahrzehnt* geschrieben, weil wir glauben, dass die Menschheit aktuell weit hinter ihren Möglichkeiten zurückliegt. Sie hat unglaubliche Technologien geschaffen, die uns im Alltag zur Verfügung stehen. Aber uns wurde auch manchmal schmerzlich bewusst, wie abhängig unsere verschiedenen Systeme voneinander sind und wie sehr wir kämpfen müssen, um auf Krisen koordiniert reagieren zu können.

Dieses Buch wurde im Frühsommer 2020 geschrieben, mitten während der COVID-19-Krise. In diesem Moment spekuliert man weltweit noch, was als Nächstes passieren wird. Damals ging man davon aus, dass es keinen sicheren Impfstoff für den Masseneinsatz vor 2022 geben wird. Obwohl das heute anders aussieht, kann man heute aufgrund von schleppenden Impfungen und Virusmutationen immer noch davon ausgehen, dass das weltweite Wachstum noch mehrere Jahre stocken wird. Aber wir glauben, dass wir großartige Werkzeuge zur Verfügung haben – nicht nur, um mit dieser Situation umzugehen, sondern um unsere Welt neu zu erschaffen, sodass wir stärker und erfindungsreicher aus dieser Lage herauskommen. Das werden wir brauchen, denn die Menschheit wird wahrscheinlich in naher Zukunft noch mit weiteren Katastrophen zu kämpfen haben, die der um COVID-19 gleichkommen.

Als Unternehmer sind wir leidenschaftlich auf der Suche nach Lösungen, die unser neues Normal definieren und formen. Eine nur zehnprozentige Veränderung unseres Verhaltens führt nicht zu den Ergebnissen, die wir brauchen. Wir möchten schildern, wie Corporate Venture Building, eine neue Assetklasse, uns helfen kann, beim Einsatz bestehender Assets systematischer vorzugehen – mithilfe von digitalen Technologien und indem wir die erfinderischen Kräfte von Entrepreneuren und Unternehmen auf ein großes, schwieriges, kühnes gemeinsames Ziel ausrichten.

In *FightBack,* geschrieben von Felix Staeritz und Simon Torrance, und Ende 2019 veröffentlicht, wurden die Macht und die Möglichkeiten von Plattformen und neuen Geschäftsmodellen unter die Lupe genommen. Die Autoren loteten das Potenzial eines neuen Ansatzes zur Schaffung von Geschäftsmodellen aus, mit deren Hilfe große Unternehmen digitales Know-how und unternehmerisches Flair in ihre innovativen Bemühungen einbringen konnten. In den wenigen Monaten seit der Veröffentlichung hat sich die Welt abrupt verändert. Die COVID-19-Krise hat mehr denn je ins Rampenlicht gestellt, dass sowohl Regierungen als auch Unternehmen kreativ und energisch auf Bedrohungen und Herausforderungen reagieren müssen.

Wie schmerzlich das auch war, es war ebenso eine große Chance, etwas zu lernen – und wir haben das Gefühl, dass unsere jüngsten Erfahrungen zusammen mit dem Feedback, das wir von unseren Lesern erhalten haben, uns viele neue und wichtige Einsichten verschafften, die den Aufwand eines neuen Buches rechtfertigen, diesmal mit besonderem Schwerpunkt auf den drängenden globalen Problemfeldern Gesundheit und Klimawandel.

Wir stehen vor ernsten und sehr komplexen Problemen, denn sie beinhalten zahlreiche wissenschaftliche Unwägbarkeiten. Sie erfordern eine Verhaltensänderung und haben ihren Ursprung in hochregulierten, massiv gescheiterten Märkten. Das liegt weit außerhalb der Komfortzone eines normalen Start-ups.

Wir müssen rasch reagieren, denn wir befinden uns in einem Rennen gegen die Zeit – wie COVID-19 bereits mehr als deutlich gemacht hat. Als Entrepreneure sehen wir in jeder Krise auch Chancen. Diese ist eine Gelegenheit, viel über die Fehler unseres Systems zu lernen und das neue Normal festzulegen. Dabei sollten wir uns nicht als Opfer sehen, sondern gemeinsam konstruktiv handeln und eine konzertierte Anstrengung unternehmen, hart an den notwendigen Veränderungen zu arbeiten. Davon waren wir schon überzeugt, lange bevor die Pandemie uns getroffen hat. Sie hat jedoch einige Schlüsseltrends beschleunigt und greifbarer gemacht.

Im Kern dreht sich dieses Buch um die gemeinsamen Erfahrungen von Wirtschaftsführern, Akademikern und Entrepreneuren bei der Frage, wie Unternehmen am effektivsten neue digitale Modelle erstellen können, um ihre bestehenden Assets bestmöglich zu nutzen. Es behandelt Themen, die anscheinend nichts miteinander zu tun haben, etwa die Herausforderungen, vor denen die Gesellschaft auf der Makroebene steht, die verschiedenen Einstellungen von Innovatoren und das Potenzial heutiger Plattformgeschäftsmodelle. Wir glauben jedoch, dass Sie erkennen werden, worin die relevanten Zusammenhänge bestehen.

Unsere neue Realität hat *Das entscheidende Jahrzehnt* nötig gemacht. Das Buch konzentriert sich weitgehend auf die dringenden Probleme der Gesundheit und des Klimas, die auf den ersten Blick vielleicht nicht viel mit Ihrem Industriezweig zu tun haben. Aber diese beiden Bereiche sind besonders geeignet für den Ansatz des Corporate Venture Building und bieten profitable Geschäftsgelegenheiten. Darüber hinaus sind sie von lebenswichtiger Bedeutung für die Zukunft unserer Kinder.

Dies ist keine wissenschaftliche Arbeit. Das Buch ist provokativ, denn das muss es sein. Es ist ein Ruf zu den Waffen für uns alle in einer Zeit beispielloser Herausforderungen. Wenn Sie nach der Lektüre das Bedürfnis verspüren, sich zu engagieren, und innerhalb Ihrer Möglichkeiten etwas Konkretes tun wollen, dann wissen wir, dass die langen Nächte, die wir mit der Arbeit an diesem Buch verbracht haben, den Aufwand mehr als wert waren.

VORWORT VON BRIGITTE MOHN

Die COVID-19-Pandemie stellt uns Menschen, zusätzlich zu anderen großen Herausforderungen, weltweit vor eine neue Aufgabe: Wir mussten seit Ende 2020 lernen, dass ein interdisziplinäres und grenzübergreifendes Krisenmanagement die Voraussetzung für eine neue Normalität sein wird, sowohl in Deutschland als auch in Europa. Deutlich haben wir auch ein erhebliches Lernpotenzial im Krisenmanagement und einer starken politischen Führung gegenüber anderen Ländern erkannt, woraus wir unsere Konsequenzen für die Zukunft ziehen müssen. Dennoch – wir haben gelernt, dass wir uns als Gesellschaft schnell auf eine so drastisch neue Situation einstellen und Energie und Stärke entwickeln können. 2020 entstanden neue interdisziplinäre Kooperationen auf internationaler Ebene zwischen Menschen, die sonst nie voneinander erfahren hätten.

Diese positiven Erfahrungen in die Zukunft mitzunehmen, um eine neue Solidarität und Gemeinschaft im eigenen Land, aber auch international, aufzubauen und weiterzuentwickeln, ist eine der Kernlehren. Wir haben diese positive Lernerfahrung in der neuen offenen und zugleich vertrauensvollen Form der Kollaboration digital bereits gemacht. Ein Beispiel aus Deutschland: WirVsVirus, der Hackathon, an dem sich 42.000 Menschen beteiligten.

Ein anderes ist FightBack, bei dem 500 Unternehmen, Investoren und Führungskräfte zusammenkamen, um gemeinsam an Lösungen zu arbeiten. Das vorliegende Buch ist ein Produkt dieser internationalen Kollaboration. Dieses als Prinzip für eine neue Form der Zusammenarbeit und Problemlösung zu nutzen, muss die Normalität werden. Das klare Ziel muss jetzt lauten, Lösungen schneller und unbürokratischer umzusetzen und Rahmenbedingungen für den Fortschritt neu zu schaffen, sonst werden wir die Folgen der Krise nicht bewältigen. Dabei ist ein zentraler Partner für den Staat und die Wirtschaft auch die Zivilgesellschaft.

Das zeigte sich an all den Hilfsstrukturen, die sich bildeten, um Menschen in der Not beizustehen, insbesondere bei der Versorgung von älteren und isolierten Menschen, die auf keine Familienstrukturen mehr zurückgreifen können. Sie entstanden spontan aus der Not und bergen unendlich viel

Potenzial, wenn wir begreifen, dass aus Krisensituationen neu entwickelte Lösungsansätze langfristig tragbar sein können und alte Systemstrukturen entweder ersetzen oder ergänzen können.

Wir haben in Deutschland und Europa bewiesen, dass sich unsere Grundwerte wie Solidarität und Demokratie in der Krise bewähren. Unsere Vielfalt, unsere Geschichte und die Wirtschaftsstärke unserer Unternehmen sind wertvolle Ressourcen für die Zukunftsgestaltung. Wir sind auch in der Lage, unter Druck Innovationen zu schaffen, wie das Beispiel der Wissenschaft mit der Entwicklung des neuen Impfstoffs beweist. Damit wir in Deutschland und Europa mit unseren Werten in Zeiten sich wandelnder weltpolitischer Verhältnisse weiterhin unsere Wettbewerbsfähigkeit erhalten und die Sicherung der sozialen und politischen Systeme gewährleisten können, müssen sowohl der Staat als auch die Wirtschaft die richtigen Anreize setzen, um Unternehmertum zu stärken und Neugründungen in den EU-Mitgliedstaaten als auch Cross-Border zu fördern.

Wir brauchen mehr Zusammenarbeit zwischen Konzernen und Jungunternehmerinnen, getragen von einem Ökosystem, in dem weit reichende Partnerschaften zwischen dem öffentlichen und dem privaten Sektor Lösungen für morgen ermöglichen und damit auch Systemwandel schaffen. Wir müssen weg von unseren unzähligen Insellösungen und stärker in übergreifenden Verbundsystemen arbeiten, sonst werden Innovationen nicht skalieren und ihr Potenzial entfalten. Momentan stehen wir als Gesellschaft viel zu oft gleichzeitig auf dem Gaspedal und auf der Bremse. Ein gesunder Wettbewerb ist mehr denn je wünschenswert, der sich jedoch klar von dem egozentrierten Ansatz des Outperformens anderer um jeden Preis unterscheidet. Genau das Gegenteil ist der Fall. Die junge Generation hat dies längst verstanden. Wenn wir erkennen, dass Wettbewerber von heute die Partner von morgen sind und der Erhalt der Erde als Lebensplattform die größte Aufgabe der Menschheit ist, haben wir den ersten Schritt in eine gemeinsame Zukunft gemacht. Dafür brauchen wir eine klare und tragfähige Vision in Deutschland und Europa, die nur kooperativ zu erarbeiten sein wird.

Ohne gemeinsam definierte Ziele können wir nicht die wirtschaftlichen und gesellschaftlichen Impulse setzen, die wir für Europa brauchen, um im

Wettbewerb der Systeme langfristig zu bestehen und zugleich die Voraussetzungen für ein Überleben auf der Erde zu schaffen. Für die Gestaltung der Zukunft brauchen wir Mut und auch Neugierde, um neue Wege bewusst zu beschreiten und Altes aufzugeben. Dennoch dürfen wir die Geschichte nicht vergessen, um aus Fehlern zu lernen und Missstände nicht zu verstärken, sondern abzubauen. Zum Lernen gehört, immer wieder zu testen und auszuprobieren. Es bedeutet, sich neu auf Situationen einzulassen und anderen auf der Lösungssuche offen entgegenzukommen. Ergreifen wir die Chance des Kollektivs der Erkenntnisnutzung in Wissenschaft, Wirtschaft und Zivilgesellschaft. Wir müssen aus den alten Denkmustern heraustreten, die nur bei der Problemanalyse stehenbleiben. Stattdessen sollten wir den Mut finden, in Lösungskorridoren zu denken, die gleichzeitig stabil und innovativ Wege nach vorn zeigen.

Alle sind eingeladen, sich an der Lösungsdebatte zu beteiligen. Je mehr wir dabei die Stärke der Freiheit, des gegenseitigen Vertrauens und der Verlässlichkeit nutzen, desto offener kann die Gestaltung dieser Prozesse der Neugestaltung werden und neuen politischen und wirtschaftlichen Tendenzen der Machtkonzentration entgegenwirken.

Wir haben eine globale Verantwortung. Wir in Deutschland und Europa sind auch verantwortlich für die Entwicklung in den Schwellen- und Entwicklungsländern. Beispielhaft sind hier die Bewältigung der Nahrungs- und Wassersicherheit sowie die Reduktion von Armut und Förderung der Bildung. Staat und Wirtschaft sollten diese Lösungen im Sinne der Weiterentwicklung einer öffentlich-privaten Partnerschaft aufgreifen. Das Wohlergehen der Erde ist der Spiegel unserer Verantwortung. Wir haben genügend wissenschaftliche Fakten, um zu wissen, welche Lösungen wir brauchen. Wir müssen es wollen, und das ist die größte Aufgabe, der wir uns stellen müssen. FightBack hat sich dies zum Ziel gesetzt: Potenziale für Kollaborationen aufzudecken und zu befähigen, Menschen für die gemeinsame Reise zu begeistern, gemeinsam zu verstehen, was wir lernen und verlernen müssen, und das eigene Ego beiseitezustellen. Meine Erwartung als Advisor der FightBack-Organisation ist, dass wir als Gesellschaft vom Reden ins Handeln kommen. Im Jahr 2021 können wir die Erfahrungen aus der Pandemie nutzen, um eine Wirkung gemeinschaftlichen Handelns und Gestaltens zu entfalten. Wir müssen beweisen, dass wir in der Lage sind, es umzusetzen. Es betrifft uns alle, und ist keine Frage des Geldes und der gesellschaftlichen Position. Es ist eine Frage der Haltung und des ethischen Grundverständnisses, die über Kulturen und Grenzen hinweg den gemeinsamen Nenner sucht. Es ist eine Frage der Solidarität und wie wir in Zukunft zusammenleben wollen als Gemeinschaft im Kleinen und als Weltgemeinschaft. Wir gestalten diese selbst und tragen auch für die Handlungen die Konsequenzen. Wir sollten die Zeit auf dieser Erde nutzen, um zu erhalten, zu bauen und nachhaltig zu entwickeln. Aus Krisen Chancen werden zu lassen – wir können als Menschheit die Verantwortung nicht auf andere schieben. Sie liegt bei uns.

Brigitte Mohn, Gesellschafterin der Sunrise Capital GmbH
Gütersloh, im Dezember 2020

VORWORT VON VERENA PAUSDER

Die Zukunft gehört den Mutigen. Dass wir mutig sein können, haben wir als Land immer wieder gezeigt: Wenn man Innovation an Hardware oder Patenten misst, dann ist Deutschland die innovativste Nation der Welt. In Zeiten, in denen Innovationen aber vor allem von Softwarekompetenz, Datenmengen und digitaler Infrastruktur abhängen, stehen wir in Deutschland vor großen Herausforderungen – und vor dem entscheidenden Jahrzehnt.

Für dieses Jahrzehnt brauchen wir eine andere Grundhaltung: mehr Mut.

Wir belohnen Risikofreude, statt sie als Zocker-Mentalität abzutun. Egal ob als Unternehmer, Konzern oder Staat, wir werden nicht weit kommen, wenn wir immer nur kalkulierbare Risiken eingehen. Es kann passieren, dass wir große Summen in die falschen Technologien investieren. Aber diese Wetten müssen wir eingehen, damit wir die Zukunft neu definieren können.

Wir brauchen ein gesellschaftliches Zukunftsversprechen, dass wir aufhören, Projekte zu blockieren, die die Grundvoraussetzung für unseren zukünftigen Wohlstand sind. Beim Ausbau von 5G, Glasfaser und erneuerbaren Energien lassen wir Veränderung zu und haben die Weitsicht, über unseren eigenen Vorgarten hinauszudenken.

Wir trauen uns einen radikalen Schulumbau zu, weil wir verstehen, dass digitale Bildung kein »Nice-to-have« ist, sondern die Grundvoraussetzung, um unsere Kinder zu Gestaltern – und nicht bloß Konsumenten – der Welt von morgen auszubilden.

Und für dieses Jahrzehnt brauchen wir starkes Unternehmertum: mehr Gründerinnen und Gründer.

Deutschlands Start-up-Szene hat sich in den letzten Jahren stark entwickelt. Es gibt mehr Risikokapitalgeber, viele Gründerhubs auch außerhalb Berlins, erfolgreiche Gründer und Gründerinnen werden zu Serienunternehmern. Die Bedingungen zu gründen waren nie besser – gerade Krisenzeiten sind immer auch Gründerzeiten.

Nutzen wir den Unternehmergeist, um die großen gesellschaftlichen Herausforderungen anzugehen und dabei wertorientierte Unternehmenskulturen zu schaffen, die für Mitarbeiter und Mitarbeiterinnen eine erfüllende Arbeit ermöglichen.

Seien wir Innovationstreiber bei Gesundheit, Bildung und Energie. Es gibt so viele Wachstumsfelder, die noch nicht bearbeitet sind.

Erkennen wir an, dass wir nicht immer nur Forderungen an Politik oder Großkonzerne stellen können, sondern selbst Verantwortung übernehmen müssen – als Macher und Macherinnen der Zukunft. Felix und Sven zeigen in diesem Buch, wie das gehen kann.

Wir alle haben viel zu tun, damit Deutschland und Europa auch in Zukunft als Innovationsstandorte relevant bleiben. Deshalb wünsche ich mir, dass dieses Buch viele Leser dazu inspiriert, mutiger zu sein, unternehmerischer zu denken und immer das Ziel vor Augen zu haben, gesellschaftlich etwas zu bewegen – ein Teil der Lösung zu werden. Diese Lösungen brauchen wir, denn: Das entscheidende Jahrzehnt hat bereits begonnen.

Verena Pausder, Expertin für Digitale Bildung,
Gründerin von Fox & Sheep und den HABA Digitalwerkstätten
Berlin, im Februar 2021

EINLEITUNG

COVID-19 IST DER WARNSCHUSS,
DEN WIR ALLE GEFÜRCHTET HABEN

Wie viele neue Freundschaften haben Sie infolge von Social Distancing geschlossen?

Wir leben in Berlin und Wien, und für uns haben lokale WhatsApp-Gruppen den nachbarschaftlichen Geist wiederbelebt, den man sonst nur aus viel kleineren Städten kennt. Durch Online-Dinner haben wir Freunde von Freunden auf der ganzen Welt getroffen – Menschen, die wir unter anderen Umständen vielleicht nicht so leicht kennengelernt hätten. Als wir mit Mark Cliffe redeten, dem Global Head des New Horizons Hub bei ING, lud er uns zu einem interessanten Gedankenexperiment ein: Stellen Sie sich vor, wie Sie diese Krise erlebt hätten ohne Zoom und WhatsApp-Anrufe, ohne Internet, Streaming, Online-Shops und sämtlichen anderen Verbindungsmöglichkeiten, die uns mit anderen zusammenbrachten.

ANZAHL VON TÄGLICHEN ZOOM-MEETINGS (IN MILLIONEN)

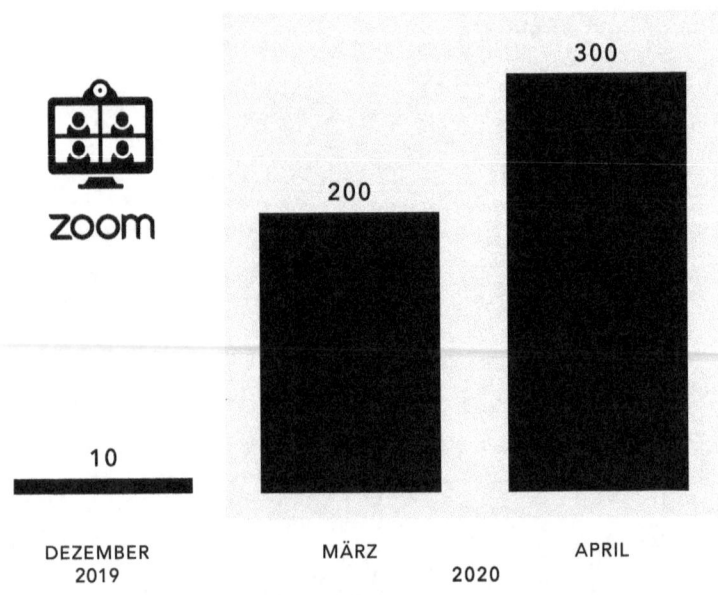

**Das explosive Wachstum von Video-Chats
während der Covid-19-Pandemie**

STATISTA, 2020

»Unsere Technologien haben uns vor einem katastrophalen Zusammen-bruch der Gesellschaft bewahrt. Ohne Handys, Computer und das Internet wäre es weit schlechter gelaufen«, sagte er.

Aber es gibt eine massive Lücke zwischen unseren technologischen Mög-lichkeiten und dem, was wir daraus gemacht haben bei unseren Versuchen, mit der Krise fertigzuwerden. Diese Lücke ist das Ergebnis von Trägheit, von Ineffizienz beim Orchestrieren des Fortschritts, und sie ist ein Faktor bei den menschlichen Tragödien, die sich aktuell abspielen.

Das neue Corona-Virus hat unserem Leben den Spiegel vorgehalten und zeigte uns erbarmungslos jedes kleine Detail. Wir können nicht widerste-hen, in diesen Spiegel zu sehen – und er beleuchtet einige unserer Eigen-schaften, die wir viel zu lang ignoriert haben. Gleichzeitig enthüllt er jedoch auch positive Aspekte, an die wir fast nicht mehr geglaubt hatten.

COVID-19 hat viele von uns ins Unglück gestürzt. Einige haben geliebte Menschen verloren. Andere sind arbeitslos geworden oder mussten ihre Be-legschaft feuern, um ihrem Unternehmen eine Überlebenschance zu geben. Wir haben gehört, dass Menschen diese Pandemie »World War C« nannten. Und wer weiß, was noch auf uns zukommt? Das ist vielleicht erst der Anfang. Wenn man Mitte 2020 einen Blick in die Zukunft wirft, kann man nicht ein-mal eine Vorhersage wagen, wie die Welt in sechs Monaten aussehen wird.

Im Großen und Ganzen traf uns dieses tödliche Virus schlecht vorbereitet an, trotz vieler Warnungen. Krankenhäusern und Regierungen gingen schnell die persönliche Schutzausrüstung sowie die Testkits aus. Wir sahen Bilder von italienischen Ärzten, die Taucherbrillen trugen, und von spani-schen Medizinern, die Müllsäcke um den Hals geklebt hatten, um das Infek-tionsrisiko zu senken. Menschen horteten Mehl, Paracetamol-Tabletten und Klopapier. Als Nationalregierungen ihre Anstrengungen verstärkten und millionenfach Schutzausrüstung kauften, gab es täglich Meldungen von ver-lorengegangenen Lieferungen und gefälschter Ware.

Es herrschte ein furchtbares Gefühl der Hilflosigkeit, gepaart mit jeder Menge Schuldzuweisungen – »externe Attribution«, wie es die Psychologen nennen. Das Problem wurde auf das schlechte Verhalten anderer Nationen geschoben, auf die Untätigkeit der eigenen Regierung oder auf die Eigenheiten der Gesellschaft. Viele Monate lang kannten wir nicht einmal die grundlegendsten Fakten, zum Beispiel, wie viele Menschen infiziert worden waren.

WIE KONNTE ES SO WEIT KOMMEN?

Für die meisten Länder sollte es ein Grund zur Sorge sein, dass sie so schlecht vorbereitet waren. Was war passiert? Ihre Großeltern hatten prachtvolle Städte und robuste Volkswirtschaften aus den Trümmern des Zweiten Weltkriegs errichtet. Sie hatten einen hohen Standard an sozialer Wohlfahrt eingeführt und gemeinsam daran gearbeitet, alte Feinde zu versöhnen und verschiedene Nationen in einem einzigartigen Bündnis zusammenzubringen, mit hoher Produktivität und einer führenden Rolle bei globaler Innovation. Und doch, verglichen mit anderen Regionen der Welt schienen sie es sich in einer bequemen Selbstzufriedenheit gemütlich gemacht und dabei ihren Antrieb verloren zu haben, auf der Höhe der Zeit zu bleiben. Viele waren in einer Art innovativem Schwebezustand dahingeglitten und hatten gerade das Nötigste getan, um relevant zu bleiben, statt die Grenzen des Möglichen auszuloten.

Europäische Firmen sind immer noch für ein Viertel der weltweiten Forschung und Entwicklung zuständig, waren aber nicht in der Lage, schnell einfache Gesichtsmasken oder in großem Maßstab COVID-Tests zu produzieren. Ihnen fehlten die Daten und Interoperabilitätsstandards, um eine rasche Reaktion zu ermöglichen, als Hilfe am dringendsten gebraucht wurde. Es dauerte eine Weile, bis wir entschiedene Reaktionen von Führungspersonen des öffentlichen und privaten Sektors sahen. Im Ergebnis wurden wir Zeuge von »Jedem das Seine und mir das meiste« statt gegenseitiger mitfühlender Unterstützung. Offensichtlich braucht es Schocks wie die COVID-19-Pandemie – ein klassisches Beispiel für die Theorie der schwarzen Schwäne (einmalige Ereignisse mit enormen Auswirkungen) von Nicholas Taleb –, um die Beweglichkeit einer Gesellschaft zu testen.

Noch vor Ankunft des neuen Corona-Virus haben wir traditionelle Unternehmen gemahnt, dass sie aufwachen und auf eine vorhersehbare Reihe umwälzender Veränderungen in Wirtschaft und Gesellschaft reagieren müssen.

Wie das Weltwirtschaftsforum schon seit mehreren Jahren betont, befinden wir uns im Frühstadium einer digitalen Revolution – vom WEF (World Economic Forum) als vierte industrielle Revolution bezeichnet –, die weitreichende und disruptive Auswirkungen auf bestehende Unternehmen, Gesellschaften und Strukturen haben wird. Diese vierte industrielle Revolution ist ein Wandel, der die gesamte Vorgehensweise von Unternehmen, Regierungen, Versorgungsunternehmen und selbst des Transport- und Gesundheitswesens verändern wird, ob uns das gefällt oder nicht. Aber neben den Bedrohungen wird es auch enorme Chancen geben, und wir müssen uns darauf konzentrieren, das Beste daraus zu machen.

> »Es gibt diesen Mythos, besonders in der Unternehmenswelt, dass Regierungen nicht schnell genug reagieren, dass sie zu langsam, zu bürokratisch sind. Aber ich weiß auch, wie Unternehmen funktionieren, denn ich habe in den letzten paar Jahren mit vielen großen Unternehmen zusammengearbeitet. Alle großen Organisationen neigen zu den gleichen Problemen. Es ist egal, ob es ein privates Unternehmen ist oder eine Regierungsbehörde.«
>
> **LARS ZIMMERMANN**
> **MANAGING DIRECTOR BEI PUBLIC,**
> **EINEM GOVTECH VC/ACCELERATOR**

Zumindest für die reicheren Länder der Welt geht es nicht nur darum, die Macht der Gewohnheit, der Konvention oder Trägheit zu überwinden. Es geht vor allem um einen moralischen Imperativ, der darauf beharrt, dass jede Nation ihre Möglichkeiten und Assets nutzen soll, die sie über Jahrhunderte der Industrialisierung gesammelt hat, um neue Wege zu finden, die

Bedürfnisse der Menschheit und unseres Planeten zu befriedigen und eine wohlhabende und erfreuliche Zukunft zu schaffen, an der wir alle teilhaben können.

Eva Kaili, eine griechische Abgeordnete des Europäischen Parlaments, betont den Bedarf an politischer Führungsstärke:»Die aktuelle Krise gibt uns neue Impulse, zu handeln und das Vertrauen der Gesellschaft zu gewinnen. Aber wir dürfen unseren Fokus nicht auf individuelle Probleme einengen. Ich glaube, der Green Deal und Nachhaltigkeit im Allgemeinen sind entscheidend für uns. Sie haben Auswirkungen auf die Luft, die wir atmen, auf die Nahrung, die wir essen, und auf die Arbeit, der wir nachgehen – was alles unser Leben auf bedeutende Weise beeinflusst. Wir müssen einen ganzheitlichen Ansatz finden.«

Das sind die unmittelbaren Herausforderungen, über die wir uns Sorgen machen sollten. In einem größerem Maßstab – woran uns COVID-19 schmerzlich erinnert hat – gibt es gewaltigere Probleme, denen wir uns gegenübersehen. Um sie zu lösen, müssen wir alle unsere Kräfte mobilisieren – von Regierungen bis zu Unternehmen und von Nichtregierungsorganisationen bis hin zu Bürgerinitiativen.

Wir sind vielleicht vorübergehend abgelenkt, aber auch wenn die Corona-Krise hinter uns liegt, müssen wir sofort, nachdrücklich und entschlossen international handeln, um die bevorstehende Katastrophe des Klimawandels zu verhindern. Einer der wenigen positiven Aspekte dieser Pandemie ist die Erinnerung daran, dass die dringendsten und tödlichsten Probleme nicht an Landesgrenzen Halt machen und daher nicht ohne weltweite Kooperation angegangen werden können.

COVID-19 hat kein sehr schmeichelhaftes Licht auf die westlichen Nationen geworfen. Wurden sie zu selbstgefällig? Haben sie ihre Widerstandskraft verloren, ihren Erfindungsreichtum, ihre Fähigkeit, schnell zu improvisieren oder Innovationen hervorzubringen? Hielten sie ihr Erbe von Frieden, Freiheit, Bildung, sozialer Sicherheit und Gesundheit für allzu selbstverständlich?

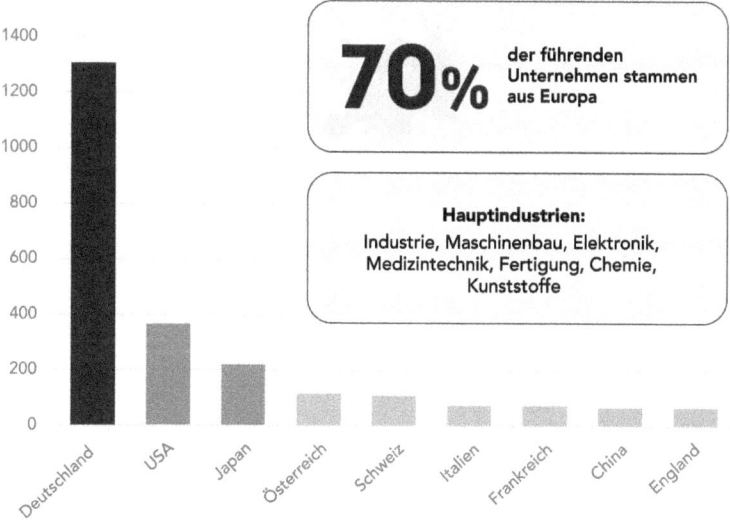

Weltweit führende Expertise

ÜBERNOMMEN VON SIMON KUCHER UND PARTNER

Der Westen hat eine lange Geschichte des Erfindungsreichtums und der Kreativität. Europa verfügt zum Beispiel über viele weltweit führende Unternehmen, die selten außerhalb ihrer Nischenmärkte bekannt werden. Diese verborgenen Champions sind jedoch häufig in den eher traditionellen Industriebereichen anzutreffen – eher in der Hardware als in der Software, eher in traditioneller Pharmazeutik als in Biotechnologie –, und sie haben nur langsam auf die nächste Generation bahnbrechender Technologien reagiert. Sie verfügen über gute Wissenschaftler und eine hervorragende Kenntnis des öffentlichen Sektors, aber in Schlüsselbereichen wie Künstlicher Intelligenz, Quantencomputern, synthetischer Biologie oder Genforschung sind sie zurückgefallen.

Es gibt eine Menge aufzuholen, aber wenig Zeit, um mit dem Finger auf andere zu zeigen. Führungspersonen auf der ganzen Welt, inklusive Afrika, Lateinamerika und Ozeanien, müssen ihren Beitrag leisten, um die Probleme der Menschheit zu lösen.

Ivanka Visnjic von der spanischen ESADE Business School, die auf der Liste der Top-40-under-40-Professoren steht, warnt: »Wir brauchen unbedingt radikale Innovationen, die nicht nur die Bedürfnisse des einzelnen Kunden lösen, sondern auch tief verwurzelte systemische Probleme angehen. Diese Krise hat eine Menge Herausforderungen für das Ökosystem der Gesundheitspflege aufgezeigt, um die wir uns kümmern müssen. Wir können das auch als Gedankenexperiment dafür verwenden, wie eine Klimakrise aussehen würde.«

EIN GEFÜHL DER DRINGLICHKEIT

»Mich überrascht bei den Webinaren, die ich heute für Führungspersonen in der Wirtschaft halte«, so sagte uns Linda Hill von der Harvard Business School vor Kurzem, »dass viele Menschen mit der Frage beginnen: ›Glauben Sie, dass Innovationen im Moment von Bedeutung sind?‹ Das ist eine komische Frage. Viele Menschen sind offenbar der Ansicht, Innovation sei eine Art Extra, etwas Besonderes, etwas, das man nicht tut, wenn man nur versucht zu überleben. Aber genau bei einer solchen nie da gewesenen Herausforderung brauchen wir neue Lösungen. Das bedeutet, dass wir neue Teams zusammenstellen und auf eine Weise arbeiten müssen, die zu diesen neuen Lösungen führt.«

Ausnahmslos jede Industrie ist reif für eine Disruption. Es ist nur eine Frage der Zeit. Jede Gesellschaft wird von der digitalen Revolution beeinflusst, und das auf unzählige Arten, im Großen wie im Kleinen.

Erfolgreiche Unternehmen und resiliente Gesellschaften haben zwei Dinge gemeinsam: die Fähigkeit zu erkennen, welcher Wandel notwendig ist und welche Chancen damit einhergehen, und die Fähigkeit, Bedrohungen zu erkennen und sich darum zu kümmern. Bis vor Kurzem sahen Wirtschaftsführer ihre Rolle größtenteils nur in Bezug auf ihre eigenen Industrien – ihre Märkte, ihre Lieferketten und ihre Konkurrenz.

COVID-19 hat dafür gesorgt, dass wir aufblicken und das große Ganze betrachten. Es hat uns allzu deutlich vor Augen geführt, wie mächtig die Kräfte außerhalb des Marktes sein können und dass aggressive Start-ups kein Monopol auf Disruption haben. Wir leben in einer vernetzten und potenziell gefährlichen Welt, die sich in halsbrecherischem Tempo verändern kann und in der jedes Unternehmen und jedes Individuum flexibler und erfindungsreicher werden muss.

Wir müssen schnell denken und rasch handeln. Führungspersonen in Unternehmen und Regierungen müssen Wege finden, mit Tech-Entrepreneuren und digitalen Disruptoren zusammenzuarbeiten und sie auf ihre Seite zu ziehen. Sie müssen miteinander und nicht gegeneinander arbeiten. Wir brauchen alle eine neue Assetklasse, um unsere Trägheit zu überwinden und zurückzuschlagen.

Die Tragödie des Corona-Virus kann wenigstens unser Gefühl für Dringlichkeit wiederherstellen. Für die meisten von uns im reichen Westen war das Leben bequem. Aber wir hatten nie das Recht, selbstgefällig zu sein. Es gab zu viele Menschen mit vermeidbaren Krankheiten, und der Zugang zu Behandlungen war ungleich und ungerecht verteilt. Wir sind an allen Fronten auf nicht akzeptable Weise verschwenderisch und riskieren die Resilienz unserer Nationen und letztlich unseres Planeten. Dabei geht es nicht nur darum, glücklichere, gesündere Familien und Gesellschaften zu schaffen. Es geht um die Gesundheit und das Überleben unseres gesamten Ökosystems, unserer gesamten Welt.

Die gute Nachricht ist, dass wir bereits alles haben, was wir brauchen, um auf die heutigen Herausforderungen zu reagieren.

Inmitten der Angst und des gelegentlichen Chaos haben wir gesehen, dass Menschen großzügig und gütig waren. Wir haben gesehen, wie deutsche Krankenhäuser italienische Patienten aufnahmen und polnische Ärzte britische Bürger behandelten. Wir haben gesehen, wie private Unternehmen Schutzausrüstung für Angestellte im Gesundheitssektor spendeten. Wir haben gesehen, wie kleine Unternehmen spontan reagierten, um Probleme direkt anzugehen, sie boten Nachbarschaftshilfen in Gemeinden an. Wir haben gesehen, wie Regierungen und Investoren Forschung und Wissenschaftler auf der ganzen Welt unterstützten, die gemeinsam daran arbeiteten, Tests, Behandlungsmöglichkeiten und Impfstoffe zu entwickeln. Bei unserem Gespräch mit Thomas Ogilvie, einem Vorstandsmitglied der Deutsche Post AG, nannte er es »die Wiederentdeckung der Menschlichkeit, kombiniert mit Aufmerksamkeit und Entschlossenheit«.

Die Innovation hat bemerkenswert an Tempo gewonnen. Luxusparfümhersteller und Wodkaproduzenten sind dazu übergegangen, Desinfektionsgel herzustellen. Autohersteller und Modehäuser begannen, Masken herzustellen. Wir haben beeindruckenden Erfindungsreichtum gesehen als Reaktion auf die unmittelbare Bedrohung durch COVID-19. Aber es stellt sich die Frage, wieso wir nicht die gleiche Energie und Kreativität aufbringen, um einem Ebola-Ausbruch zu begegnen, um Leukämie zu bekämpfen oder die monströse Bedrohung durch den Klimawandel.

Wie Martina Larkin vom Weltwirtschaftsforum es ausdrückt: »Statt wieder zu einem alten Wirtschaftsmodell zurückzukehren, das wir in der Vergangenheit gesehen haben, ist das tatsächlich eine riesige Chance, Wirtschaftsmodelle, Geschäftsmodelle und die Art, wie wir arbeiten, neu zu denken, und das auf fundamentale Weise.«

Alex Manson, Global Head von Standard Chartered Ventures, ist ein Innovationsschwergewicht und hat jede Menge Erfahrung aus erster Hand mit Corporate Venture Building, genau der Art von innovativem Ansatz, den wir im Detail in diesem Buch schildern. Er sieht große Veränderungen im Bankensektor voraus als Folge des Umdenkens, das durch COVID-19 ausgelöst wird.

»In jeder Krise gibt es einen Bruch. Es gibt die erste Gruppe von Institutionen, die nicht mehr tun, als ihren Verbrauch zu reduzieren, Kosten zu senken und niemanden mehr einzustellen«, sagte er. »Sie verändern ihre Absatzkanäle, weil Menschen online sein wollen und nicht in Filialen, aber im Grunde versuchen sie, das zu erhalten, was sie haben. Auf der anderen Seite wird es eine Reihe von Banken geben, die sich sagen: ›Nun, vielleicht ist das eine Möglichkeit, bestimmte Kanäle völlig loszuwerden und sie durch neue zu ersetzen. Vielleicht sollten wir gar keine Filialen mehr haben, und das ist eine gute Möglichkeit, diesen Prozess zu beschleunigen und mehr in digitale

Kanäle zu investieren. Vielleicht sollten wir Gesundheits-, Lifestyle- und Finanzprodukte herausbringen, die wir vorher noch nicht im Kopf hatten, die aber jetzt ganz oben auf der Liste stehen.‹

Aber etwas muss dabei offensichtlich auf der Strecke bleiben, denn Investmentkapazitäten sind knapp, also muss man mit etwas Bestimmtem aufhören, um etwas anderes zu tun. Und diese Neuverteilung von Ressourcen wird in einigen wenigen Finanzinstitutionen stattfinden, im Gegensatz zu den Erstgenannten, die sich einigeln und versuchen, das Bestehende zu erhalten. Natürlich wette ich darauf, dass die zweite Kategorie nach dieser Krise sehr viel relevanter sein wird als die erste. Das letzte Wort ist dabei noch nicht gesprochen.«

CHAMPIONS DES NEUEN NORMAL

In diesem Buch erklären wir, wie Führungspersonen in Wirtschaft und Gesellschaft ein neues Gefühl der Dringlichkeit einfangen und unsere Unternehmen und Institutionen mit neuer Energie versorgen können. Ihre Reaktion wird entscheiden, ob sie zu Champions der neuen Normalität werden oder nur unter »ferner liefen« in der zweiten Liga spielen.

Durch eine positive Reaktion können sie uns darauf vorbereiten, ein breites Feld an globalen Problemen anzugehen, von den Nachwirkungen von COVID-19 bis hin zur Notwendigkeit, eine gesündere und resilientere Gesellschaft zu schaffen, von der Disruption traditioneller Industrien bis zur ultimativen Herausforderung des Klimawandels.

Das neue Normal wird von sich verändernden Werten getrieben. Finanzielle Ergebnisse sind leicht zu messende indirekte Indikatoren für den Erfolg, aber sie berücksichtigen nicht die Bedeutung öffentlicher Güter wie der Umwelt. Im Licht der Pandemie von 2020 werden Gesellschaften nach mehr Resilienz und Flexibilität verlangen. Das führt zur Herausbildung von neuen Märkten in Bereichen, die in den Zielen nachhaltiger Entwicklung der UN genannt werden. Unternehmen aller Arten in jedem Sektor müssen dazu einen Beitrag leisten. Während sie das neue Normal verinnerlichen, finden sie sich in der Position wieder, neue und profitable Märkte ansprechen zu können.

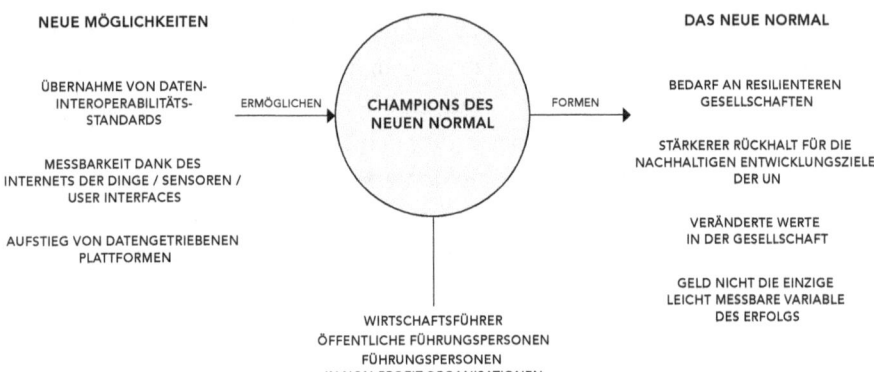

Die Treiber des Wandels – das neue Normal

Die jüngste Geschichte zeigt uns, dass diese anspruchsvollen Ziele nicht mit den existierenden Ansätzen und Methoden erreicht werden können. Wir müssen sehr viel ehrgeiziger sein bei unserem Einsatz neuer Technologien wie 3-D-Druck, KI, Robotik und allgegenwärtiger IT, Assetklassen wie (Corporate) Venture Capital und Corporate Venture Building oder Investmentaktivitäten wie Mergers & Acquisitions. Aber nichts davon wird ausreichend sein ohne ein radikales Neudenken von Unternehmens- und Regierungsstrukturen und ein neues Engagement für Zusammenarbeit.

Jeder ist zumindest im Allgemeinen für Zusammenarbeit. Wie kann man dagegen sein? Es ist wie Wahrheit und Schönheit, Mutterschaft und Apfelkuchen. Doch das neue Modell der Zusammenarbeit – innovativ, über Sektoren hinweg, international, zielorientiert, anspruchsvoll – ist schwer zu erreichen.

Diese Art der Zusammenarbeit ist mehr als eine Philosophie oder eine gut gemeinte Absichtserklärung. Sie erfordert Hingabe, Energie und die Bereitschaft, Ressourcen zu investieren. Wir haben herzerwärmende Beispiele dafür gesehen, wenn auch im Rohzustand, in der globalen Antwort auf CO-VID-19. Nun müssen wir die Strukturen und Methoden entwickeln, um dies zu einer anhaltenden Macht für das Gute zu entwickeln, zu einem wiederholbaren Phänomen, zu einem Werkzeug, das uns schneller und entschiedener als je zuvor auf die bedeutenden Herausforderungen reagieren lässt, die vor uns liegen.

Die globalen Auswirkungen der Pandemie haben die Tatsache unterstrichen, dass wir einen neuen Geist und eine neue Art der Zusammenarbeit auf der Welt brauchen. Die größten Probleme – vor allem der Klimawandel – können nicht innerhalb von Nationalgrenzen angegangen oder im Zaum gehalten werden. Genauso wenig wie die kreative Zerstörung von traditionellen Industrien, die massive Disruption von etablierten Unternehmen, Jobs und Wirtschaftssystemen, die von der vierten industriellen Revolution ausgelöst werden. Die heutigen großen, weltweit agierenden Tech-Disruptoren kommen fast alle entweder aus Amerika oder China, aber viele seit langer Zeit etablierte Organisationen und Institutionen sowohl in China als auch den Vereinigten Staaten stehen vor genau denselben quälenden Herausforderungen wie ihre europäischen Gegenstücke.

EIN MANIFEST FÜR DEN WANDEL

Schnelle, zweckgerichtete, gemeinschaftliche Innovation wird überall gebraucht, nicht nur, um bestimmte Probleme zu lösen, sondern auch, um unser Gefühl der Dringlichkeit wiederherzustellen und den Willen zu mobilisieren, unser Schicksal selbst in die Hand zu nehmen.

Das Geheimnis der Innovation reicht über die offensichtlichen Anforderungen hinaus: Intelligenz, Wissen, Talent, Ressourcen und Energie. Daran mangelt es nicht. Aber wir brauchen auch einen unstillbaren Hunger zu wachsen, zu schaffen und praktische Lösungen umzusetzen. Wir brauchen die Entschlusskraft, das Unmögliche erreichbar zu machen und das Leben eines jeden Menschen zu verbessern, selbst wenn unser eigenes bereits recht angenehm ist.

»Niemand ist eine Insel«, schrieb der englische Dichter John Donne vor vierhundert Jahren. Das ist heute noch deutlicher geworden. Nicht einmal eine Insel ist eine Insel. Kein Land oder Kontinent ist eine Insel. Wir sind alle verbunden. »Schicke nie jemanden, der fragt, wem die Stunde geschlagen hat«, fuhr Donne fort. »Die Stunde hat dir geschlagen.« Die Welt aufzubauen, die wir selbst wollen, und die Zukunft, die wir für unsere Kinder und Enkelkinder wollen, damit müssen wir schnell beginnen – und zwar jetzt.

Die Technologie gibt uns den Werkzeugkasten, den wir brauchen, um die digitale Transformation unserer Industrien und Gesellschaften zu beschleunigen und profitable, skalierbare und nachhaltige Antworten auf unsere größten Probleme zu finden. Die neuen Modelle der globalen Kooperation und Kollaboration, auf die wir bei der Reaktion der Welt auf COVID-19 einen Blick erhaschen konnten, müssen zum Guten aller anerkannt und genutzt werden.

Das vorliegende Buch will diese Elemente zusammenbringen. Es geht um eine Veränderung der Kultur und der Praxis, die schnell vonstattengehen muss – noch in diesem Jahrzehnt. Die Uhr tickt.

Wir sind nicht allein, wenn es darum geht, das Problem zu identifizieren und anzuerkennen, dass radikale Lösungen vonnöten sind. Wir stehen auf den Schultern von Giganten – den Entrepreneuren, Unternehmensführern, politischen Führern, Akademikern und Beratern, die gesehen haben, dass unsere gegenwärtigen Ansätze zur Innovation fehlschlagen, und die Arbeit geleistet haben, um neue Rahmenwerke, Methoden und Werkzeuge zu schaffen, mit denen sich die Schlüsselteile des Puzzles an die richtige Stelle rücken lassen. Wir haben ihre besten Ideen mit unseren eigenen Überlegungen kombiniert und mit Forschung und Erfahrungen aus erster Hand, um Assets wirkungsvoll mithilfe neuer digitaler Geschäftsmodelle einzusetzen. Durch Corporate Venture Building, die neue Assetklasse, die Regierungen, Unternehmen, Entrepreneuren, Ärzten, Wissenschaftlern und Aktivisten die Zusammenarbeit ermöglicht, um Dinge zu erreichen, die vor Jahren oder selbst vor Monaten noch unmöglich erschienen.

Die Katastrophe des Corona-Virus hat die Welt davor gewarnt, was passieren wird, wenn wir unsere Herangehensweise nicht beziehungsweise nicht schnell genug ändern. Wir wissen, dass Kooperation – über internationale Grenzen hinweg, quer durch alle akademischen Disziplinen und branchenübergreifend – der einzig praktikable Weg ist, unsere Ressourcen rechtzeitig und in großem Maßstab zu mobilisieren. In den nächsten Kapiteln beschreiben wir einen neuen Ansatz und erklären, wie man neue digitale Geschäftsmodelle startet, entwickelt und erhält.

Teil 1 dieses Buches erläutert, wieso nichts eine Insel ist: Unsere verschiedenen Systeme sind zunehmend miteinander verwoben. Er wird ebenfalls unterstreichen, dass wir unsere bestehenden Assets nicht in vollem Umfang nutzen, obwohl wir viele der Probleme kennen, besonders im Bereich Gesundheit und Klima.

Teil 2 betrachtet die sich verändernden Regeln einer technologiegestärkten Wirtschaft und liefert Denkanstöße für Wirtschaftsführer, wie sie ihre Strategien der Logik einer neuen Weltordnung anpassen können.

Teil 3 beschäftigt sich mit den Problemen und Chancen im Bereich Gesundheitspflege und Klima. Wir plädieren für ein neues Gefühl der Dringlichkeit und für gemeinsame Anstrengungen, um unser Wohlergehen und das unseres Planeten zu sichern.

In Teil 4 diskutieren wir Lösungen, indem wir uns erst die Ebene des Individuums ansehen. Wir besprechen die erforderlichen Zutaten zur Schaffung neuer digitaler Werte und die häufigen Differenzen von Kulturen und Einstellungen, die uns dabei im Wege stehen.

Teil 5 beschreibt das Herzstück unserer eigenen Arbeit. Er definiert und erklärt Corporate Venture Building als mächtige neue Assetklasse, die bestehende Assets mithilfe von digitalen Geschäftsmodellen wirkungsvoll einsetzen kann, verbunden mit einem neuen Anreizsystem, Werte für die Gesellschaft zu schaffen.

Abschließend nehmen wir eine globale Perspektive ein und argumentieren, dass das neue Normal nichts mit »Wir gegen die« zu tun hat. Vielmehr erfordert die neue Realität, dass wir zusammenarbeiten. Und wenn es um die letzten Worte zu diesem Thema geht, reichen wir das Mikro unseren künftigen Champions des neuen Normal.

Teil 6 ist ein Handlungsaufruf künftiger Leader auf globaler Ebene, die mehr als 50 Prozent der Weltbevölkerung stellen – der Jugend.

Es ist durchaus möglich, jeden dieser Teile einzeln zu lesen, aber wir hoffen, dass Sie sich auf die Reise durch das gesamte Buch begeben. Wie Sie schnell feststellen werden, sind wir als Entrepreneure darauf gepolt, in jedem Problem auch eine Chance zu sehen.

Wir sind also hier, um Sie, liebe Leserinnen und Leser, zu ermutigen, Fahrt aufzunehmen und das neue Normal herbeizuführen. COVID-19 hat uns die Fehler in unserem System deutlich vor Augen geführt. Lassen Sie uns diesen Anstoß nutzen, um eine bessere Welt für uns selbst und für kommende Generationen zu schaffen.

REGELN FÜR DAS NEUE NORMAL

Die Karten werden neu gemischt. Wir realisieren, wie sehr wir alle voneinander abhängig sind, und unsere Umgangsregeln werden durch die tiefgreifenden sozialen Auswirkungen von COVID-19 neu ausgehandelt. Denjenigen, die sich am schnellsten anpassen, eröffnen sich gewaltige Chancen für die Gesellschaft und ihre Organisationen. Aber der Erfolg erfordert einen neuen Ansatz für Investitionen und neue Werkzeuge.

SCHLÜSSELEMPFEHLUNGEN

- In Krisenzeiten schalten viele Leader in ihren Unternehmen auf Survival-Modus und beschränken Investitionen in neue Geschäftsfelder, um Risiken zu minimieren. Wir halten das für gefährlich. Unsere Realität verändert sich schnell, und Unternehmen müssen investieren, um neue Bedürfnisse der Konsumenten zu bedienen und konkurrenzfähig zu bleiben.

- COVID-19 hat es nachdrücklich deutlich gemacht. So tragisch die Corona-Pandemie ist, sie ist nur der Vorbote, der uns zur Warnung vor noch gewaltigeren Katastrophen geschickt wurde. Aber sie hat schmerzlich deutlich gemacht, dass wir uns Trägheit nicht mehr leisten können. Es ist jetzt an der Zeit, die Werkzeuge zu schmieden, die sowohl unsere Gesellschaft als auch unseren Planeten widerstandsfähiger machen.

- Die Menschen reden sehr viel davon, wie anders alles nach dem Virus sein wird. Aber um die eigene Strategie zu entwerfen, ist es ebenso wichtig zu fragen: »Welche Bedürfnisse des Marktes werden dieselben bleiben?« In vielen Bereichen – etwa bei Telemedizin, Online-Arbeit und den Datenstandards der Gesundheitspflege – war der Wandel bereits im Gang. Die Pandemie war nur ein Brandbeschleuniger, der die Geschwindigkeit erhöht hat.

- Um die heutigen Herausforderungen im Bereich Umwelt, Gesundheit und Soziales anzugehen, braucht die Gesellschaft neue Werkzeuge wie Corporate Venture Building, unseren bevorzugten Ansatz, um digitale Unternehmen zu schaffen. Sie braucht zudem das Mindset eines Entrepreneurs sowie einen wirkungsvollen Einsatz von Technologie, um Angebot und Nachfrage auszubalancieren, die Wirtschaft grüner zu gestalten und die Gesundheit der Menschen zu verbessern.

TEIL 1:

DIE VIERTE INDUSTRIELLE REVOLUTION STELLT SICH DEN HERAUSFORDERUNGEN

NIRGENDS EINE INSEL

COVID-19 hat uns gelehrt, dass Fragen der Gesundheit und Wirtschaft untrennbar verbunden sind. Die Pandemie war nur ein Vorgeschmack auf größere Krisen. Der Klimawandel wird noch angsteinflößender werden. Aber keine Sorge – dazu kommen wir noch.

Eine koordinierte und nachhaltige weltweite Antwort ist fällig. Sie erfordert alle Technologien und Talente, die wir zu unserer Verfügung haben, aus jedem Land und jeder Industrie. Eine nie da gewesene Zusammenarbeit wird nötig sein, die neue Strukturen nutzt und jene neuen Ansätze in Bezug auf Innovationen und Investments, die in diesem Buch beschrieben werden. Eine enorme Willensanstrengung und gemeinsame Entschlusskraft sind notwendig, um sich den neuen Realitäten zu stellen und das an die erste Stelle zu setzen, was auf diesem verletzlichen Planeten am wichtigsten ist.

Wir starten unsere Reise allerdings von einem historischen Tiefpunkt. Abgesehen von den furchtbaren gesundheitlichen Auswirkungen hat COVID-19 auch dafür gesorgt, dass Länder gewaltige Schulden angehäuft haben, die uns noch Jahrzehnte beschäftigen werden. Unsere Zuversicht wurde zerstört, Jobs und ganze Unternehmen gingen verloren. In den zwei Monaten nach dem Februar 2020 fielen der britische FTSE um 22 Prozent, der französische CAC um 40 Prozent, der DAX um 16 Prozent und der Dow-Jones-Index um 16 Prozent. Unternehmen kamen knirschend zum Stillstand, und die Hoffnung auf eine V-förmige Erholungskurve schwand schnell. Es wurde klar, dass die wichtigsten Volkswirtschaften Monate, wenn nicht Jahre ernstlich beeinträchtigt sein würden, und dies wurde von den Warnzeichen einer zweiten Infektionswelle begleitet. Gleichzeitig wiesen Ärzte und Wissenschaftler darauf hin, dass dieses Virus nicht das einzige Pathogen sei, das potenziell zu einer weltweiten Katastrophe führen konnte.

Einige Experten mutmaßten sogar, dass das Abschmelzen des arktischen Eises eingefrorene »Zombieviren« freisetzen könnte, inklusive der Pocken, die eigentlich seit 1977 ausgerottet sind. Bisher waren die Spuren von Pocken und der tödlichen Spanischen Grippe von 1918, die im schwindenden Permafrost gefunden wurden, nicht lebensfähig. Aber ein Ausbruch von Milzbrand im Jahr 2016, ausgelöst durch jahrzehntealte Bakterien, die aus dem Eis der sibirischen Tundra freigesetzt worden waren, brachte 20 Menschen ins Krankenhaus und tötete einen zwölfjährigen Jungen.

Wenn diese Öffnung der Tiefkühltruhe der Natur uns so verletzlich machen kann, wenn sie tödliche Krankheiten freisetzt, gegen die Menschen keine Immunität erworben haben, dann haben wir durch die Klimakatastrophe noch weit mehr zu fürchten als nur die offensichtlichen Gefahren wie Überflutungen, Nahrungsmittelknappheit und Massenmigration. Das Ausmaß der globalen Risiken ist unklar und variiert. Wie die folgende Grafik zeigt, sind sie alle miteinander verbunden.

Diese Risiken anzugehen erfordert, dass wir mithilfe eines Multi-Stakeholder-Ansatzes systemische Veränderungen vornehmen

Die 10 größten weltweiten Gefahren

QUELLE: WHO

Doch wenn es heute ein viel besseres Verständnis der zusammenhängenden und verflochtenen Natur von Wirtschaft, Unternehmenswelt, Klima und gesundheitlichen Herausforderungen gibt – und der weltweiten Auswirkungen, die sie vermutlich haben werden –, welche Art von Organisationen und Strukturen brauchen wir dann in den nächsten paar Jahren?

Niemand hat alle Antworten. Aber einige der erforderlichen Qualitäten und Charakteristiken wurden plötzlich sehr viel deutlicher.

Wir brauchen Unternehmen und soziale Strukturen, die mutige und schnelle Innovationen unterstützen und anstoßen. Sie müssen offen sein, anpassungsfähig und auf Zusammenarbeit ausgerichtet. Sie müssen die Interessen einer großen Zahl an Stakeholdern respektieren und ihre Stärken und Assets nutzen. Eine internationale Perspektive ist nötig, die über Industriezweige hinwegreicht und sich von alten Gewohnheiten und dem Denken in segmentierten Einheiten freimacht. Und die Unternehmen müssen das Gefühl einer Zweckbestimmung haben – wie immer man diese definiert –, die über rein finanzielle Ziele hinausreicht.

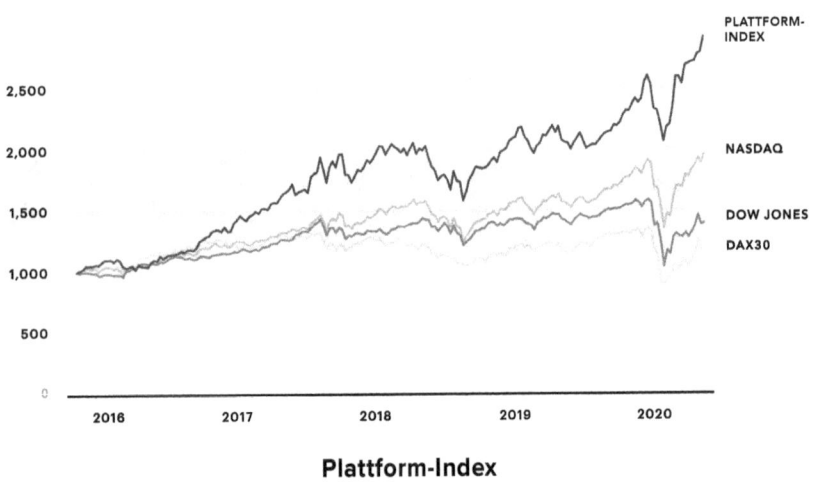

Plattform-Index

ÜBERNOMMEN VON PLATFORM-INDEX.COM

Junge und aggressive Tech-Unternehmen haben alte Industrien und die Giganten der Petrochemie in den letzten fünf Jahren als Alphatiere der Weltwirtschaft abgelöst. Firmen wie Apple, Alphabet (Googles Mutterkonzern), Microsoft, Amazon, Facebook und Alibaba sind Kinder der digitalen Revolution. Sie sind gewachsen, diversifizierten sich schnell und generierten enorme Gewinne, indem sie digitale Technologien nutzten, um plattformbasierte Geschäftsmodelle zu betreiben. Mit ihrer Hilfe konnten sie Assets einsetzen und Dienstleistungen anbieten ohne die Kosten und Verpflichtungen eigenen Besitzes. Das ist das Schöne, wenn man nicht viele Assets hat und Wert hauptsächlich über digitale Ebenen erzeugt – und selbst große

Unternehmen können dies erreichen, indem sie den Ansatz des Corporate Venture Building übernehmen.

Wir werden in Teil 2 darauf zurückkommen und uns im Detail ansehen, wie Amazon und vergleichbare Unternehmen ihr enormes Wachstum erreicht haben. Fürs Erste genügt es festzuhalten, dass sie alle in einem Aspekt ähnlich sind: Sie nutzten eine vernetzte Welt zu ihrem Vorteil, die ihre Märkte für diese Art von Handelsverkehr geöffnet hat, ohne bisher ausgeklügelte Methoden für die Regulierung und Besteuerung dieses Marktes entwickelt zu haben.

In den Wildwesttagen des frühen Stadiums der digitalen Disruption konnten sie alle ihr Heu einbringen, während die Sonne warm herabschien. Ihr Motto war Mark Zuckerbergs kampflustiger Slogan, der 2014 klammheimlich verschwand: »Move fast and break things« (Schnell machen ohne Rücksicht auf Verluste). Diese Freibeutereinstellung, erst in Aktion zu treten und hinterher um Erlaubnis zu bitten, Kompromisse auszuhandeln oder Strafen zu bezahlen, wurde seitdem mit einigem Erfolg von einer späteren Generation an schnell wachsenden Disruptoren wie Uber oder Airbnb übernommen.

Aber das kann Widerstand und Vergeltung von Regierungen und anderen Institutionen provozieren. In hochregulierten Sektoren wie dem Gesundheitswesen und der Pharmazeutik ist eine Konfrontation kontraproduktiv, und es wurde rasch offensichtlich, dass kooperative Zusammenarbeit der einzig realistische Weg zu einer schnellen Marktdurchdringung ist.

Das ist besonders relevant im Bereich Gesundheitswesen. Wie unsere Grafik zeigt, gibt es vier, wichtige Barrieren, denen sich jedes neue Unternehmen gegenübersieht und die ein schnelles Wachstum erschweren.

KREATION	TESTPHASE	MARKT-EINFÜHRUNG	GEWINN-ERZIELUNG
Komplexe, regulierte und wissenschaftsbasierte Märkte im Gesundheitswesen erfordern ein breit aufgestelltes Expertenteam und einen teuren Zulassungsprozess, bevor man neue Lösungen anbieten kann.	Nur minimale Marktforschung wird nicht ausreichen. Eventuell sind klinische Studien unter Aufsicht von Ethikkomitees notwendig. Sich die richtigen Daten zu sichern, ist weniger einfach als in anderen Industriezweigen.	Man muss eine Menge Überzeugungsarbeit leisten. Gesundheitswesen basiert auf der Arbeitsleistung von Menschen und Veränderungen sind nicht einfach.	Selbst begeisterte Nutzer zögern vielleicht, dafür zu bezahlen, Ihr Tool einzusetzen.

Innovationen im Gesundheitswesen treffen auf vier limitierende Schritte, die Hindernisse für neue Unternehmen darstellen können.

Weitere Informationen unter www.joinfightback.com

Zusammenarbeit ist die einzige pragmatische Strategie, und viele Unternehmen realisieren, dass diese auch weitere Vorteile mit sich bringt, die noch über die Fähigkeit hinausgehen, regulatorische und andere Barrieren zu überwinden. Das ist eine wichtige Schwerpunktverschiebung. Gesundheitsversorger auf der ganzen Welt haben noch nicht wirklich von innovativem Denken in Verbindung mit digitalen Technologien profitiert. Sie brauchen dringend das, was erfahrene Tech-Entrepreneure ihnen bieten können – innovatives digitales Know-how, schnelle Innovationen und Techniken zur Skalierung sowie ein ungefiltertes Denken, das erkennt, wie Ideen, die in einem Sektor entwickelt wurden, in einem anderen Kontext adaptiert und genutzt werden können. Aber sie sind von Natur aus vorsichtig und konservativ, zu Recht auf den Schutz ihrer Patienten und der Öffentlichkeit bedacht, die auf sie zählen. Ihre Risikoscheu ist verständlich.

>>Offensichtlich leben wir in sehr, sehr schweren Zeiten. Aber diese bringen Entrepreneure hervor. Sie entstehen nicht in guten Zeiten und durch Faulheit. Sie treten in harten Zeiten hervor – sehen den Schwierigkeiten des Lebens ins Gesicht und machen etwas daraus.<<

PLAMEN RUSSEV

GRÜNDER UND CHAIRMAN DER WEBIT.FOUNDATION

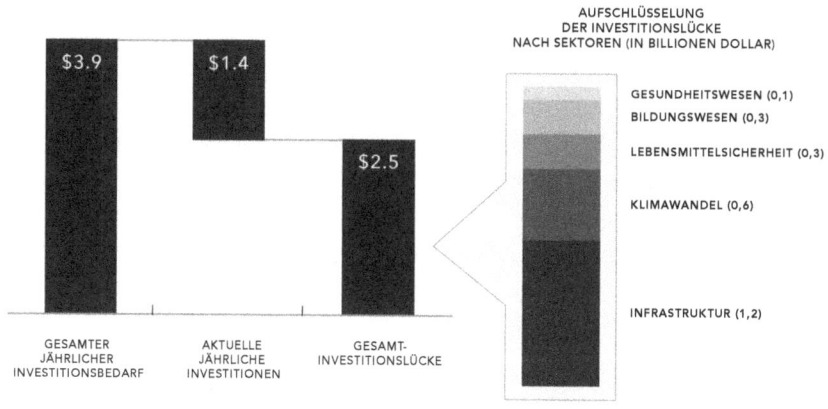

**Sektoren für nachhaltige Entwicklungsziele
brauchen Billionen Dollar mehr**

Auf irgendeine Weise müssen Strukturen eingerichtet werden, die es diesen etablierten Systemen im Gesundheitswesen und den sie mit Medikamenten, und Dienstleistungen versorgenden Unternehmen ermöglichen, eng und produktiv mit den ungestümen Newcomern zusammenzuarbeiten, um auf die wichtigsten Probleme unserer Zeit im Bereich Gesundheitswesen und Klimawandel zu reagieren.

Das ist zu schaffen. Wir haben die Zukunft gesehen, und sie funktioniert. Wir wissen aus eigener direkter Erfahrung, wie diese Art der Zusammenarbeit gefördert werden kann. Ein Großteil des Buches handelt davon, was wir gelernt haben, welche Fehler vermieden werden sollten und wie man es richtig macht. Aber zuerst werden wir einen genaueren Blick auf die digital verbesserte Welt nach COVID werfen, in der wir uns wiederfinden. Um einen besseren Eindruck davon zu bekommen, was vor sich geht, lassen Sie uns einen Schritt zurücktreten.

DIE REVOLUTION IST DA

Bei ihrem jährlichen Treffen 2016 in Davos haben unsere Freunde beim Weltwirtschaftsforum die Idee propagiert, dass wir in eine neue soziale, ökonomische und politische Phase unserer Weltgeschichte eintreten – die vierte industrielle Revolution.

Wie vom WEF beschrieben kann man die Entwicklung der Welt, wie wir sie kennen, als eine Abfolge industrieller Revolutionen sehen, von denen jede die wirtschaftlichen Spielregeln für immer verändert hat.

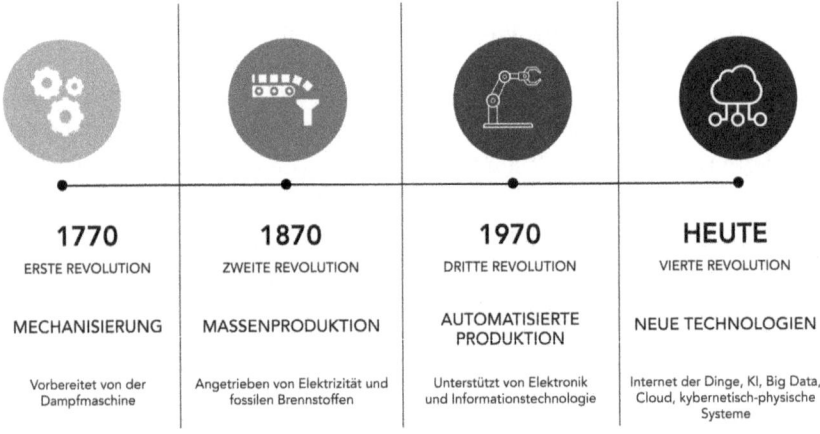

1770	**1870**	**1970**	**HEUTE**
ERSTE REVOLUTION	ZWEITE REVOLUTION	DRITTE REVOLUTION	VIERTE REVOLUTION
MECHANISIERUNG	MASSENPRODUKTION	AUTOMATISIERTE PRODUKTION	NEUE TECHNOLOGIEN
Vorbereitet von der Dampfmaschine	Angetrieben von Elektrizität und fossilen Brennstoffen	Unterstützt von Elektronik und Informationstechnologie	Internet der Dinge, KI, Big Data, Cloud, kybernetisch-physische Systeme

Vier Industrielle Revolutionen

Die erste industrielle Revolution ist das, was in den Schulen als *die* Industrielle Revolution gelehrt wird. Sie hat uns Kohleminen mit tiefen Schächten, dampfgetriebene Maschinen, Baumwollmühlen, Eisenwerke, Massentransport (in Form der Eisenbahn) und Kommunikation (in Form des Telegrafennetzes) gebracht.

Die zweite industrielle Revolution im späten 19. und frühen 20. Jahrhundert brachte uns Gaslampen, Elektrizität, Dampfschiffe, motorisierte Fahrzeuge, das Telefon, Radio, Massenproduktion, Fließbandfertigung und fatalerweise Stacheldraht, Maschinengewehre und Panzer.

Die dritte industrielle Revolution drehte sich größtenteils um die Ankunft des Computers – die ersten Mainframes, deren Lochkarten und Magnetbänder sich in gekühlten, klimatisierten Schreinen drehten, dann kleinere, immer leistungsfähigere PCs. Computergestütztes Design, computerkontrollierte Maschinen und computergestützte Aufzeichnungen und Datenbanken veränderten erneut die Welt auf eine Art, die wir heute für so selbstverständlich halten, dass wir beinahe vergessen haben, wie die Dinge früher waren.

Die vierte industrielle Revolution, ausgelöst vom Internet und dem Smartphone, steckt immer noch in den Kinderschuhen. Aber wir können bereits einige der Elemente identifizieren, die zusammenspielen werden, um einen weiteren gewaltigen Schritt nach vorne zu machen. Dazu gehören neue Technologien im Bereich der Künstlichen Intelligenz, der Robotik und des Cloud-Computing, Materialwissenschaften, 3-D-Druck, Gentechnik, »Remote Sensing« im Gesundheitsbereich und Biotechnologie.

Diese neuen Fähigkeiten verbinden sich, ebenso wie sich Digitaltechnik, Physik und Biologie auf nie gekannte Weise verbinden, und verändern unsere Welt. Wir werden smarte Fabriken sehen, smarte Städte, smarte Bauernhöfe, Smart Homes, smarte Autos und smarte Prothesen inklusive künstlicher Glieder, die sich wie eine menschliche Hand oder ein menschliches Bein bewegen.

Ab diesem Zeitpunkt ist alles zunehmend vernetzt. Das Internet der Dinge wird zu einer Realität, nicht nur um sicherzustellen, dass unserem Kühlschrank nie der Joghurt ausgeht, sondern als Grundlage für vernetzte, koordinierte Dienstleistungen on demand, die unser Alltagsleben und unsere globalen Business-Strukturen verändern. Das hört sich großartig an. Wie jedoch Brigitte Mohn und Marcus Wallenberg in den Fallstudien am Ende dieses Kapitels herausstellen, gestaltet sich der Wandel mitunter schwierig.

In der Vergangenheit handelten Unternehmen, Regierungen und Individuen fast ausschließlich aufgrund historischer Informationen. Heute haben wir einen reichen Schatz an Daten in Echtzeit, die wir damit kombinieren können. Und das verändert alles.

»Von Entscheidungsfindung auf Basis historischer Informationen hin zu Echtzeitinformationen ist es ein gewaltiger Schritt«, sagt Mark Spelman, Head of Thought Leadership des Weltwirtschaftsforums. »Wir können Entscheidungen automatisieren und KI nutzen, um die Effizienz zu optimieren und zu verbessern.«

In vielen Fällen ist der Informationsfluss einfach zu schnell und zu komplex, als dass unser Gehirn ihn verarbeiten könnte. Doch werden wir in der Lage sein, diese Echtzeitdaten mithilfe von sofort reagierender KI zu nutzen, und das unter Einbeziehung von Maschinenlernsystemen, die jeden Menschen übertreffen, der eine Maschine bedient.

Zum Beispiel war der Bedarf an Kontrollsystemen, die im Fahrzeug untergebracht sind, immer ein Problem für die Konstrukteure selbstfahrender Autos. Selbst die kurzen Latenzzeiten bedeuteten, dass cloudbasierte Kontrollsysteme nicht schnell genug auf plötzliche Notfälle auf der Straße reagieren konnten. Doch die neuen 5G-Netze bieten Latenzen von 1 bis 2 Millisekunden, verglichen mit den 50 Millisekunden von 4G, und das ist ein gewaltiger Unterschied, wenn es darum geht, einem Schlagloch – oder einem Kind – auszuweichen. Die Rechenleistung und die dafür erforderlichen Batterien müssen nicht mehr im Auto mittransportiert werden. Oder in einer Lieferdrohne. Oder in jedem der autonomen Roboter in einer automatisierten Fabrik.

Transport, Logistik und Herstellung werden vermutlich viele überzeugende Beispiele der kommenden digitalen Revolution liefern. Aber es gibt andere Bereiche, in denen ein revolutionärer Wandel bevorsteht. Das Gesundheitswesen ist einer der Schlüsselbereiche, in denen die verheerenden Auswirkungen von COVID-19 die Geschwindigkeit des Wandels zweifellos beschleunigt haben. Das ist ein klassisches Beispiel dafür, wie weit man die ganzen Implikationen dieser Entwicklungen in einem bestimmten Industriezweig durchdenken muss.

VON DER INTUITION ZUR PRÄZISIONSMEDIZIN

Was das Gesundheitswesen angeht, können die erste und die zweite industrielle Revolution als eine einzige Ära gesehen werden: das Zeitalter der intuitiven Medizin. In der Periode von Beginn des 19. bis zum Beginn des 20. Jahrhunderts wurden Aberglaube und falsche Glaubenssätze aufgegeben, etwa die lange hochgeschätzte Miasma-Theorie, wonach die meisten tödlichen Krankheiten von schädlichen Dämpfen oder gar der »Nachtluft« ausgelöst werden.

Die Wissenschaft profilierte sich mit der Einführung von Ideen wie Impfungen und Narkosemitteln, mit Schmerzmitteln wie Morphium und Aspirin, der antiseptischen Behandlung von Wunden und bedeutenden Maßnahmen für die öffentliche Gesundheit wie der Pasteurisierung von Milch und der Versorgung mit sauberem Trinkwasser.

Aber die Medizin hing immer noch von der Identifizierung von Symptomen ab, und viele Symptome – wie Fieber, Husten, Durchfall, Erbrechen und Kopfweh – waren mit einer Reihe verschiedener Krankheiten verbunden. Man konnte Krankheiten schlecht auseinanderhalten. »Auszehrung« war beispielsweise als häufige Todesursache anerkannt. Aber das Dahinschwinden, der Schmerz und die Atemnot, die man als »Auszehrung« bezeichnete, konnte von allem Möglichen verursacht worden sein, von Tuberkulose bis zu Lungenkrebs. Ärzte suchten bei den erkannten Symptomen nach Mustern und verließen sich auf ihr Bauchgefühl und ihre Erfahrung. Medizin war letztlich intuitiv.

Während der Periode der dritten industriellen Revolution konnten Ärzte durch neue Technologien, die das Sammeln und Verarbeiten großer Datenmengen ermöglichten, Krankheiten präziser identifizieren und die Effizienz verschiedener Behandlungen messen. Wirksame neue Medikamente wie Antibiotika, antivirale Medikamente, Corticosteroide, Paracetamol und Ibuprofen wurden dem Waffenarsenal hinzugefügt, zusammen mit neuen Erfindungen wie der Chemo- und Strahlentherapie. Die Medizin wurde zu der empirischen, faktenbasierten Disziplin, mit der wir alle vertraut sind.

Allem medizinischen Fortschritt der letzten sechzig oder siebzig Jahre zum Trotz neigen wir immer noch dazu, die Symptome der Patienten zu behandeln, statt uns um die spezifischen Ursachen ihres Zustands zu kümmern. Die neuen medizinischen Technologien der vierten industriellen Revolution verändern das und bringen uns in eine neue Ära: in das Zeitalter der Präzisionsmedizin. Es ist mittlerweile eine anerkannte Tatsache, dass die präzise, spezifische Diagnose der Schlüssel ist, um vorhersagbar effektive Behandlungen zu entwickeln und maßzuschneidern. Bessere Daten und technologische Durchbrüche wie die molekulare Diagnostik und Gentests sowie bessere bildgebende Verfahren, die Serologie und patientennahe diagnostische Techniken helfen den Ärzten, ihre Therapien und Behandlungen auf eine Weise auszurichten, die vor wenigen Jahren noch nicht möglich gewesen wäre.

Aber die Standards der Gesundheitsfürsorge anzuheben ist nicht nur eine Frage der Entwicklung besserer Medikamente und Behandlungsmethoden. Länder haben sehr verschiedene Ansätze der Gesundheitsfürsorge. Es gibt universelle Krankenkassen, die durch Steuern finanziert und für alle kostenlos sind, wie der britische NHS oder die italienische SSN, öffentliche versicherungsbasierte Systeme (wie in China, Japan und Frankreich), universelle hybride öffentlich-private Versicherungssysteme (wie in Deutschland und der Türkei), universelle private Versicherungssysteme (wie in der Schweiz) oder nicht-universelle Versicherungssystemen (wie in den USA, Indien und Ägypten), die potenziell den Armen gar keinen Zugang zu medizinischen Dienstleistungen bieten. Wie auch immer die Gesundheitsfürsorge finanziert wird: Die steigenden Erwartungen und die immer älter werdende Bevölkerung führen zu einem erhöhten Bedarf, selbst ohne den Schock einer Pandemie wie COVID-19, der ein System potenziell überwältigen kann.

Jedes Gesundheitssystem muss neue Wege erforschen, um seine Dienstleistungen an den Mann und die Frau zu bringen und innerhalb der Budgetgrenzen die Reichweite zu vergrößern. Es ist nie genug Geld vorhanden, um alles Notwendige zu tun, aber dank der Fortschritte der digitalen Technologie gibt es diverse Möglichkeiten, die Gesundheitsfürsorge effizienter zu gestalten. Indem man zum Beispiel Echtzeitinformationen zusammen mit historischen Daten nutzt, sollte es möglich sein, Ressourcen wie Medikamente oder Lieferungen von Schutzausrüstung viel schneller und effizienter zu allozieren und außerdem Ausbrüche von Infektionskrankheiten in dem Moment ihres Auftretens zu bemerken und zu verfolgen.

Noch wichtiger ist ein anderer Aspekt. Während der COVID-19-Krise mussten Ärzte Ferndiagnosen stellen (um zu entscheiden, welche Patienten zuerst behandelt werden müssen) und Smartphone-Videosprechstunden abhalten. Sie stellten fest, dass ihre Patienten nicht immer einen Termin mit persönlichem Kontakt brauchen. Oft benötigen sie nur einen Rat oder ein paar beruhigende Worte statt eines Arztbesuchs, und ein kurzer Online-Chat kann eine willkommene Alternative dazu sein, Tage oder Wochen auf einen Termin zu warten oder eine Infektion zu riskieren, indem man eine Praxis oder ein Krankenhaus aufsucht.

Der nächste Schritt kann eine größere Rolle der Telemedizin sein, die bereits als erste Anlaufstation medizinische Dienste für gewaltige Zahlen an Patienten auf der ganzen Welt bietet. In China hat der Telemedizinservice Ping An Good Doctor laut eigener Aussage mehr als 300 Millionen User, und seine Rivalen, inklusive JD Health, Tencents WeDoctor und Alibabas Ali Health, haben im Zuge der Corona-Katastrophe Millionen neue Nutzer gewonnen.

Wie Jonathan Larsen von Ping An betont: »Zahlreiche Faktoren treiben die Kosten weiter hoch und produzieren Herausforderungen. Viele Menschen glauben, dass China diese Probleme nur durch revolutionäre Modelle und die kreative Anwendung neuer Technologien lösen kann.«

TELEMEDIZIN ERREICHT MEHR PATIENTEN

Die Telemedizin lässt Ärzte ihre Zeit potenziell besser nutzen, um mehr Patienten zu behandeln. Man kann schnell und einfach eine zweite Meinung einholen, den Zustand der Patienten überwachen (alles von der Lungenfunktion über den Blutdruck bis zum Blutzuckerspiegel), Routineuntersuchungen durchführen und Menschen mit chronischen Krankheiten Ratschläge erteilen, das Risiko einer eigenen Infektion vermeiden und sogar aus der Quarantäne weiterarbeiten.

Patienten, die weit weg leben oder zu krank sind, um zu reisen, ersparen sich unnötige lange Wege. Gut organisierte Telemedizinsysteme gäben den Kranken Zugang zu Krankenfürsorge on demand, sogar außerhalb der Sprechzeiten. Verpasste Termine kämen nicht mehr vor, und die Kosten von Diagnose und Behandlung für viele verbreitete Krankheiten würden gesenkt.

All diese Faktoren hätten einen immensen Nutzen in Ländern, die über fortschrittliche Volkswirtschaften verfügen. In weniger entwickelten Gesellschaften könnten sie die Ungleichheit in der Gesundheitsfürsorge verringern und großen städtischen und ländlichen Bevölkerungen, deren Bedürfnisse aktuell unberücksichtigt bleiben, eine qualitativ hochwertige Gesundheitspflege bieten. Der Medical Council von Indien verkündete zum Beispiel vor Kurzem (zum Teil eine Reaktion auf den COVID-19-Notfall), dass Telemedizin genutzt werden solle, um Zugangsbarrieren zu minimieren, und dass sie als ein »entscheidendes Hilfsmittel für die allgemeine Transformation des Gesundheitswesens« betrachtet wird.

Telemedizin, wie wir sie heute kennen, ist kein Allheilmittel. Tatsächlich hat sie sich auch deshalb in vielen Ländern so überraschend langsam durchgesetzt, weil frühe begeisterte Fürsprecher das revolutionäre Potenzial übertrieben darstellten und diejenigen abschreckten, die sie in bescheidener, praktischer und unspektakulärer Weise einsetzen könnten. Wie ein junger Arzt uns neulich sagte: »Die Telemedizin ist einfach nur ein Mechanismus, um dem Patienten – bestimmten Patienten zu bestimmten Gelegenheiten – eine qualitativ hochwertige Behandlung zu bieten.«

Aber all das sind die Ausgangsvoraussetzungen der ersten Generation, die hauptsächlich darauf abzielen, die Effektivität der heute im Medizinbereich tätigen Menschen zu steigern. In China unternimmt man schon die nächsten Schritte. 2018 begann Ping An Good Doctor damit, Hunderte autonome, KI-gesteuerte Selbstbedienungskioks in Flughäfen, Bahnhöfen, Shoppingmalls, Apotheken und auf Universitätsgeländen zu installieren.

Der Kunde von Good Doctor sitzt in einer kleinen Kabine, ähnlich einem Passbildautomaten, die mit einer Reihe smarter Untersuchungsgeräte ausgestattet ist, und beantwortet Fragen über seine Symptome. Die Kabinen sind mit einer riesigen KI-Wissensdatenbank verbunden, die Details von 3000 Krankheiten gespeichert hat und eine Diagnose stellt – oder eine Empfehlung für weitere Untersuchungen abgibt –, und das nahezu sofort. Diese kleinen Kioske, bekannt als »Minutenkliniken«, erfreuen sich großer Beliebtheit und werden im ganzen Land aufgestellt.

In einem Krankenhauskontext macht sich die Revolution ebenfalls auf futuristische Art und Weise bemerkbar. Roboterchirurgie aus der Ferne wird allmählich praktisch umsetzbar, unterstützt von der blitzartig schnellen Reaktionszeit von 5G. (Die erste Demonstration, bekannt als die Lindbergh-Operation, fand 2001 statt. Dabei entfernte ein Chirurg aus New York die Gallenblase einer Frau, die sich 6000 Kilometer entfernt in Frankreich aufhielt.) Tele-Intensivstationen erlauben es einem Spezialisten an zentraler Stelle, die Behandlungen mehrerer Teams in Intensivstationen an entfernten Orten zu steuern. Und Deep-Learning-Algorithmen erreichen oder übertreffen bereits die Leistungen eines klinischen Spezialisten, wenn es darum geht, Melanome von gutartigen Hautveränderungen zu unterscheiden oder die ersten Anzeichen bestimmter Brustkrebsarten zu erkennen. Krankheit um Krankheit hilft uns die Technologie dabei, feinere Unterscheidungen zu treffen, die es ermöglichen, verschiedene Erkrankungen zu identifizieren, die früher unter Oberbegriffen wie Lungenkrebs, Bluthochdruck, Asthma und Diabetes Typ 2 zusammengefasst wurden.

Das sind alles eindeutige und bedeutende Fortschritte, aber sie werfen auch ethische Probleme auf. Besonders die Frage, ob KI und Maschinenlernsysteme ohne die direkte Überwachung eines erfahrenen Arztes bestimmte Behandlungen durchführen oder Medikationen verschreiben dürfen sollten, ist ein kompliziertes und nuanciertes Problem, das vermutlich genauso sehr von kulturellen Faktoren wie von Einschätzungen der medizinischen Wirksamkeit bestimmt wird.

Akteure sowohl innerhalb als auch außerhalb des Gesundheitssystems lernen langsam, diese Schwierigkeiten zu meistern, und erweitern den Umfang an Dienstleistungen, die Gesundheitsfürsorge aus der Ferne leisten kann. Patienten werden intensiver miteinbezogen, wenn es darum geht, sich um ihre eigene Gesundheit zu kümmern. Doktor24 (ein Corporate-Venture-Building-Projekt) und Ada Health (ein Start-up) sind zwei interessante Fallstudien, die illustrieren, wie dies bereits umgesetzt wird.

COVID LÄSST UNS UMDENKEN

Innerhalb weniger Wochen hat COVID-19 uns eine Welt gezeigt, die wir noch nie gesehen haben. Stadtzentren waren verödet, Geschäfte und Unternehmen verrammelt. Es gab mehr Fahrräder als Autos und mehr Fußgänger als Fahrräder auf den Straßen. Der Himmel war leer, und überall hörte man Vogelgesang.

In dem verschlafenen walisischen Küstenort Llandudno kam eine Herde von Ziegen mit langen Hörnern, die ursprünglich aus Kaschmir stammen, aus den nahen Bergen und übernahm die Stadt. Leoparden wurden in den Straßen von Mumbai und Islamabad gesichtet, Kängurus in Melbourne und Schakale mitten in Johannesburg. Menschen im ländlichen Indien sahen aus den Fenstern und erblickten Elefantenherden, die langsam durch ihre Dörfer zogen.

Millionen von Büroarbeitern stellten fest, dass es nicht unbedingt ein essenzieller Teil ihrer Arbeit war, jeden Tag im Büro zu erscheinen. Nur von der Hüfte aufwärts angezogen, saßen sie an ihren Schreib- oder Esstischen und nahmen an Meetings über Zoom, FaceTime, Google Meet, Skype, WhatsApp oder ähnliche Videotechnologien teil. Viele Face-to-Face-Meetings schienen wie ein teurer und verschwenderischer Luxus. International betrachtet führten Einreisebeschränkungen dazu, dass die endlosen Geschäftsreisen ein abruptes Ende fanden.

Treibhausgasemissionen sanken schlagartig, und Satellitenaufnahmen zeigten einen drastischen Rückgang der Luftverschmutzung.

1945
ENDE DES
ZWEITEN WELTKRIEGS
750

1975
WELTWEITE REZESSION
100

1983
WELTWEITE REZESSION
1,000

2009
WELTWEITE REZESSION
300

2020
COVID-19-PANDEMIE
2,500*

Projektion basiert auf aktuellen Einschränkungen bei Reisen, Arbeit und Industrie.

**Covid-19 könnte einen Rückgang des CO$_2$-Ausstoßes
um 2,5 Milliarden Tonnen verursachen.**
Übernommen von Statista 2020

Optimisten träumten bereits von einem plötzlichen Sprung nach vorne bei unseren Bemühungen gegen die weltweite Klimawandelkatastrophe. Die Erholung von der Pandemie hielten sie für eine spektakuläre einmalige Chance, sich von fossilen Brennstoffen zu verabschieden und den Übergang zu sauberer Energie zu beschleunigen. Regierungen sollten Hilfsgelder und wirtschaftliche Förderung auf Unternehmen konzentrieren, die den Verbrauch fossiler Brennstoffe reduzieren, und in Wind- und Solarenergie investieren, lautete ihre Forderung.

Pessimisten vertraten die weit verbreitete Annahme, dass die Dinge bald wieder den Normalzustand erreichen, und verwiesen auf die Verschiebung des UN-Klimagipfels, bei dem über 190 Länder ihre aktualisierten Pläne offenlegen sollten, um die rechtlich bindenden Ziele zur Emissionsreduktion zu erreichen, die durch das Pariser Klimaabkommen von 2015 etabliert wurden. Sie machen sich Sorgen über den Abbau von Umweltschutzbestimmungen und Regulierung von Autoabgasen durch die US-Regierung, über Chinas verlängerte Deadlines, was den Umweltschutz angeht, und über Brasiliens Ankündigung, dass Kontrollen der Rodungen im Amazonas-Regen-

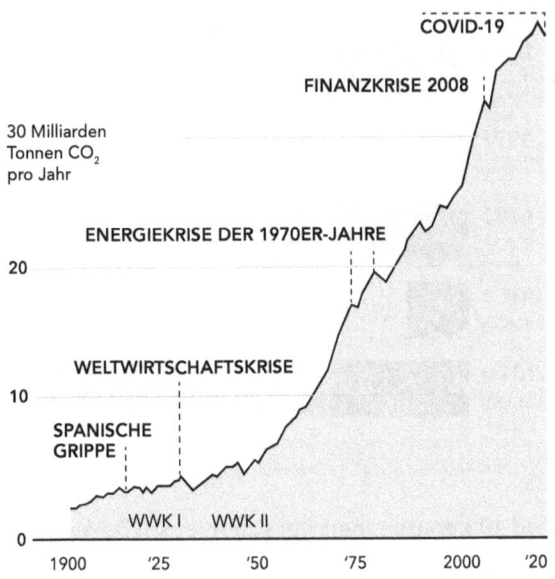

Auf starke Rückgänge nach weltweiten Krisen folgten starke Emissionsanstiege.

Übernommen vom Global Carbon Project

wald verringert werden sollen. In Europa war man besorgt angesichts von Polens schwindender Unterstützung des geplanten CO_2-Handelsprogramms und der Forderung der Tschechischen Republik, die EU möge den Vorschlag für ein neues europäisches Klimaschutzgesetz zurückziehen, das den Kontinent bis 2050 klimaneutral machen soll.

Trotz dieses Widerstands lässt sich die EU jedoch nicht beirren.

»Während unser unmittelbarer Fokus darauf liegt, COVID-19 zu bekämpfen, dauern unsere Bemühungen an, den Green Deal in Europa voranzubringen«, erklärte ein Sprecher im April 2020. »Die Klimakrise ist immer noch real und erfordert unsere andauernde Aufmerksamkeit und verstärkte Anstrengungen.« Einige einflussreiche Leute wie Martina Larkin vom Weltwirtschaftsforum betrachten dies sogar als eine Gelegenheit, die grüne Agenda voranzutreiben. Sie ist jedoch Realistin: »Es kann nicht auf Kosten derjenigen geschehen, die abgehängt werden«, sagt sie. »Diese grüne Erholung muss inklusiv sein.«

Politischer Wille allein wird jedoch nicht ausreichen. Kapitalistische, konsumorientierte Gesellschaften machen Fortschritte durch die Wahl und die Handlungen von Unternehmen und Konsumenten.

Die allgemeine Verbreitung von Mobiltelefonen – bis zu dem Punkt, an dem nach weniger als zwanzig Jahren die Welt heute über mehr Smartphones mit Internetzugang als Toiletten verfügt – unterstreicht die Tatsache, dass erschwingliche, nützliche Technologien das Leben der Menschen schnell und dauerhaft verändern. Wenn wir den Planeten vor der Klimakatastrophe retten wollen, müssen wir es für die Menschen möglich und attraktiv machen, Produkte und Dienstleistungen zu wählen, die uns in diese Richtung steuern.

Politiker in demokratischen Ländern können alle ihnen zur Verfügung stehenden Hebel in Bewegung setzen, indem sie Steuern und Anreize anpassen oder Unternehmen und Individuen ermahnen und überreden, ihre Investments neu zu verteilen und ihre Angewohnheiten zu ändern. Aber sie können den Wandel nicht diktieren – und sie schaffen das nicht allein.

Nur durch Partnerschaften und Zusammenarbeit zwischen Regierungen und Unternehmen, Nichtregierungsorganisationen und Entrepreneuren, Bevölkerungsinitiativen und individuellen Konsumenten lässt sich die Klimakatastrophe vermeiden. Wir brauchen neue Strukturen, neue Arten der Zusammenarbeit, neue Technologien, um diese Zusammenarbeit einfacher zu gestalten, und eine neue Entschlossenheit, diese Welt und ihre Bewohner zu schützen. Unsere größten Hoffnungen liegen dabei auf den Werkzeugen, die die vierte industrielle Revolution uns bereits zur Verfügung gestellt hat, und neuen Tools, die in den nächsten paar Jahren verfügbar sein werden.

Mark Spelman vom Weltwirtschaftsforum sieht aufregende neue Chancen am Horizont aufziehen, von denen wir vor ein paar Jahren noch nicht einmal zu träumen gewagt hätten. Die vierte industrielle Revolution könnte unsere Rettung sein, wenn wir ihr volles Potenzial erfolgreich nutzen. »Im Verbund betrachtet sind Vernetzung, Echtzeitinformationen und diese neuen Kombinationen innovativer Technologien im Grunde eine dezentralisierende Kraft«, sagt er. »Das legt die Macht genau genommen in die Hände der Konsumenten und der Bürger.«

Um diese Macht zu entfesseln, müssen jedoch unsere Entrepreneure (Menschen wie Anna Alex von Planetly, die in einer unserer Fallstudien am Ende dieses Kapitels die Hauptrolle spielt) und unsere Ingenieure, Manager und politischen Entscheidungsträger zielgerichtet und gemeinsam handeln, denn nur so kann sich die kollektive intellektuelle und technologische Macht voll entfalten. Oder um es deutlicher auszudrücken: Wenn wir nicht endlich den Hintern hochkriegen und intensiv zusammenarbeiten, dann ist die menschliche Rasse mehr oder weniger am Ende.

Aber wenn wir diese Kräfte mobilisieren, müssen wir uns darüber im Klaren sein, welche Möglichkeiten wir dabei im Blick haben wollen. Wie Michael G. Jacobides und sein Co-Autor Martin Reeves meinten: »Zu entscheiden, wen wir unterstützen sollen, erfordert eine sorgfältige Beobachtung aktueller Trends und die Unterscheidung zwischen temporären und andauernden Nachfrageverschiebungen.

Viele der unmittelbar zu beobachtenden Veränderungen als Reaktion auf COVID-19 waren entweder der Angst vor Ansteckung oder dem Befolgen offizieller Anweisungen geschuldet und daher vermutlich nur ein temporäres Phänomen. Andere hingegen gingen einher mit höherer Bequemlichkeit oder erwiesen sich als wirtschaftlich rentabler, also sind sie vermutlich eher von Dauer.«

Während wir uns der Zukunft stellen, müssen wir die richtigen Anreize für einen strukturellen Wandel schaffen, der uns ermöglicht, uns besser um uns selbst und unsere Umwelt zu kümmern. Aber bevor wir darüber reden, wie wir unseren Erfindungsreichtum kombinieren können, um die nächste Katastrophe zu verhindern, sollten wir uns etwas intensiver mit den Details eines sich verändernden Wirtschaftsumfelds befassen und mit den damit verbundenen Herausforderungen, damit wir die Verbindungen erkennen.

SCHLÜSSELKONZEPTE

WIR SITZEN ALLE IM SELBEN BOOT. 2020 hat uns bereits gezeigt, wie abhängig wir voneinander sind, besonders in Bezug auf das Klima und gesundheitliche Herausforderungen. Aber langsam haben wir auch begriffen, dass Schlüssellösungen durch kreative Zusammenarbeit gefunden werden können.

DIE NIEDRIG HÄNGENDEN FRÜCHTE SIND SCHON WEG. Die schnellen Gewinne der vierten industriellen Revolution sind schon ausbezahlt. Um relevant zu bleiben und die größten und hartnäckigsten Probleme der Gesellschaft anzugehen, müssen wir die Erschließung neuer Geschäftsfelder dramatisch verändern.

INNOVATIONSSTAU. Auch wenn die meisten reichen Gesellschaften wirkungsvolle Assets haben, die sie nutzbringend einsetzen könnten, um diese sich herauskristallisierenden Probleme zu lösen, haben sie ihr Potenzial nicht besonders gut genutzt.

SCHLÜSSELEMPFEHLUNGEN

- Unser globales System ist zunehmend vernetzt, der Wandel vollzieht sich schneller als je zuvor. Im Nebel der Ungewissheit brauchen wir verlässlichere Daten in handhabbaren, standardisierten Formaten. Plattformgeschäftsmodelle sind wichtig, da sie Angebot und Nachfrage dort vereinen können, wo es am nötigsten ist.

- Die Komplexität der heutigen globalen Herausforderungen macht sie so schwierig zu bewältigen. Jedes große Unternehmen hat viele Assets (Werke, Daten, erfahrene Talente und so weiter), die man potenziell auch im digitalen Raum einsetzen kann, um neue Ansätze wie Corporate Venture Building zu nutzen.

- Unserer Ansicht nach werden zahlreiche profitable Märkte aufgrund von hohen Eintrittsbarrieren nach wie vor sträflich vernachlässigt. Viele davon bieten enorme Chancen, die eigene Gesundheit zu verbessern (zum Beispiel durch wertorientierte Gesundheitspflege und Präzisionsmedizin), und sind außerdem umweltschonend (zum Beispiel durch Sharing Economy, die mithilfe von Technologie ermöglicht wird).

- Das Gute ist: Wir haben alles, was wir brauchen, um diese Dinge zu ermöglichen. Wir haben die Daten, historische und aktuelle. Wir haben die Technologie. Und wir haben die Infrastruktur, die erforderlich ist, um wahrlich bahnbrechende Ideen umzusetzen.

- Es sollten nicht nur die kreativen Start-ups wie Planetly oder Doktor24 und ihre Investoren sein, die diesen Wandel antreiben. Andere Beteiligte des Wirtschaftssystems (Regierungen mit eingeschlossen) haben ebenfalls eine wichtige Rolle inne. Wir sollten Chancen in Sektoren schaffen, in denen die Innovationen der Gesellschaft nützen.

- Anreizstrukturen können in jedem Wirtschaftsbereich Menschen ermutigen – von Politikern über C-Level-Führungskräfte bis hin zu den Angestellten an vorderster Front –, sich auf kurzfristige Ziele zu konzentrieren. Sie erhalten Anreize, auf vierteljährliche oder jährliche Ergebnisse abzustellen oder Erfolg an den Jahren zwischen den Wahlen zu messen. Das muss sich ändern.

BERTELSMANN:
VERÄNDERUNG VON BEIDEN SEITEN

Dr. Brigitte Mohn weiß, was nötig ist, um eine Revolution in Gang zu setzen. Ihrer Meinung nach besitzt Europa alle Voraussetzungen, um Weltführer bei der Digitalisierung zu werden, und sie tut alles dafür, um Europa so schnell wie möglich auf diese Position zu bringen, in ihren Funktionen als Mitglied des Vorstands der Bertelsmann Stiftung, als Leiterin des Stiftungsrats bei der deutschen Stroke Foundation und als Shareholder der Bertelsmann Verwaltungsgesellschaft. Proaktiv und vorwärtsgewandt treibt sie jeden Tag Innovationen an, wobei die Verantwortung von Unternehmen und Entrepreneurship ganz oben auf ihrer Agenda stehen.

Bertelsmann wurde 1835 gegründet und hatte sich ursprünglich auf theologische Literatur spezialisiert. Heute ist das Unternehmen Mehrheitseigner der RTL-Gruppe und hält 75 Prozent der Anteile. RTL betreibt mehr als sechzig Fernsehstationen, dreißig Radiosender und acht Video-on-demand-Plattformen. Bertelsmann hält auch 75 Prozent an Penguin Random House, dem größten Buchverlag mit 275 Imprints und Marken auf sechs Kontinenten sowie großen Anteilen an Musikunternehmen, Magazinen, Dienstleistern und Bildungsunternehmen. Brigitte repräsentiert die sechste Generation der Familie Mohn im Aufsichtsrat dieses multinationalen Unternehmens.

Ihre Hauptaufgabe ist die Arbeit im Vorstand der Bertelsmann Stiftung, die von ihrem Vater, Reinhard Mohn, 1977 gegründet wurde und sich der Idee verschrieben hat, dass Wettbewerb und ziviles Engagement die Basis des sozialen Fortschritts sind. Als private Stiftung betreibt sie eine große Bandbreite an Projekten, die darauf abzielen, die Herausforderungen der digitalisierten, globalisierten Zukunft in positiver Weise zu beeinflussen.

Da es zu Mohns wichtigsten persönlichen Motiven gehört, Entrepreneurship und soziale Innovationen voranzutreiben, unterstützt sie als Privatperson Start-ups. Sie hat also eine einzigartige Perspektive, eine Sicht aus den Höhen eines riesigen, sehr lange bestehenden Unternehmens, Managementerfahrung innerhalb der Stiftung und Einblick in die alltäglichen Mühen neuer Start-ups.

Als wir sie nach den Bedrohungen und Chancen fragten, die von der digitalen Technologie, von neuen Geschäftsmodellen und der vierten industriellen Revolution geschaffen werden, fanden wir heraus, dass sie eine dezidierte Meinung über Europas langsame Reaktion auf die sich schnell ändernden wirtschaftlichen Bedingungen von heute hat.

»Es sind drei Faktoren, die uns bremsen«, erklärt sie. »Aus meiner Sicht erkennen die Unternehmen das volle Potenzial der Digitalisierung noch nicht deutlich genug. Das ist das Risiko, wenn man die eigene Wettbewerbsfähigkeit in zunehmend globalisierten Märkten überschätzt. Viele Unternehmen denken, sie sind schon gut genug für diesen Wettbewerb aufgestellt. Sie haben die wahren Risiken nicht erkannt.

Dann gibt es die Sorge über diesen Wandel, die sicher das Verhalten der Menschen beeinflusst. Ich sehe einen Mangel an neuen Ansätzen, die man ausprobieren sollte, möglicherweise in Kombination mit der Sorge, frühe Rückschläge hinnehmen zu müssen. ›Wenn ich das tue und scheitere, was passiert dann?‹ Wir in Europa müssen uns ansehen, was Innovatoren in anderen Ländern tun. Und ich glaube, wir könnten mehr tun, um die Neugier und den Erfindergeist in unseren Bildungsinstitutionen frühzeitig zu fördern.«

Abgesehen von kulturellen Beschränkungen, so ihre Überzeugung, bestehe eine weitere Herausforderung darin, dass es keine Einigung darüber gebe, was Europa an Wachstum erreichen sollte. Dieser Mangel an Klarheit in der politischen Sphäre hat Auswirkungen darauf, wie die Industrie auf den Transformationsprozess reagiert.

»Es ist wichtig, einen lösungsorientierten Ansatz zu verfolgen, wozu gehört, dass man plattformbasierte Unternehmen und ein Netzwerk verschiedener Ökosysteme mit einbezieht«, sagt sie. »Investitionen in Technologien wie Künstliche Intelligenz sind ebenfalls entscheidend, und das eröffnet uns viele Chancen.«

Europas größte Unternehmen müssen offensichtlich mehr Neues wagen, innovative Technologien und das Mindset von Entrepreneuren in ihre Systeme und Philosophie einfließen lassen. Konventionelle Ansätze für Forschung und Entwicklung werden die radikalen neuen Lösungen und Innovationen nicht schnell genug liefern, um die erforderlichen Antworten zu erhalten. Ebenso wichtig ist es, den rechtlichen Rahmen zu schaffen, der Innovationen begünstigt.

Einige der neuen Initiativen, die in den letzten paar Jahren entstanden sind, wie das Modell des Corporate Venture Building, haben bereits gezeigt, dass dies zu schaffen ist. Mohn sieht eine erste Reaktion Europas auf die schnellen, disruptiven Konkurrenten aus Amerika und China in Form einer positiveren Entschlossenheit, Methoden zu übernehmen, die am besten in einer digitalen Umgebung funktionieren.

»Wir brauchen neue Formen der Kooperation, neue Partnerschaften und Joint Ventures und einen neuen Dialog zwischen Politikern und der Wirtschaft«, sagte sie, »wenn wir das zu einer Gewinnerstory machen wollen.«

DOKTOR24:
INNOVATIONEN IM GESUNDHEITSWESEN

Iron Man ist vielleicht eine fiktive Figur, aber er hat Konkurrenz im echten Leben in Form von Alexander Wennergren Helm von Doktor24. Als passionierter Ironman-Triathlet und Wirtschaftsführer mit der Einstellung eines Entrepreneurs fördert Wennergren Helm ein gesundes Leben durch Innovationen in den nordischen Ländern und auf dem ganzen Globus.

Wie im Sport hat er auch im Business mehrere Disziplinen gemeistert. Als CEO für den Gesundheitsdienstleister Aleris und beim Werkzeughersteller Hultafors Group hat er Unternehmen zu Größe und Stärke geführt. Und er hat junge und innovative Start-ups mitgegründet und ihnen zu Wachstum verholfen, etwa Doktor24, wo er Vorstandsvorsitzender ist.

Doktor24 kündigte vor Kurzem an, als einer der ersten Anbieter weltweit jetzt überall in Schweden Antikörpertests für COVID-19 anbieten zu können. Das Unternehmen mit 80 Angestellten ist ein disruptiver Spezialist für digitales Gesundheitswesen. Es wurde von Aleris gegründet, ist aber heute ein unabhängiges Unternehmen, das Gesundheitsfürsorge und Radiologie-Dienstleistungen in ganz Skandinavien anbietet mit dem Ziel, das volle Potenzial digitalisierter Gesundheitsfürsorge zu erschließen.

Um Gesundheitsfürsorge zugänglicher und bequemer zu machen, automatisiert Doktor24 viele entscheidende Prozesse in der Patientenversorgung, ermöglicht Kommunikation zwischen Patienten und Gesundheitsdienstleistern, bietet Zahlungsdienste an und hilft beim Patientenmanagement.

Doktor24 begann sein Dasein als Aleris X, ein von Aleris gegründetes Digitalunternehmen, dessen spezialisierte Krankenfürsorge Krankenhäuser, ambulante Kliniken und Radiologie-Labore an mehr als 100 Standorten versorgt und jedes Jahr 1 Million Röntgenuntersuchungen durchführt.

Das Aleris-X-Team begann mit einem breit gefächerten Auftrag. Es sollte Möglichkeiten erkunden, die Gesundheitsfürsorge ohne vorher festgelegte strategische Beschränkungen zu digitalisieren. Bald entdeckte man hervorragende Möglichkeiten auf dem Marktgebiet, indem man anstelle der Aleris-Perspektive eine Außenperspektive einnahm.

»Das junge Spin-off-Unternehmen durchlebte eine andere Evolution, als wir erwartet hatten, und mit der Zeit wurde es immer unabhängiger vom Mutterschiff«, erzählte uns Wennergren Helm. »Die Unternehmen entwickelten sich auseinander. Aleris X wurde zu Doktor24, einem unabhängigen Gesundheitsdienstleister und Technologieanbieter mit Aleris als Kunden für seine Dienstleistungen. Letztlich bauten wir etwas auf, das nicht so wertvoll war wie Aleris selbst, aber sehr wertvoll für die Gesellschaft. Wir machen Gesundheitsfürsorge präsenter und produktiver. Wir nutzen Ressourcen auf weniger verschwenderische Weise, und unser Ansatz gegenüber Patienten ist inkludierender.«

Wennergren Helm glaubt, sie hätten nicht annähernd so viel erreichen können, wenn sie versucht hätten, Aleris X Grenzen zu setzen oder es zu eng an das Mutterunternehmen zu ketten. Und sein Ratschlag an andere Unternehmensleiter, die völlig neue digitale Geschäftsfelder erschließen wollen, ist umso wirkungsvoller, weil er unmittelbar auf eigener Erfahrung basiert.

»Konzentrieren Sie sich darauf, die richtige Basis zu haben, wenn Sie mit dem Prozess beginnen. Holen Sie die richtigen Leute an Bord, geben Sie eine grobe Richtung vor, und machen Sie von Anfang an klar, wie offen alles sein soll. Lassen Sie es dann zu einer autarken Einheit heranwachsen, die völlig unabhängig und verschieden von Ihrer ursprünglichen Idee sein kann.

Transformative Innovation ist ein Suchprozess, der einen in unbekanntes Terrain führt«, fügt er hinzu. »Wenn Sie versuchen, das zu sehr einzugrenzen, haben Sie womöglich keine hohe Erfolgsrate bei Ihrer Innovation. Innovation in kleinen Schritten im Kerngeschäft muss in einem enger geregelten Prozess ablaufen.«

PLANETLY:
GESCHÄFTSSYSTEM MIT MORAL

Anna Alex hat sich als Gründerin des persönlichen Shoppingdienstes Outfittery einen Namen gemacht. Sie schuf damit ein erfolgreiches E-Commerce-Unternehmen im Modebereich und erhielt viel Lob – als Mitglied von Europas »Inspiring Fifty«, als eine der »Jungen Elite – die Top 40 unter 40« und als eine der »inspirierendsten Frauen der Tech-Branche«.

Nun ist sie auf einer neuen Mission. Getrieben vom Wunsch, sich aktiv mit der Klimakrise auseinanderzusetzen, gründete die Entrepreneurin zusammen mit ihrem Kollegen Benedikt Franke Planetly, um sinnvolle Transparenz in den Messprozess von CO_2-Bilanzen zu bringen. »Wir müssen mitspielen, wenn wir gewinnen wollen«, sagt Alex. Sie hofft, dass wir letztlich in der Lage sein werden, das System zum Guten zu beeinflussen. Aber sie ist realistisch.

»Das wird eine Weile dauern, doch bei der Klimakrise dürfen wir keine Zeit verlieren. Das Jahrzehnt, in dem wir etwas leisten müssen, ist angebrochen. Also besteht unser Ansatz darin, das System zu bedienen und es zu verstehen, statt es zu beurteilen. Wir freuen uns, jedes Unternehmen unterstützen zu können, das klimaneutral werden will.«

Ihr Ansatz besteht darin, Modelle zu finden, die Ziele und Profit ausbalancieren. »Einfluss gewinnt man mit einem Ziel und der richtigen Größe. Um diese Größe zu erreichen, beschlossen wir, nicht als Non-Profit-Organisation an den Start zu gehen, sondern ein wirklich fundiertes Geschäftsmodell zu haben. In unserem Fall ist es ein SaaS-Geschäftsmodell (Software as a Service), also werden wir nur die Lizenzgebühren für die Kundensoftware verlangen. Indem wir diesen Weg einschlugen, sind wir in der Lage, Investoren anzuziehen und ihr Geld für das Wachstum des Geschäfts zu verwenden.«

Planetly hat eben die erste Finanzierungsrunde mit 5,2 Millionen Euro abgeschlossen – ein bemerkenswerter Geldbetrag für ein Geschäftsmodell, dessen Erfolg nicht auf der Hand liegt. Interessanterweise sind die drei Hauptinvestmentfonds, die Planetly an Bord geholt hat, nicht die typischen Impact-Investoren oder Investoren, die normalerweise auf dieses Thema spezialisiert sind, was ein gutes Zeichen für andere aufstrebende Klima-Entrepreneure sein sollte.

Was macht also Planetly so überzeugend für diese bereitwilligen Unterstützer?

»Unsere Vision ist es, das am besten umsetzbare Werkzeug gegen die Klimakrise zu sein«, sagt Alex. »Umsetzbar zu sein liegt im Kern dessen, was wir tun. Das beinhaltet zum Beispiel, Datensammlungen automatisch abzugleichen. Solange das manuell durchgeführt wird und Berater dafür mit Excel-Ausdrucken durch die Firma laufen, was meiner Erfahrung bei meinem vorherigen Unternehmen entspricht, ist es nicht umsetzbar, denn das wird nur einmal pro Jahr gemacht. Und wenn Sie wissen, dass Ihre nächste Emissionsbewertung erst in einem Jahr ist, irgendwann im nächsten März, ändern Sie Ihr Verhalten nicht. Das ist nicht umsetzbar.«

Umsetzbar zu sein bedeutet für Planetly, die Datensammlung so weit wie möglich zu automatisieren und außerdem hinterher praktische Ratschläge zu geben, wie man Emissionen reduziert.

»Dann gleicht man diese Emissionen zudem aus«, sagt sie, »und zeigt damit der Welt, dass man sie ausgeglichen hat, um andere zu ermutigen, denselben Kurs einzuschlagen. Wenn es darum geht, wie man das kommunizieren soll, ist das in gewissem Umfang Übersetzungsarbeit – von der moralischen Ebene in einen Geschäftskontext.«

DIE SCHWEDISCHE PERSPEKTIVE
CHANCEN, ABER AUCH GEFAHREN

Marcus Wallenberg, Vorsitzender von FAM und Patricia Industries sowie stellvertretender Vorsitzender von Investor AB und Wallenberg Foundations, ist in fünfter Generation Mitglied einer Banker- und Investorenfamilie, die einst in den frühen 1990er-Jahren indirekt schätzungsweise ein Drittel von Schwedens Bruttoinlandsprodukt kontrollierte. Als Vorsitzender von Saab und SEB, der Bank, die vor 164 Jahren von seinen Vorfahren gegründet wurde, ist Wallenberg eine Schlüsselfigur im Wirtschaftsleben des Landes.

Aber er ist alles andere als ein Traditionalist. Als wir ihn für *Das entscheidende Jahrzehnt* interviewten, sprach Wallenberg mit Begeisterung über die Auswirkungen der Digitalisierung, über neue Geschäftsmodelle und die Dringlichkeit, mit der etablierte Unternehmen auf die Herausforderungen der vierten industriellen Revolution reagieren müssen.

»Die Menschen müssen einsehen, dass der Wandel nötig ist«, sagte er uns. »Aber sie geben nicht genug Geld dafür aus, und sie geben es nicht schnell genug aus. Es gibt enorme Chancen da draußen, aber man muss schnell sein. Jedes Unternehmen in jedem Sektor sieht sich der Bedrohung durch signifikante Disruption ausgesetzt.«

Die SEB ist zum Beispiel eine relativ kleine Privatkundenbank. Mit nur einhundert Filialen und 4,5 Millionen Kunden hat sie hohe Betriebskosten, verglichen mit denen eines riesigen Unternehmens wie Alibabas Ant Financial Services, das in der Lage ist, die Kosten für Zahlungen, Kredite, Kreditkarten und Vermögensverwaltung über eine Kundenbasis von fast 600 Millionen digitale User zu verteilen.

»Ant Financial wird bald auch in Europa auf den Markt kommen«, sagt Wallenberg. »Wie sollen wir damit konkurrieren? Unser Familienunternehmen hat die drei letzten industriellen Revolutionen durchlebt, aber die vierte industrielle Revolution schafft sehr dramatische Veränderungen für die Gesellschaft als Ganzes und für die SEB und alle Unternehmen, in die wir investieren.«

Unternehmen aus dem privaten und öffentlichen Sektor Zugang zu den Werkzeugen und Technologien zu sichern, die unsere Welt neu ordnen, sei ein Teil der Antwort, so glaubt er. Die Wallenberg Foundations investieren bereits seit fünf Jahren viel in KI und Quantencomputertechnologie und engagieren sich bei Combient, einem Non-Profit-Netzwerk, das verschiedene Industrien verbindet und dreißig große skandinavische Unternehmen, darunter KONE, Husqvarna, SAS, Electrolux und Scania, mit Technologieexperten, Entrepreneuren, Start-ups und Universitäten zusammenbringt.

Combient hilft diesen Playern, ihre Talente, Energien und Ressourcen in einen Topf zu werfen, um gemeinsam neue Dienstleistungen und Produkte zu schaffen. Dabei nutzen sie neue Technologien und digitale Geschäftsmodelle. In den ersten paar Jahren brachte es über hundert innovative Lösungen hervor und nutzte dabei die Kaufkraft der großen Unternehmen, die ihnen in der Rolle von Early Adopters halfen, den wichtigen ersten Schritt auf den Markt zu tun.

»Wir müssen uns darauf konzentrieren, die wahren Bedürfnisse der Kunden zu befriedigen«, sagt Wallenberg. »Es geht darum, bessere, günstigere Lösungen zu präsentieren. Wir sehen das in einem Bankenkontext bei SEB, wo die innovativen Fintech-Unternehmen gezeigt haben, dass sie sehr gut darin sind, sich auf enge Segmente zu konzentrieren und uns Marktanteile wegzunehmen.

Aber man sieht auch Beispiele im Regierungssektor, wo Technologien unglaubliche Chancen bieten, die Produktivität zu verbessern und Ressourcen umzulenken auf nützlichere Gebiete. Im Süden Schwedens zum Beispiel haben sie mit Maschinenlernen einen Roboter entwickelt, der die Zeit für die Aktenprüfung beim Sozialamt verkürzt. Dadurch bekommen Antragsteller ihr Geld binnen Tagen statt Wochen, und die Belegschaft kann produktiver die Menschen vor Ort unterstützen, unter anderem diejenigen, die auf Arbeitssuche sind.«

Einige der großen nordischen Geschäfte, an denen Investor AB und die private Holding-Company FAM Anteile halten, verändern bereits radikal ihren Ansatz, Geschäfte zu machen, auf zum Teil überraschende Art und Weise. KONE und Scania (die beide nicht Investor AB oder FAM gehören) haben ihre Rollen neu definiert als Unternehmen, die »Menschen transportieren«, statt nur Lifte und Rolltreppen oder Trucks und Busse zu produzieren. Aber das ist keine Brainstorming-Übung an einer Business School, bei der man sich Geschäftsideen aus den Fingern saugt. Das sind Unternehmen, die jeweils um die 50.000 Beschäftigte haben, und ihre Geschäftsmodelle neu zu denken ist der erste Schritt zu bedeutenden digitalen Transformationen.

Wallenberg unterstützt das FightBack-Manifest mit seiner Betonung des dringenden Bedarfs an neuen digitalen Geschäftsmodellen, der Kooperation zwischen Entrepreneuren, Vorständen, Investoren und politischen Entscheidungsträgern und der gemeinsamen Mission, eine bessere Zukunft zu schaffen. Er ist jedoch Optimist und weist gern auf den Nutzen der digitalen Technologien und neuer Geschäftsmodelle hin.

»Es gibt viele Chancen, aber auch Gefahren«, sagt er. »Wir müssen den Menschen deutlich machen, dass neue Jobs und Karrierechancen entstehen. Sie werden diejenigen ersetzen, die durch die Automatisierung verloren gehen. Wir müssen die positiven Aspekte der digitalen Transformation erklären. Wir waren nicht sonderlich erfolgreich darin, die Globalisierung zu erklären und die Menschen darauf vorzubereiten – das müssen wir bei der Digitalisierung um einiges besser hinkriegen.«

TEIL 2:

HYBRIDE PLATTFORMEN

GROSSE FRAGEN ERFORDERN
GROSSE ANTWORTEN

Eine Reise von tausend Meilen beginnt mit einem einzigen Schritt, erklärte der Große Vorsitzende Mao. Er hatte recht, denn überhaupt zu beginnen ist essenziell, wenn man etwas erreichen will. In jeder anderen Hinsicht lag er katastrophal falsch. Wenn man den ersten Schritt gemacht hat, muss man noch ungefähr 1.999.999 weitere machen. Tausend Meilen einen Schritt nach dem anderen zurückzulegen ist keine clevere Strategie.

Wenn wir Problemen gegenüberstehen, die plötzlich und unvorhersagbar auftreten wie die Corona-Krise oder die sich beschleunigen, verschiedene Formen annehmen und unsere Welt auf mannigfache Weise bedrohen wie die Erderwärmung, wird schnell klar, dass bescheidene Schritt-für-Schritt-Lösungen die Katastrophe nicht verhindern. Was wir brauchen, sind umfassende, ehrgeizige, innovative, skalierbare, wissenschaftlich fundierte Reaktionen. Wir brauchen Initiativen, die schnell erprobbar sind, ihr Potenzial in kleinen, sorgfältig überwachten Pilotstudien erweisen und dann exponentiell wachsen, um globale Auswirkungen zu haben. Aber wir brauchen ebenso Tausende von Initiativen, die keine globalen Ambitionen haben und sich darauf konzentrieren, einzigartige lokale Herausforderungen zu lösen.

Und bis jetzt waren wir nicht sehr gut darin, eine von beiden Lösungsstrategien zu kreieren.

Die industriellen und kommerziellen Giganten von gestern haben ihr Selbstvertrauen, ihre Dynamik und ihre Zweckbestimmtheit verloren – und damit auch ihre Plätze an der Spitze der Nahrungskette. Selbst General Electric, stolzes Mitglied des Dow Jones Industrial Average seit mehr als einem Jahrhundert, ist 2018 vom Index verschwunden. Es ist kein Zufall, dass die jungen Herren der Erde, die den Staffelstab übernommen haben – die Amazons, Apples, Microsofts, Alphabets und Alibabas –, allesamt aggressive, digital-getriebene, plattformbasierte Unternehmen mit globaler Reichweite und enormer Wettbewerbsfähigkeit sind.

Doch keiner von der alten Garde und auch nicht die neuen, alles erobernden Newcomer haben den Willen oder die Kapazität, sich den dringlichsten und potenziell verheerendsten Herausforderungen zu stellen.

Wenn wir all diese existenziellen Bedrohungen bekämpfen wollen, die von globalen Pandemien und dem Klimawandel ausgehen, brauchen wir einen völlig neuen Ansatz. In Teil 3 werden wir sehen: Unsere bestehenden Modelle, um Technologie nutzbringend einzusetzen, sind entweder zu kurzsichtig oder zu langsam, um uns dabei zu helfen, mit diesen großen und komplexen Problemen fertigzuwerden.

Wie wir in Teil 5 dieses Buches noch näher erläutern werden, brauchen wir neue Werkzeuge und neue Strukturen der Zusammenarbeit und der Allianz, die Regierungen und Unternehmen, Universitäten und Entrepreneure, Wissenschaftler und Ärzte, Forscher und Finanziers und NGOs zusammenbringen. Wir brauchen neue Methoden, um ihre unterschiedlichen Stärken zu nutzen, ihre Ressourcen zu mobilisieren, ihre erfinderischen und innovativen Talente zu motivieren und mit neuen und bisher unvorstellbaren Lösungen aufzuwarten, die schnell und effektiv umgesetzt werden können. Wir halten den neuen Ansatz des Corporate Venture Building für die ideale Assetklasse, um das zu erreichen.

Das wird nicht leicht werden. Aber wir haben die notwendigen Werkzeuge. Wir haben heute Zugang zu diversen schnell fortschreitenden Technologien – Künstliche Intelligenz und Maschinenlernen, 5G und Cloud-Services, die Sensortechnologie des Internets der Dinge und die Informationen, die sie liefert, Blockchain und Nanotechnologie, Robotik und Gentechnik.

Wenn Sie schon einmal über FoundersLane gestolpert sind, dann rechnen Sie vielleicht in diesem Moment damit, dass wir wertvolle Lektionen mit Ihnen teilen, wie man breit aufgestellte Netzwerke von Playern mit verschiedenen Interessen, Fähigkeiten und Schwerpunkten orchestriert, basierend auf unserer Recherche darüber, wie Amazon, Alibaba und die anderen ihre Plattformen nutzen, um die Wirtschaftsökosysteme um sich herum zu organisieren und zu beeinflussen.

Das könnten wir tun. Aber das ist nicht einfach. Es gibt keine Pauschallösungen, die wir in ein paar Absätzen fein säuberlich darstellen könnten. Und eines der großen Probleme des Plattformdenkens ist, dass es oft auf Klischees und halbgaren Prinzipien basiert. Sehen Sie genauer hin, und Sie werden feststellen, dass viele berühmte Plattformunternehmen das Geld ihrer Investoren in kaum nachhaltiger Weise verbrennen, um die wankelmütigen Kunden bei der Stange zu halten.

Wie es Michael G. Jacobides von der London Business School ausdrückt: »Die Leute fangen mit ein paar Binsenweisheiten an, die nicht durchdacht sind, und Beispielen, die nicht typisch sind.«

Nicht alle Plattformen werden auf die gleiche Weise ins Leben gerufen – und genauso unterscheiden sich die Märkte oder die zugrunde liegenden Technologien. Den meisten heutigen Unternehmen würden wir wahrscheinlich abraten, ihre eigenen Plattformen aufzubauen.

Aber dieser Abschnitt beschäftigt sich sehr wohl damit, wie Plattformgeschäftsmodelle funktionieren.

KEINE RÜCKKEHR
ZUR TAGESORDNUNG

Die meisten Manager in großen und lange bestehenden Unternehmen haben nur sehr langsam die radikalen Veränderungen vorgenommen, um diese Unternehmen für das Digitalzeitalter fit zu machen. Das liegt meist nicht daran, dass sie den Bedarf nicht erkannt hätten. Es liegt vermutlich eher daran, dass sie noch keine Idee haben, wie die digitalen Geschäftsmodelle – insbesondere plattformbasierte Modelle – an ihre besonderen Umstände angepasst werden können. Sie bewundern und fürchten das unaufhaltsame Wachstum der digitalen Marktführer, wissen aber nicht, wie sie das bewerkstelligen sollen, abgesehen von dem vagen Gefühl, dass es wohl etwas damit zu tun hat, mutige innovative Methoden mit neuen Geschäftsmodellen und den neuesten digitalen Technologien zu kombinieren. Und die meisten haben noch nicht das ganze Ausmaß der existenziellen Bedrohung erkannt, die

diese Innovationen im Technologiesektor und im Bereich der Geschäftsmodelle für ihre Unternehmen mit sich bringen.

Nachdem sie die ersten bedeutenden Profite durch Disintermediation (das
Eliminieren des Mittelmanns) gemacht haben, übernehmen die Plattformunternehmen zunehmend die gesamte Lieferkette eines Produkts oder einer
Dienstleistung (sie nennen es »vertikale Integration«). Amazon produziert
zum Beispiel längst seine eigenen Produkte, basierend auf den umfangrei-
chen Marktdaten, die das Unternehmen von seinen Nutzern erhebt. Wenn
diese Unternehmen sich dem Gesundheitsbereich zuwenden, bieten sie ihre
eigenen Dienstleistungen an, statt nur Angebot und Nachfrage zusammenzubringen. Der berühmte Ausspruch des Amazon-Gründers und CEOs Jeff
Bezos »Ihre Marge ist mein Profit« wirkt heute noch ungenießbarer.

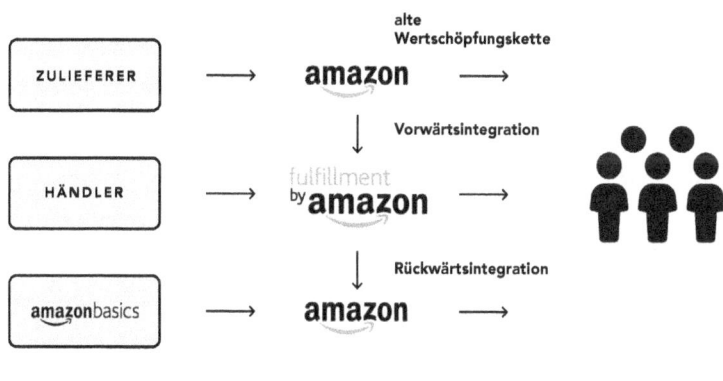

Vertikale Integration

Übernommen von Statista, 2020

Es gibt viel Aktivismus und Besorgnis in so ziemlich jeder Branche, und ern-
ste Reden wurden gehalten über die Notwendigkeit einer »digitalen Transformation«. Aber meist sind die Bemühungen nicht annähernd ausreichend.
Unternehmen, die nicht wissen, in welche Richtung sie sich bewegen sollen
oder wie ihre künftigen Märkte aussehen, veranstalten oft ein »Innovationstheater« und rufen gut gemeinte Initiativen ins Leben wie Hackathons,
hauseigene Inkubatoren und Accelerator-Programme. Oder sie starten Trai-

ningsprogramme für schlanke Start-ups und Design Thinking. Das geht oft einher mit einem »Innovationstourismus« in Form von Reisen ins Silicon Valley oder nach Shenzhen.

Aber das Ergebnis dieser Bemühungen sind selten Verbesserungen der Unternehmensleistung. Und wenn Unternehmen des öffentlichen Sektors dasselbe versuchen, sind die Resultate meist ähnlich enttäuschend. Alte Gewohnheiten des linearen Denkens in kleinen Schritten sind im staatlichen Bereich genauso tief verwurzelt wie in der Unternehmenswelt.

Die Entscheidungen, denen sich die etablierten Unternehmen gegenübersehen, sind von großer Tragweite. »Digitalisieren oder untergehen« ist die erste, brutale Option. Aber darüber hinaus muss eine Entscheidung darüber getroffen werden, ob man mit Innovationen in kleinen Schritten weitermachen oder neue Geschäftsmodelle mit offenen Armen begrüßen und anfangen sollte, auf positive Weise das Fundament für eine radikal andere Zukunft zu legen.

Jede Industrie, die man sich vorstellen kann – vom Bankenwesen und der Produktion bis hin zum Gesundheitswesen und dem Energiesektor –, versucht, so viele ihrer Prozesse wie möglich zu automatisieren und zu digitalisieren. Der potenzielle Gewinn im Hinblick auf Geschwindigkeit, Effizienz und Kostenreduktion ist offensichtlich. Aber die Digitalisierung bestehender Prozesse ist keine große Sache. Sie mag notwendig sein, wird aber nicht ausreichen. Dies ist nur der übliche Einsatz, den jeder bringen muss, um in diesem Spiel zu überleben. Lediglich das schneller und effizienter zu tun, was Sie immer getan haben, sichert keinen künftigen Erfolg – nicht einmal das Überleben.

Wir haben bereits festgestellt, dass neue Technologien die Regeln des Spiels verändert haben und unvorstellbare Chancen für neues Wachstum und neue Produkte und Dienstleistungen bieten. Aber selbst die Manager, die erkennen, dass wir uns im Frühstadium der vierten industriellen Revolution befinden, haben bislang nicht begriffen, wie weitreichend diese Veränderungen sein werden.

Die wahre Revolution liegt in der Art, wie Wert generiert und in der neuen digitalen, vernetzten Welt abgeschöpft wird. Wir haben über mehrere Jahre miterlebt, wie diese Veränderungen ihre Spuren hinterließen, aber es besteht kein Zweifel, dass der seismische Schock der Corona-Pandemie zu höherer Konzentration und größerem Tempo führen wird.

Führungskräfte müssen schwere Entscheidungen treffen, welche die Zukunft ihrer Unternehmen bestimmen. In der Bugwelle von COVID-19 müssen sie sowohl ihre kurzfristigen Ziele als auch ihre langfristigen Strategien ändern. Sie müssen wählen, ob sie ihre Kundenbeziehungen, Lieferketten und Produktionsstätten, die sie über die Jahre für selbstverständlich gehalten haben, wieder aufbauen wollen oder mit neuen Ideen, neuen Dienstleistungen, neuen Angeboten und neuen digitalen Unternehmensplänen aufwarten.

Sie mussten bereits mit den neuen Dynamiken des Business klarkommen. Nun werden sie gezwungen, ihre strategischen Ziele neu auszurichten – und das kann ein herausfordernder und unangenehmer Prozess sein. Aber für diejenigen, die auf ihr Urteilsvermögen vertrauen und sich einer Zukunft des radikalen Wandels und der Innovation verschreiben, gibt es neue Chancen und Herausforderungen. Das sehen wir bereits bei einer wachsenden Zahl von Unternehmen, die ein ernsthaftes Interesse daran zeigen, Corporate Venture Building anzuwenden, um neue Konzepte wie plattformbasierte Geschäftsmodelle und Ökosysteme zu beherrschen und neue Fähigkeiten und Ressourcen zu nutzen, mit denen sie ihr volles Potenzial ausspielen können.

Viele zögern jedoch noch immer, unsicher angesichts der Risiken, die alten Pfade hinter sich zu lassen und damit die Unternehmenskultur, in der sie aufgewachsen sind. Sie haben teilweise recht. Plattformen haben einen fast mythischen Status erreicht und ein Verlangen unter vielen Leadern geschaffen, ein Plattformmodell über alles zu stülpen, was wirtschaftlich betrachtet noch einen Puls hat. Michael G. Jacobides weist auf eine fehlerhafte Annahme hin, die er die »LeBron-James-Illusion« nennt. Menschen glauben, weil ein Basketballstar auch außerhalb des Sieben-Meter-Kreises einen guten Wurf landen kann, sollten sie ebenfalls von dort werfen, um ein erfolgreicher Spieler zu sein. Damit verwechseln sie einfach Ursache und Wirkung. Man wird nicht über zwei Meter groß oder zu LeBron James, nur weil man eine Menge Basketball spielt und aus großer Entfernung wirft.

Wer ein Plattform-Business aufbauen will, braucht tatsächlich ein profundes Verständnis der Prinzipien, ausreichende Finanzierung, die richtigen Assets und den passenden Zeitrahmen sowie einen gewissen Ruf unter den alteingesessenen Teilnehmern des Marktes, in dem die Mittelsmänner ausgeschaltet werden sollen. Die wichtigste strategische Frage ist daher nicht: »Soll ich eine Plattform aufbauen?«, sondern: »Wie konkurriere ich in einer Welt voller Plattformen?«

Statt digitale Fashion Victims zu werden, die nach allem grapschen, was glänzend und modern aussieht, sollten wir uns der Kernfrage hinter jedem erfolgreichen Unternehmen widmen: »Wie kann ich einen bedeutenden Wert für meine Kunden und Partner schaffen?«

Mit dieser Einstellung beginnen einige Unternehmensführer, differenziertere Arten zu erkunden, wie man Geschäftsmodelle für die Zukunft generiert, ohne das Kerngeschäft zu schädigen, das heute Werte liefert und Profite generiert. Ein Aspekt davon ist es, sich die enormen Chancen anzusehen, an Plattformen teilzuhaben, ohne eigene aufzubauen.

Ein Wort der Warnung: Die Plattformökonomie verändert sich ständig. Regulatoren mischen sich zum Beispiel mit Datenschutz und Kartellgesetzen ein, und neue Technologien – von APIs bis zu sich verändernden Betriebssystemen – werden neu definieren, was Plattformen wirklich sind. Wenn Sie im Plattformspiel mitmischen wollen, dann passen Sie auf, denn die Regeln ändern sich dauernd. Sind Sie allerdings gut, dann finden Sie jede Menge Chancen, als Erster etwas in Bewegung zu setzen oder sogar Ihre eigene Nische zu finden, um eine proprietäre Plattform aufzubauen.

Es gibt bereits beeindruckende Beispiele – wie Chinas Ping An, einst nur eine erfolgreiche Versicherung, heute das Zentrum eines erstaunlichen Netzes an kooperierenden Unternehmen –, bei denen eine ganze Gruppe neuer, profitabler und schnell wachsender plattformbasierter Unternehmen mithilfe von Corporate Venture Building geschaffen wurden, die synergetisch mit dem Mutterkonzern zusammenarbeiten. In den letzten acht Jahren hat Ping An fünf neue börsennotierte Unternehmen geschaffen, und fünfzehn sind aktuell in der Entwicklungsphase. Die größten dieser Start-ups – ein Peer-to-Peer-Kredit- und Vermögensverwaltungsunternehmen, eine Krankenversicherung und ein KI-unterstützter Telemedizin-Dienstleister – haben aktuell zusammen einen Wert von mehr als 60 Milliarden Dollar.

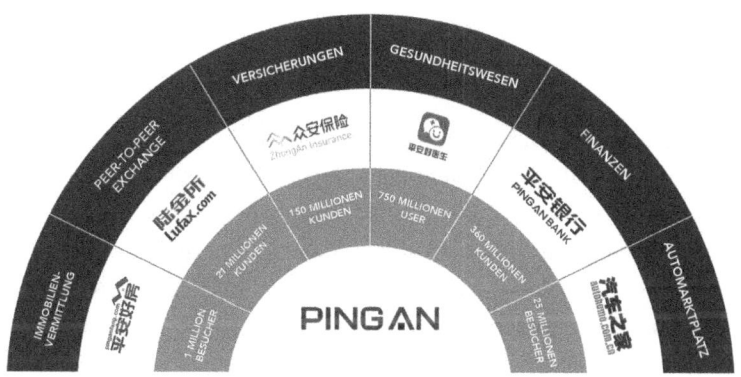

Das Ping-An-Ökosystem

All diese neuen Unternehmen sind Online-Dienstleister, die das Kerngeschäft effizient stützen und verstärken, wichtige neue Umsatzströme generieren, zig Millionen neuer Kunden akquirieren und es Ping An ermöglichen, einen unvergleichlichen Strom an stets aktualisierten Informationen einzufangen. Daten sind das neue Öl (wie es Martina Larkin vom Weltwirtschaftsforum in unserem Vorwort formuliert), und Ping An weiß, wie man sie nutzt, und das besser als so ziemlich jedes andere Unternehmen weltweit.

Lassen Sie uns einen genaueren Blick auf die detaillierten Mechaniken der Plattformunternehmen werfen.

DAS RICHTIGE AM RICHTIGEN ORT
ZUM RICHTIGEN ZEITPUNKT

Eine drastische Demonstration der Digitalisierungsauswirkungen ist die neue globale Dominanz einer kleinen Handvoll plattformbasierter Unternehmen. Das Schöne am Plattformgeschäftsmodell ist seine Schlichtheit – zumindest theoretisch. Sie schaffen neue Werte, indem Sie Käufer und Verkäufer zusammenbringen, Kunden und Produkte oder Dienstleistungen, Information und diejenigen, die Zugang dazu brauchen, oder indem Sie neue soziale Beziehungen möglich machen. Aber Sie müssen die Produkte und Assets, um die es geht, nicht notwendigerweise besitzen oder kontrollieren.

Das offensichtlichste und bekannteste Beispiel dafür sind die konsumentenorientierten Handels- und Dienstleistungsunternehmen, die sich in den letzten paar Jahren einen Namen gemacht haben. Amazon begann sein Leben 1995 als normaler Online-Händler (Slogan: »Der größte Buchladen der Welt«) und ist heute der »Laden für alles«, vor allem, weil es eine Plattform geschaffen hat, über die jeder etwas verkaufen kann – so wie Amazon selbst. Uber besitzt keine Fahrzeuge. Airbnb ist effektiv das größte Beherbergungsunternehmen weltweit, besitzt selbst jedoch keine Immobilien. Als 2014 die größte Hotelkette der Welt, Marriott, den ambitionierten Plan verkündete, in zwölf Monaten 30.000 weitere Zimmer anzubieten, twitterte der Airbnb-CEO Brian Chesky als Replik: »Das werden wir in den nächsten zwei Wochen erledigt haben.«

Digitale Plattformen sind in der Lage, Nachfrage und Angebot in kürzester Zeit zusammenzubringen, spontan und effizient und auf eine Weise, die vorher nicht möglich war. Selbst wenn sie keinen anderen Vorteil böten, wäre das bereits ein enormer Nutzen.

Als COVID-19 zuschlug und persönliche Schutzausrüstung in den ersten Hotspots dringend benötigt wurde – in China und im Iran, dann in Italien, Spanien, Frankreich und England –, war das Problem nicht nur ein weltweiter Mangel an Einweghandschuhen, Gesichtsmasken, Schutzkitteln und -schilden. Die Verteilung war planlos, und die vorhandene Schutzausrüstung gelangte nicht an die richtigen Stellen. Mehrere Wochen herrschte

Chaos. Material wurde aus Fabriken in den englischen Midlands ins Ausland verschifft, während Krankenhäuser, die weniger als zwei Stunden entfernt waren, tagelang auf Nachschub warteten, der aus der Türkei eingeflogen werden sollte.

Ein gut funktionierendes plattformbasiertes Ökosystem bietet den Käufern eine Auswahl an Produkten und Anbietern, Liefermöglichkeiten und Zugang zu günstigen Preisen, während es Verkäufern den Zugang zu Kunden bietet, die sie sonst nie erreicht hätten, und wertvolle Marktdaten (normalerweise ohne Transaktionskosten) für den Plattformbetreiber generiert.

Während einer globalen Pandemie könnte eine Plattform, wenn die richtigen Daten verfügbar sind, Leben retten, indem sie knappe medizinische Bedarfsmittel und Fachkräfte aus dem Gesundheitswesen dahin bringt, wo sie am dringendsten gebraucht werden. Die griechische Europa-Abgeordnete Eva Kaili ist überzeugt, dass Regierungen zusammenarbeiten müssen, um Daten zu sammeln, zu überwachen und zu kartieren, die für diesen und andere Ausbrüche relevant sind. »Wir brauchen Standards für die Datenerhebung, das Sammeln und Teilen dieser Daten.« Mit wertvollen verfügbaren Informationen können neue Plattformen tatsächlich mächtige Werkzeuge sein, um auf Katastrophen zu reagieren. Sehen Sie sich den Fall von Pfizer am Ende dieses Kapitels an, um zu sehen, was es von der Unternehmensperspektive aus bedeutet, Daten zur Verfügung zu haben.

Wenn Sie ein Netzwerk zusammenstellen können, aus dem jeder Nutzer tatsächlich einen mehr oder weniger großen Nutzen ziehen kann, wird dieses Ökosystem unabhängiger, doch miteinander vernetzte Einheiten sind grundsätzlich wertvoll. Sind die Kosten der Teilhabe gleich null, zumindest auf der Konsumentenseite – wie bei Facebook, Instagram, TripAdvisor, dem Apple App Store und den anderen oben genannten Beispielen –, wird kaum etwas neue Mitglieder von einer Anmeldung abhalten, und das Netzwerk wächst schnell.

Im alten industriellen Geschäftsmodell ist es oft ein zweischneidiges Schwert, neue Konsumenten hinzuzugewinnen. Es steigert unweigerlich die Kosten enorm, selbst in Industrien, wo es nur um die Overheadkosten geht,

Kundenservice bereitzustellen, Kundendatenpflege zu betreiben und mit Mails oder gelegentlichen Verkaufsanrufen in Kontakt zu bleiben.

Da kommt die verführerische Idee der »Netzwerkeffekte« ins Spiel. Im Kern besagt die Theorie, dass Plattformen und Produkte mit Netzwerkeffekten besser werden, wenn sie wachsen – nicht nur, was den Wert für die Nutzer angeht, sondern auch, indem man mehr Ressourcen ansammelt, um das Produkt zu verbessern. Die Grenzkosten, einen neuen Kunden oder Lieferanten in ein bestehendes Netzwerk einzubinden, sind vernachlässigbar, und die Kommunikation, die man braucht, um die Beziehung zu pflegen und auf dem aktuellen Stand zu halten, ist buchstäblich kostenlos. Also sind diese Geschäftsmodelle von Natur aus skalierbar. Sie können schnell und billig und ohne neues Kapital oder Ressourcen wachsen. Da die Overheadkosten für den Betrieb der Plattform gewissermaßen Fixkosten sind, wird der winzige Anteil an Kosten, die mit jedem einzelnen Mitglied des Netzwerks in Verbindung stehen, tatsächlich geringer, während das Netzwerk wächst.

Das ist es, was zum berühmten Amazon-»Wachstumsrad« (Growth Flywheel) geführt hat, einer einfachen Skizze, die Jeff Bezos angeblich erstmals 1999 in einem Restaurant auf eine Serviette gekritzelt hatte, als das frühe Wachstum von Amazon ins Stocken geriet und er sein ursprüngliches lineares Geschäftsmodell überdenken musste. Amazon kaufte Dinge, ursprünglich Bücher, und verkaufte sie dann für einen Profit, so wie es Händler seit der Bronzezeit getan hatten. Damit gingen enorme Investitionen in Inventar, Lagerraum und Transportkosten einher sowie das konstante Risiko, dass die Kunden nicht das haben wollten, was die Amazon-Einkäufer gekauft hatten.

Der Heureka-Moment kam für Bezos, als ihm klar wurde, dass der Kunde vor allem Wert darauf legte, die Wahl zu haben. Und dass es dem Kunden völlig egal war, wer ihm diese Wahl bot.

Also traf er die mutige Entscheidung, die Amazon-Plattform als Marktplatz für andere Verkäufer zu öffnen – selbst für Händler, die normalerweise als direkte Konkurrenz zu Amazon gesehen werden könnten – mit dem simplen Ziel, seine Kunden zufriedenzustellen und ihre Loyalität zu gewinnen, indem er ihnen die größtmögliche Auswahl bot.

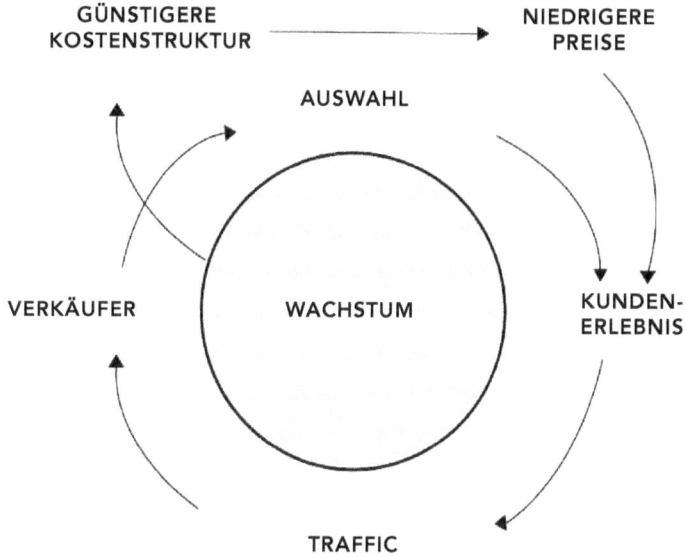

AMAZONS »WACHSTUMSRAD«

Wenn er eine fast unbegrenzte Auswahl an möglichen Produkten böte, würde dies das Kundenerlebnis verbessern und weitere Käufer anlocken, die weitere Drittanbieter anlocken würden, was den Traffic der Seite erhöht und es Amazon erlaubt, seine Kosten zu senken, was weitere Verkäufer anlockt, die wieder mehr Käufer anlocken, und so weiter. Dieser positive Kreislauf entwickelte eine Eigendynamik, und Amazon konnte immer weiter wachsen, buchstäblich ins Grenzenlose.

Die Krönung dieses Modells war, dass das Wachstumsrad weiteren Schwung bekommt, egal, an welchem Punkt in seinem Kreislauf man es anschiebt. Ob es dadurch geschah, dass man neue Kunden gewann, neue Lieferanten hinzufügte oder den Service und die Informationen auf der Plattform verbesserte, jede kleine Verbesserung würde dafür sorgen, dass das Wachstumsrad sich schneller drehte. Vor Kurzem haben wir genau denselben Wachstumsradeffekt bei Uber gesehen. Je mehr Fahrer auf der Straße unterwegs sind, desto geringer die Wartezeit für jeden Kunden. Das zieht weitere Fahrgäste an und bietet mehr Verdienstmöglichkeiten für die Fahrer. Also melden sich mehr Fahrer an, und das Wachstumsrad dreht sich jedes Jahr schneller.

Als immer mehr Menschen dieser Ansatz von Amazon klar wurde, wollte jeder ein Stück vom Kuchen abhaben. Jeder wollte zur Plattform werden. Entrepreneure und Unternehmensführer auf der ganzen Welt strömten in Bars, Restaurants oder wo immer sie eine Serviette finden konnten, um ihre eigene Version eines Wachstumsrads darauf zu kritzeln, in der Hoffnung, dass sie ihren ganz persönlichen Bezos-Moment erleben würden. Viele warten immer noch darauf.

Es stellte sich überraschenderweise heraus, dass auch die Plattformwelt nicht flach ist, sondern ziemlich komplex. Tatsächlich gibt es eine ganze Reihe verschiedener Netzwerkeffekte, die von den spezifischen Bedürfnissen der beiden (oder mehr) Seiten Ihrer Plattform abhängen. Die Größe kann sogar ein Nachteil sein. Denken Sie an eine exklusive Dating-App – wenn sie weiteres Wachstum anstrebt, muss sie vielleicht die Zulassungskriterien für neue Mitglieder aufweichen und Leute reinlassen, die vorher ausgeschlossen waren, und damit das Nutzenversprechen für die bestehenden User verwässern.

Heute passiert Folgendes: Die großen Plattformen dehnen ihre Aktivitäten vertikal und horizontal aus. Amazon und Alibaba haben als Plattformen (Orchestratoren) angefangen, dann aber festgestellt, dass der wahre Wettbewerbsvorteil sich erst einstellte, als sie sich entlang der Wertschöpfungskette ausbreiteten – indem sie ihre logistischen Fähigkeiten ausbauten, um die Kundenzufriedenheit weiter zu erhöhen.

Zusätzlich, und das ist der größere Schritt, haben die Plattformen damit begonnen, sich horizontal über das Ökosystem auszubreiten und mehr und mehr Bereiche ihrem Portfolio hinzuzufügen. Sie haben verstanden, dass die meisten Kunden darauf brennen, mehr und mehr Service von einer Quelle zu erhalten – als integrierte Erfahrung.

»Nehmen Sie als Beispiel psychische Krankheiten und Schlafstörungen«, erklärt Markus Homann von Generali Health Solutions, einem Corporate Venture. »Sie könnten verschiedene Lösungen für Menschen mit Schlafstörung und für Menschen mit Depressionen anbieten, aber Sie werden feststellen, dass viele Menschen mit Depressionen auch Schlafschwierigkeiten haben. In der Lage zu sein, den Datenfluss und die Kommunikation miteinander in Beziehung zu setzen, ist eine große Chance, um die Patientenfürsorge zu verbessern. Die Menschen brauchen dringend eine integrierte Fürsorge, und man muss es ihnen leicht machen.«

Bei FoundersLane haben wir mehrere Jahre Erfahrung beim Corporate Venture Building mit Unternehmen in vielen verschiedenen Industriebereichen – und mit Organisationen im öffentlichen Sektor –, und wir haben einen Blick darauf geworfen, wie sie diese Prinzipien übernehmen (und anpassen) können, um sich entweder innerhalb einer Plattform stark zu positionieren oder ihre eigene zu schaffen, wenn das vernünftig ist.

Zu Beginn, besonders in komplexen, regulierten Industrien und beim industriellen B2B (Business-to-Business), haben sie oft die Sorge, sie könnten das nicht, und dass Amazon und die anderen zu weit weg von ihrer eigenen Geschäftsumgebung sind, als dass deren Vorbild für sie relevant wäre. Aber wenn wir gemeinsam der Sache auf den Zahn fühlen und die Herausforderungen betrachten, denen sie sich gegenübersehen – wie langsames Wachstum, strukturelle Reibung und ein Mangel an Innovationen in ihren Industrien –, finden wir viele Möglichkeiten für den Einsatz digitaler Technologien und digitaler Plattformarchitektur (eine Adaption der Prinzipien hinter Amazons Geschäftsmodell, auf bestimmte Nischen zugeschnitten), um diese anzugehen und Wege zu neuem Wachstum und zu neuer Wertschöpfung zu finden. Wir bewegen uns auf ein Zeitalter des industriellen Internets zu, und es sind größtenteils die traditionellen Industrien – produzierendes Gewerbe, Baugewerbe, Logistik und so weiter –, die den größten Nutzen davon haben könnten, ihre Arbeitsmethoden zu verändern.

Das Gesundheitswesen ist ein weiterer entscheidender Sektor, der vom Denken in Begriffen wie Ökosystemen und plattformbasierten Netzwerken enorm profitieren würde. Und die globale Reaktion auf den Klimawandel, die ihrer Natur nach verschiedene Sektoren miteinbeziehen muss und Inputs aus verschiedenen Quellen und Disziplinen braucht, könnte sicher von einer besseren Koordination und besserer Zusammenarbeit profitieren.

Krankenhäuser und Ärzte, Gesundheitsbehörden und Nationalregierungen, Big Pharma und kleine Biotech-Pioniere, Universitäten und Geldgeber, Vertrieb und Labore, Nichtregierungsorganisationen und Apotheken, Meteorologen und Statistiker, Landwirtschaftsexperten und Meeresbiologen, Energieversorger, Ingenieure und sogar Hersteller von Elektroautos werden vermutlich alle eine wichtige Rolle spielen.

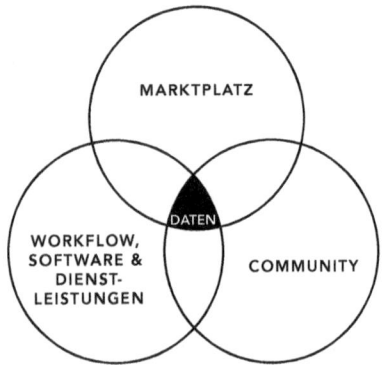

SCHLÜSSELZIELE

- WERTE FÜR KONSUMENTEN SCHAFFEN
- DEN PRODUZENTEN ZUM ERFOLG VERHELFEN
- VORHER UNMÖGLICHE AUFGABEN MÖGLICH MACHEN
- NEUEN WERT QUER DURCH VERSCHIEDENE ÖKOSYSTEME ERSCHLIESSEN

Niemand weiß bisher, woher die Antworten kommen sollen oder welche Form sie annehmen werden. Innerhalb dieses riesigen, amorphen Ökosystems kann es sich als entscheidend erweisen, einfach nur in der Lage zu sein, neue Kontakte herzustellen und Informationen mit Spezialisten aus weit entfernten Disziplinen abzugleichen, um Innovationen anzutreiben und die Tausenden verschiedenen Ideen weiterzuentwickeln, die vermutlich gebraucht werden, bevor wir auf die großen stoßen, die uns helfen könnten, unser Schicksal in die Hand zu nehmen und unseren Planeten zu retten.

HELDEN UND BÖSEWICHTER

Die Welt der Plattformunternehmen verändert sich rapide, während die Technologien (wie die Verfügbarkeit von offenen APIs) und die Märkte den Kinderschuhen entwachsen. Wie wir bereits erwähnten, wurde die Mathematik der Netzwerkeffekte weit komplexer seit dem ersten Fall, der damit beschrieben wurde: dem Telefonsystem. Nach der Erfindung des Telefons

1876 wurde schnell offensichtlich, dass der Wert, ein Telefon zu besitzen, rapide zunahm, sobald die Zahl der Menschen im Netzwerk wuchs. Menschen kauften Telefone zu ihrem eigenen Nutzen, aber sobald sie es taten, trugen sie auch zur Nützlichkeit des Telefons für jeden anderen bei.

Ab einer bestimmten kritischen Masse wurde der Wert, den der Kunde durch eine bestimmte Dienstleistung erhielt, sehr viel höher als die Kosten, diesen Dienst in Anspruch zu nehmen, ein Konzept, das als Metcalfe'sches Gesetz formalisiert wurde. Es besagt, dass der Wert eines Telekommunikationssystems durch Wachstum letztlich proportional zum Quadrat der vernetzten Nutzer ist.

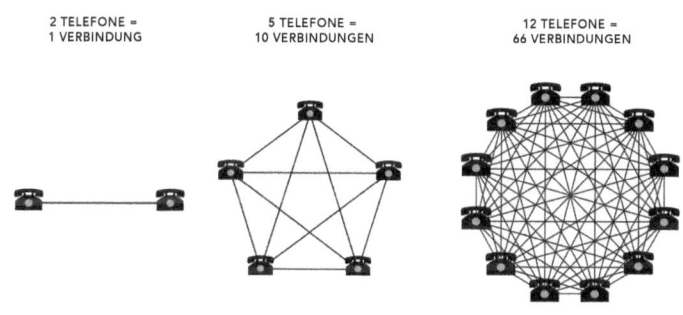

2 TELEFONE =
1 VERBINDUNG

5 TELEFONE =
10 VERBINDUNGEN

12 TELEFONE =
66 VERBINDUNGEN

Netzwerkeffekte

In unserem digitalen Zeitalter haben wir dieselben Netzwerkeffekte zuerst im World Wide Web selbst beobachten können, dann bei sozialen Netzwerken wie Facebook und Twitter, die ihre Anziehung und ihren Einfluss aus der schieren Masse an Menschen gewinnen, die mit ihnen und durch sie verbunden sind. In den Fällen, in denen der Wachstumsradeffekt wirklich zum Tragen kommt, macht dies den Marktplatz für Anbieter attraktiver, wenn mehr Kunden hinzukommen. Mehr Anbieter hinzuzufügen steigert die Bandbreite an Wahlmöglichkeiten beim Angebot und macht es attraktiver für die Kunden. Das ist die Art von positiver Feedbackschleife, die zu spektakulär beschleunigtem Wachstum führt.

Die Plattformbesitzer haben diese Beliebtheit zu Geld gemacht, indem sie fixe Nutzungsgebühren erhoben, variable Kommissionen für Transaktionen verlangten oder Werbeplatz an Verkäufer oder Dritte verkauften. Dadurch begannen sie so schnell zu wachsen und so viel profitabler als traditionelle lineare Unternehmen zu werden, dass die bedeutendsten plattformbasierten Unternehmen zu den Lieblingen der Investmentgemeinde wurden und in den letzten vier Jahren den Durchschnitt von Nasdaq, FTSE und DAX weit hinter sich ließen.

Wir wollen die Plattformen nicht kleinreden. Ganz im Gegenteil. Mit den Netzwerkeffekten, die ihr Wachstum antreiben, waren diese Unternehmen Jahr um Jahr in der Lage, neue Technologien gewinnbringend einzusetzen, auf ökonomische und soziale Trends zu reagieren und den verborgenen Wert an riesigen Mengen detaillierter Daten zu nutzen, die sie generieren. Sie wurden sehr mächtig und sehr profitabel.

Aber der Erfolg von Plattformen – und dass sie in vielen Schlüsselindustrien ein Beinahe-Monopol innehaben – dauert vielleicht nicht ewig an. Wie *The Economist* neulich herausstrich, ist Apple heute so groß, wie Standard Oil in den frühen 1900er-Jahren war (wenn man die weltweiten Profite mit dem amerikanischen BIP vergleicht), als seine skrupellos wettbewerbsfeindlichen Handlungen dazu führten, dass der U.S. Supreme Court anordnete, es solle in drei Dutzend einzelne konkurrierende Ölunternehmen zerteilt werden. Der Ärger über die Vermeidung von Steuergesetzen der Tech-Giganten und ihr sorgloser Umgang mit dem Datenschutz, die politische Einmischung, der Missbrauch persönlicher Daten durch Facebook und die Angewohnheit der großen Player, sich kleine, aber möglicherweise Ärger verheißende Konkurrenten einzuverleiben, ließ viele Länder darüber nachdenken, ihre Aktivitäten mit Gesetzgebungen einzugrenzen. Die EU, die dabei mit der Datenschutzgrundverordnung ein Vorreiter war, denkt über die Einführung neuer Gesetze nach, die den Gebrauch von KI beschränken, und über Regeln zum digitalen Copyright. Fast dreißig Länder erwägen Gesetze für digitale Steuern.

Der Gegenwind frischt auf. Aber es ist ein Gegenwind gegen das schlechte Benehmen der Tech-Leader und nicht gegen ihr gewähltes Geschäftsmodell. Sie haben bereits ohne jeden Zweifel bewiesen, dass digitale Plattformen ein extrem schnelles Wachstum begünstigen, innovative Querbefruchtung und taktische Agilität fördern und die schwerfälligeren Rivalen in ihrem Bugwasser vor sich hertreiben. Netzwerkeffekte treiben sicher auch weiterhin die beeindruckendsten Unternehmen der nächsten paar Jahre an. Die Karten werden neu gemischt, aber es wird weiterhin große Chancen geben für diejenigen, die sich mit den immer wieder neuen Spielregeln intensiv auseinandersetzen.

KONKURRENZ BELEBT DAS GESCHÄFT

Das Problem für alteingesessene Unternehmen ist natürlich, dass sie nicht einfach die Karten neu mischen, ihre traditionellen Einnahmequellen hinter sich lassen und Haus und Hof auf ihre Fähigkeit verwetten können, aus dem Nichts ein genauso profitables und langlebiges digitales plattformbasiertes Geschäftsmodell zu schaffen. Es ist nicht leicht, den nötigen radikalen Wandel zu vollziehen, um das Plattformmodell in die eigene Strategie einzubetten. Die meisten Unternehmen haben keine ausreichend fundierte Strategie und Positionierung, wenn es darum geht, digitale Plattformen aufzubauen, zu integrieren oder mit ihnen eine Partnerschaft einzugehen.

Alteingesessene Unternehmen, die von sich aus statisch sind – oder sich im besten Fall nur in linearen, kleinen Schritten vorwärtsbewegen –, werden von aggressiven, flexiblen, schnell wachsenden plattformbasierten Konkurrenten ausmanövriert, gedanklich überflügelt, was Finanzierung und Tempo angeht, und letztlich aus dem Markt gedrängt. Regierungen und Akteure im öffentlichen Sektor, die ihre Augen vor der Herausforderung verschließen, ihre Rolle, ihre Verantwortung und ihre Liefermechanismen zu überdenken, um digitale Technologien und Plattformmodelle vorteilhaft einzusetzen, werden feststellen, dass sie noch empfindlicher für den gewaltigen Kostendruck einer Welt nach COVID sein werden, als sie sein sollten.

Manche Leute glauben, dass nahezu jedes Unternehmen in naher Zukunft gezwungen sein wird, eine Plattformstrategie vorzulegen. Shareholder werden verlangen, so sagen sie, dass jedes von ihnen finanzierte Unternehmen eine integrierte Digitalstrategie hat, um seine Stärken und seine Beziehungen in einer digitalisierten Welt nutzbringend einzusetzen. Bürger, die von den in den Nachwehen der Pandemie unvermeidlichen höheren Steuern betroffen sind, werden verlangen, dass ihr Geld so ausgegeben wird, dass es die maximale Wirkung erzielt und ihr Leben besser macht. Geschäftsmodelle sind nicht nur fürs Geschäft da und Plattformen nicht nur für den Profit.

Ob Sie sich entscheiden sollten, sich *auf* oder *mit* einer Plattform der Konkurrenz zu stellen, ist eine andere Frage. Tatsache ist, dass Sie außerhalb von Plattformen nicht mehr konkurrenzfähig sind. Wie es Sascha Pallenberg von Daimler Benz in der Fallstudie am Ende dieses Kapitels ausdrückt, ist es von entscheidender Bedeutung, dass Sie sorgfältig abwägen, mit wem Sie sich anlegen.

»Es geht nicht darum, mit Unternehmen zu konkurrieren, die an völlig unterschiedlichen Produkten arbeiten, welche nicht zu Ihrem Kerngeschäft gehören«, sagt er. »Die Straße zum Erfolg beschreitet man, wenn man sich auf das konzentriert, worin man gut ist, sich beständig weiterentwickelt und die richtigen Partner findet.«

Tatsächlich kann es äußerst profitabel sein, auf einer Plattform mitzuspielen. Apples App Store hat großartige Möglichkeiten für App-Entwickler weltweit geschaffen und dabei viele neue Jobs generiert.

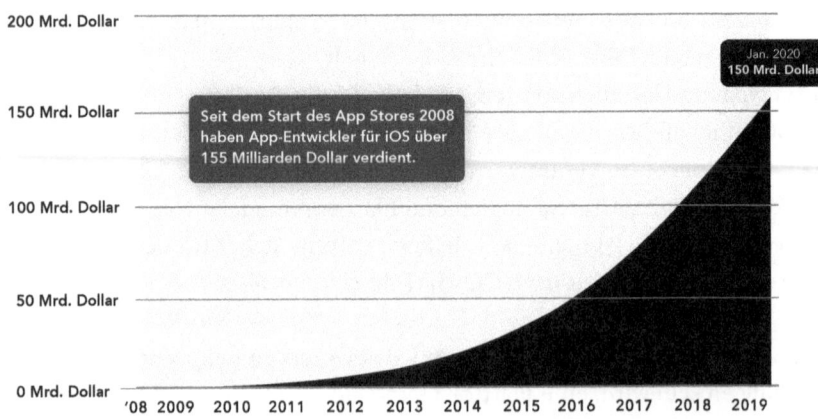

Apples App Store ist eine Goldmine für Programmierer.

Übernommen von Statista

Selbst wenn Ihre strategischen Überlegungen richtig sind, erfordert es immer vollen Einsatz, ein transformatives Geschäftsmodell basierend auf Plattformen und dem Orchestrieren von Ökosystemen zu kreieren, sorgfältig zu planen und schnell und sicher umzusetzen. Irgendeine alteingesessene Firma zu verändern – besonders eine erfolgreiche – ist schwierig. Allein schon das Engagement aufzubringen, sich nach radikal neuen Alternativen umzusehen, ist als erster Schritt schwer genug. Aber mit dem Aufstieg hybrider Plattformen, die Teile kombinieren, die entweder viele oder wenige Assets haben (wie das Internet der Dinge oder digitale Assets), können hardwareorientierte Player neue Zugänge zu bestehenden Ökosystemen finden. Die Gesundheitsindustrie mit ihrem traditionellen Schwerpunkt auf physischen Assets und Arbeitskraft ist ein Beispiel für einen Sektor, in dem hybride Plattformen besonders verbreitet sein werden.

Mit der Zeit entwickeln Organisationen ihr eigenes mächtiges Immunsystem mit einer starken Abwehr, die den Status quo bevorzugt. Sie haben ihre erprobten und bewährten Systeme, Prozesse und Annahmen, und die Menschen haben wenig Lust, diese neu überdenken zu müssen.

Wie Annika Brack vom Weltwirtschaftsforum auf dem FightBack-Gipfel 2019 in Berlin herausstellte, wird den Menschen beigebracht, etwas Funktionierendes nicht zu ändern. Gespräche auf dem Gipfel, der hundert Unternehmensführer und Technologievorreiter aus ganz Europa zusammenbrachte, um die FightBack-Agenda kennenzulernen, offenbarten viele kleine Details der Kultur und Einstellungen, die einer schnellen Transformation entgegenstanden.

»Ich habe mit Ingenieuren zusammengearbeitet, und es war ungeheuer schwer, anderen klarzumachen, dass ein Wandel notwendig ist«, sagte Brack. »Es gibt eine ›Never touch a running system‹-Einstellung, die schwer zu überwinden ist.«

Die Denkgewohnheiten der meisten Manager bauen auf ihren Erfahrungen auf. Sie basieren auf dem, von dem sie während ihrer Karriere gesehen haben, dass es funktioniert. Aber radikaler Wandel kann nur stattfinden, wenn die Führungspersonen eines Unternehmens sich selbst dafür stählen, in die

Zukunft zu blicken und zu akzeptieren, dass die Welt von morgen ein ganz anderer Ort sein wird.

Unter den außergewöhnlichen Umständen, die Anfang 2020 die Erde aus ihrer Umlaufbahn warfen, teilten sich die Menschen in zwei Lager. Einige sehnten sich nostalgisch nach den offensichtlichen Sicherheiten der verlorenen Welt von 2019. Andere waren zuerst wie benommen vom Schock, schüttelten dann den Staub von sich ab und begannen wagemutig und kreativ über die veränderte Gesellschaft nachzudenken, die aus dem Leid und den wirtschaftlichen Ruinen hervorgehen könnte. Ganze Industrien kamen monatelang zum Stillstand. Viele verloren ihre Jobs und Unzählige ihr Leben. Gab es irgendeine Chance, dass wir die Dinge besser gestalten konnten, wenn wir uns den Weg zurück erkämpfen, um das neue Normal zu schaffen?

Das sollte es. Aber nichts wird wieder ganz so wie früher sein. Wir leben nun in einer neuen Umgebung. Sie bringt völlig neue Bedrohungen und Chancen mit sich, und sie braucht einen neuen Ansatz für Innovationen.

Statt zu versuchen, den nächsten logischen Schritt nach vorne zu identifizieren, konventionelle Forschung zu betreiben, um die Risiken zu minimieren, und sich dann auf die effiziente und professionelle Durchführung zu konzentrieren – der traditionelle Pfad zum Entwickeln neuer Produkte –, müssen Unternehmen die Unsicherheit willkommen heißen. Sie müssen zugeben, dass es schwieriger ist als je zuvor, die richtigen Ideen auszusuchen, die es zu verfolgen lohnt. Manager, die dafür ausgebildet sind, an die Ausweitung von Produktlinien und Marken zu denken als wenig riskante Methoden, neue Kunden zu gewinnen und mehr Umsatz zu generieren, müssen schnell lernen, dass es gefährlich ist, auf Nummer sicher zu gehen.

Statt eines sich verändernden Faktors, der digitalen Revolution, haben wir nun zwei. In der neuen digitalen Welt nach COVID haben sich die Regeln erneut verändert. Sie müssen eine klare Sicht darauf haben, wie sich das Geschäftsfeld, in dem Sie sich befinden, in den nächsten fünf oder zehn Jahren verändern wird, und Sie müssen Ihre Rolle darin und Ihren Platz in der Gesellschaft als Ganzem überdenken.

Sie müssen im großen Maßstab denken. Eine beliebte Frage im Silicon Valley lautet: »Wie hoch ist oben?« Mit anderen Worten, wenn eine bestimmte Idee zündet und ihr volles Potenzial erreicht, wie groß könnte sie dann potenziell werden? Und ebenso sinnvoll, aber weniger öffentlich gehypt, ist folgende Frage: »Wie breit ist weit?« Während einige Player versuchen, alles in vertikaler Ebene zu erfassen, versuchen andere, sich horizontal zu bewegen, um die Bedürfnisse ihrer Kunden zu befriedigen. Willkommen beim Denken in Ökosystemen, dem Thema unseres nächsten Abschnitts.

WELCHE ROLLE SPIELEN SIE IM ÖKOSYSTEM?

Ein entscheidender unfairer Vorteil, der sich zu Ihren Gunsten auswirken könnte, ist Ihr etablierter Platz im Ökosystem Ihres Geschäftssektors, diesem sich verändernden Netz von Unternehmen, die in Konkurrenz stehen, zusammenarbeiten und sich auf viele verschiedene Weisen kombinieren, um praxisnahe Bündel an Produkten und Dienstleistungen zu liefern, die die Konsumenten und andere Unternehmen wollen.

Als Konzept in Unternehmen hat man vor ein paar Jahren von Ökosystemen noch nichts gehört, aber sie gewannen an Bedeutung, als Apple seinen App Store 2008 für externe App-Entwickler öffnete. Damals bot der Store 500 Apps an. Anfang 2020 waren es mehr als 2 Millionen, und Apple hatte einen Gesamtbetrag von 155 Milliarden Dollar an Entwickler gezahlt.

Apple weiß, wo es in seinem Ökosystem steht – zentral in der Mitte. Aber es ist vielleicht nicht so offensichtlich, wo Sie in Ihrem Geschäftsumfeld stehen. Und es ist immer eine nützliche Übung, herauszufinden, wo man steht, ob es direkt im Herzen eines digitalen Ökosystems ist oder in einer spezialisierten und sicheren Nische (was übrigens oft ein bewundernswert sicherer und leicht zu verteidigender Ort ist). Ihre bestehenden Assets inklusive Ihrer Technologien, Talente, Verbindungen, Ihrer Marke und Daten bieten einen guten Startpunkt, um darüber nachzudenken, wie Sie Ihren einzigartigen Platz im Ökosystem finden. Machen Sie sich nur bewusst, dass einige Assets im digitalen Raum überraschend wertvoll sein können, selbst wenn Sie sie nie als besonders bedeutsam betrachtet haben.

Die großen Player im Ökosystem wissen natürlich, wo sie stehen. Während sie wachsen, neigen sie dazu, sich nicht nur vertikal entlang der Wertschöpfungskette eines Produkts oder einer Dienstleistung auszubreiten, sondern auch horizontal um den Kunden herum. Ein treffendes Beispiel dafür ist der chinesische Versicherungsanbieter Ping An, der erfolgreich fortschrittliche Technologien eingesetzt hat, um sich neben dem Finanzsektor auch in andere Bereiche auszudehnen, vom Gesundheitswesen und Autoverkauf bis hin zu Immobilien und smarten Dienstleistungen in der Stadt.

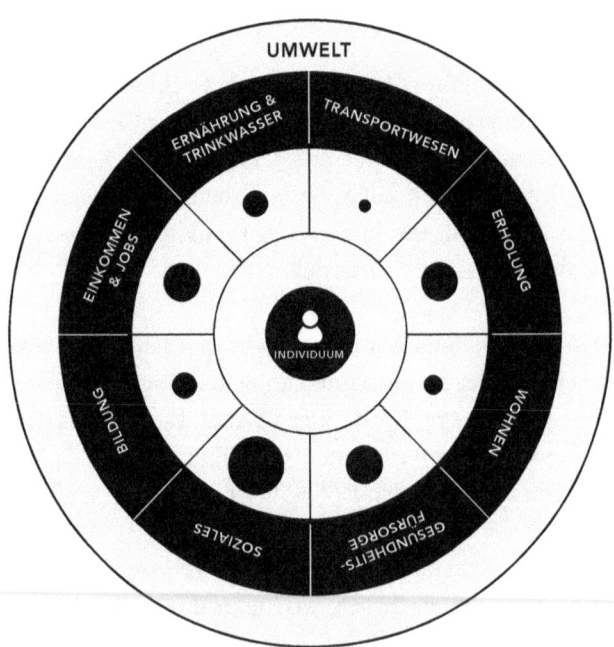

Positionierung anhand der Bedürfnisse des Individuums

Weitere Informationen auf www.joinfightback.com

Das Diagramm illustriert, wie Unternehmen Pläne machen können, sich vertikal und horizontal in den für den Kunden unterschiedlich wichtigen Bereichen zu positionieren und ein Kundenerlebnis zu präsentieren, das dank gemeinsam genutzter Daten wie aus einem Guss wirkt. Gesundheitsexperten unter unseren Lesern werden feststellen, dass die Dimensionen auch die Hauptkategorien der sozialen Voraussetzungen für Gesundheit beinhalten. Wenn Unternehmen sich zum Ziel gesetzt haben, diese Aspekte des Lebens positiv zu beeinflussen, besteht in der Tat die Chance, dass sie damit auch die Gesundheit und die Lebensqualität nachhaltig verbessern.

Apples Erfahrung mit dem Ökosystem des App Stores ist nicht einzigartig. Ökosysteme machen sich in vielen Industrien bemerkbar und haben das Potenzial, unsere Unternehmenswelt radikal umzuformen, und zwar mit halsbrecherischer Geschwindigkeit. Heute verschwimmen bereits die Grenzen zwischen Industrien oder lösen sich völlig auf, und dieser Prozess wird durch die COVID-19-Pandemie und die damit verbundene Disruption und Neuausrichtung nur noch weiter beschleunigt. Ende 2017 hat McKinsey vorhergesagt, dass die heutigen über hundert Industriezweige und Wertschöpfungsketten bis 2025 auf nur zwölf riesige Ökosysteme zusammenschrumpfen könnten, die für ein Drittel aller Unternehmenserträge verantwortlich sind.

McKinsey hat vermutlich sowohl die Geschwindigkeit als auch das Ausmaß dieses Wandels überschätzt. Aber die Vorhersage zielte in die richtige Richtung, wenn sie von einer dramatischen Umwälzung sprachen, die zu einer kleinen Zahl an sehr großen Industriegruppierungen führt – »ein paar große Orchestratoren, große Gewinner und eine riesige Verschiebung von Reichtum und Wertschöpfung«.

AUF A HOFFEN, ABER B BELOHNEN

Es gibt natürlich auch eine dunkle Seite der Zukunft, die sich McKinsey vorstellt, mit nur einem Dutzend an Monster-Ökosystemen, die alle globalen Wirtschaftsaktivitäten dominieren. Jede Konzentration der Macht in den Händen einer kleinen Zahl von profitorientierten Einheiten ist potenziell gefährlich für die Gesellschaft und gegen die Interessen der Länder der Welt und ihrer Bürger gerichtet. Deswegen haben zivilisierte Länder Wettbewerbsregeln und Kartellgesetze und zunehmend auch Regularien, um zu garantieren, dass der Wechsel und die Interoperabilität nicht von marktbeherrschenden Anbietern erschwert werden.

Bisher waren die sichtbaren Effekte des Denkens in Ökosystemen größtenteils gutartig. Es gibt viele Beispiele von aufrichtig kollaborativen, mehr oder weniger selbstregulierenden Ökosystemen – so wie diejenigen um die Betriebssysteme Android und iOS und ihr riesiges Angebot nützlicher Apps –, die allen Beteiligten und den Kunden zu nützen scheinen.

Aber es könnte auch alles schiefgehen. In den neuen digital basierten Ökosystemen können einige Orchestratoren, weil sie einen einzigartigen Zugriff auf die Daten haben, dafür sorgen, dass sie der erste Kundenkontakt sind. Das würde ihnen die Macht verleihen, zu entscheiden, was die Kunden wann und wie erhalten, und ihnen damit einen überproportionalen Einfluss innerhalb des Ökosystems verleihen. Die Folge wäre eine drastische Verschiebung von Werten innerhalb der Wertschöpfungskette und die schnelle Ausbildung monopolistischer Ergebnisse nach dem Motto »The winner takes it all«.

Eines der Probleme bei alldem ist eindeutig die große Frage nach Anreizen und externen Bedingungen.

Wenn Unternehmen so handeln können, als wäre der Profit das einzige Gut, dann haben sie einen Anreiz, Profite ohne Rücksicht auf schädliche Nebeneffekte ihrer Aktivitäten zu maximieren. Schlagen sich die externen Konsequenzen einer Handlung – der CO_2-Ausstoß durch den verbrauchten Treibstoff, wenn Sie zum Beispiel nach Venedig in den Urlaub fliegen – nicht im Preis nieder, den Sie für Ihr Ticket bezahlen, dann bekommt die Airline einen Freischein, der letztlich auf Kosten der Bürger und der Umwelt geht. Bergbauunternehmen, die Flüsse verschmutzen, Hersteller billiger Kleidung in Entwicklungsländern, die sich nicht um ihre Arbeiter kümmern, und Unternehmen, die die Ozeane mit Einwegverpackungen verschmutzen – sie alle sind in der Lage, Profite zu machen, denn sie müssen nicht sämtliche anfallenden Kosten tragen.

Einige der klügsten Köpfe der zeitgenössischen Ökonomie, darunter Professorin Rita McGrath von der Columbia Business School, Bestsellerautorin von *Seeing Around Corners* und *The End of Competitive Advantage*, haben diese gefährliche Versuchung als fundamentalen Fehler unseres heutigen Wirtschaftssystems kritisiert.

Als wir für dieses Buch mit McGrath sprachen, betonte sie, dass man die Balance zwischen Anreizen und Ergebnissen neu unter die Lupe nehmen sollte.

»Wir müssen darüber nachdenken, was Anreize sind«, sagte sie. »Es gibt einen wundervollen Artikel von Steven Kerr mit dem Titel ›Über die Torheit, auf A zu hoffen, aber B zu belohnen‹. Im Moment verhalten wir uns häufig so.«

Sie wies darauf hin, dass die COVID-Krise in den Vereinigten Staaten ein Schlaglicht auf den Konflikt warf zwischen dem Bedürfnis der Regierung, ihre Bevölkerung und Wirtschaft zu schützen, und ihrer Überzeugung, »einzigartig unter den Industrienationen der Welt«, dass die Regierung sich nicht in das Gesundheitswesen einmischen sollte.

»Das ist seltsam. Viele andere Länder haben einen eher systemorientierte Ansatz, denn es gibt einen Anbieter, der einen Zugang zum gesamten System hat. In den USA ist das eine viel größere Herausforderung, weil es so fragmentiert ist.«

Energische, zweckgerichtete Innovation wird einer der wichtigsten Faktoren sein, wenn es darum geht, sich von der Pandemie zu erholen. Aber es gibt Nachwehen des Schocks und der Verwirrung, und zahlreiche trügerische Sicherheiten wurden infrage gestellt.

»Dieses Virus hat unser aller Annahmen über den Haufen geworfen«, sagte McGrath. »In dieser Umwelt wurden alle Führungspersönlichkeiten von Nationen und Unternehmen in eine höchst unsichere Situation geworfen. Aber daran bin ich gewöhnt. Ich untersuche Innovationen und Entrepreneurship, setze mich also von Berufs wegen mit hoher Unsicherheit auseinander. Das ist meine Welt.«

Das Problem ist teilweise, dass heutige Führungspersonen nicht erkennen, wie anders die Innovation durch Entrepreneure ist im Vergleich zur vertrauteren Vorgehensweise, wenn man ein solides, etabliertes Unternehmen leitet, das Fließbänder am Laufen hält und dafür sorgt, dass Züge sicher und pünktlich ankommen.

»Sie verstehen nicht, dass der Innovationsprozess viel mit Zahlen zu tun hat«, sagte uns Rita McGrath. »Sie müssen darüber nachdenken, wie hoch die *Rate* an Fehlschlägen ist, verglichen mit den *Kosten* eines Fehlschlags. Menschen, die ein bestehendes Unternehmen optimieren, legen es darauf an, die *Rate* an Fehlschlägen zu minimieren. Was Entrepreneure optimieren, sind die *Kosten* eines Fehlschlags. Sie müssen fünfzig, hundert, vielleicht zweihundert verschiedene Dinge starten, um etwas zu finden, das wirklich robust ist. Sie verstehen nicht, dass man eine Riesenmenge an Fehlschlägen haben kann und das keine Rolle spielt, solange man die Kosten eines Fehlschlags niedrig hält und dabei wirklich schnell vorgeht.«

Eine der Stärken des plattformbasierten Ökosystems ist, dass man in der Lage ist, die Früchte der Innovationen der Teilnehmer zu ernten und zu nutzen. Anders als traditionelle Hersteller oder Großhändler müssen die Orchestratoren von Plattformen nicht die Nachfrage vorhersehen, sie müssen nicht einmal so tun, als könnten sie die gesamte Palette an Produkten und Dienstleistungen liefern – oder auch nur einschätzen –, welche die Kunden gerne haben wollen. Sie stellen einfach eine Menge Kanäle zur Verfügung, damit Angebot und Nachfrage sich gegenseitig finden können, und erlauben es dritten Parteien in Form von Anbietern, sich mit den Käufern über die Plattform nahtlos zu verbinden, um das zu liefern, was Unternehmen oder Kunden sich wünschen.

Die Orchestratoren sind nicht die Besitzer des Ökosystems – es gehört niemandem. Aber ihnen gehören die Verbindungen, und diese Verbindungen sind der Schlüssel. Die traditionelle marxistische Betonung des Eigentums an den Produktionsmitteln ist nicht mehr so wichtig, wie sie früher einmal war. Es geht um die Kontrolle der Vertriebsmethoden, die zum dominanten Faktor wurden.

Verschiedene Industrien haben verschiedene Ökosysteme, und viele davon verändern sich schnell, besonders nach COVID. Personentransport – das Geschäft damit, jemanden von A nach B zu bringen – hat sich bereits in den letzten Jahren enorm verändert. Soziale Trends wie die zunehmende Beliebtheit des Radfahrens, das Wachstum von Carsharing-Diensten wie Zipcar und die Auswirkungen von Uber, Lyft und Grab veränderten bereits die Dynamiken und reduzierten die Zahl an Autos in Privatbesitz. Viele, die während des Lockdowns Fahrrad gefahren sind, werden vermutlich in den nächsten paar Monaten wieder zu vier Rädern zurückkehren, aber unsere Beziehung zu Autos wird wohl nie wieder dieselbe sein, und manche Pendler werden sich wahrscheinlich nicht mehr so unbekümmert in volle Züge und Busse setzen, wie sie das früher taten. Für öffentliche wie private Organisationen, die am Ökosystem des Personentransports teilhaben, werden diese Einstellungsverschiebungen neue Chancen und Herausforderungen bieten und neue Möglichkeiten für innovative Produkte und Dienstleistungen eröffnen.

In gleicher Weise stellen wir vielleicht fest, dass Patienten weit weniger begeistert sein werden, ihre Zeit zu verschwenden und eine Infektion zu riskieren, indem sie in vollgestopften Wartezimmern von Arztpraxen oder in der Notaufnahme eines Krankenhauses sitzen. Erste Abklärungen am Telefon und Videosprechstunden werden sicher beliebter werden, und es kann viele andere Veränderungen beim Wer, Wann und Wo geben, wenn es um die Erstversorgung im Gesundheitssystem und um andere Teile des medizinischen Ökosystems geht.

Venturekapitalist Marc Andreessen, der Erfinder von Netscape Navigator, dem ersten praktisch anwendbaren Internetbrowser, und Gründer von Andreessen Horowitz, sieht diese Art von unangekündigter tektonischer Umwälzung als Zündfunken für viele sehr wertvolle Innovationen. Er hält es für wichtig, nach Trends wie diesem Ausschau zu halten und bereit zu sein, darauf zu reagieren. »Die großen lang andauernden Trends treiben eine Menge von dem an, was in der Venturekapitalindustrie passiert – Dinge wie Mobilgeräte, die Cloud oder soziale Netzwerke«, sagte er. »Aber die großen Dinge sehen zu Beginn nicht immer so groß aus. Erst hinterher erscheinen sie offensichtlich.«

Aufgrund des dämpfenden Effekts von Gesetzgebungen hört sich das Narrativ, das Entrepreneure im Gesundheitswesen ihren Investoren heutzutage erzählen müssen, nicht so vielversprechend an wie in anderen Industrien, beispielsweise den sozialen Medien oder dem E-Commerce. Aber das Gesundheitswesen hat in jüngster Zeit den Aufstieg einiger beeindruckender, über 1 Milliarde Dollar schwerer »Einhörner« miterlebt. Und auch wenn es nicht nur darum geht, Einhörner zu produzieren, gibt es viele schwerwiegende Probleme, die gelöst werden müssen. Die richtige Lösung kann immer noch Profite generieren und die Welt zu einem besseren Ort machen.

Wir erwähnen deshalb immer wieder Gesundheitswesen und Klima, weil diese Märkte besonders gut geeignet sind für den Ansatz des Corporate Venture Building, der es neuen digitalen Unternehmen erlaubt, huckepack von den Assets des Mutterkonzerns getragen zu werden, um die hohen Barrieren des Marktzugangs und das Skalierungsproblem zu überwinden (wie in Teil 1 besprochen).

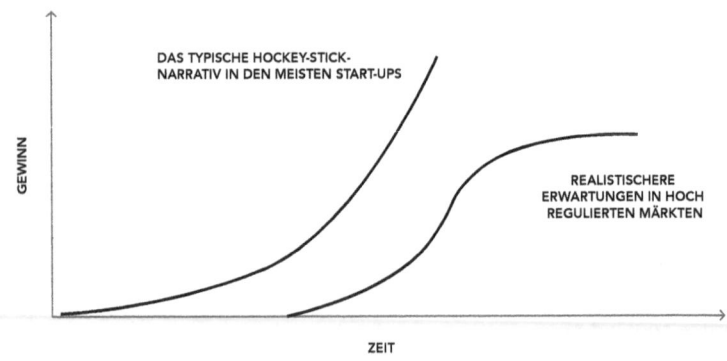

Entrepreneure im Gesundheitswesen können nicht die gleichen Storys einer Hyperskalierung verkaufen wie Entrepreneure im Bereich soziale Medien und E-Commerce

NEUE WEGE GEHEN

Die meisten Unternehmen sind nicht auf den Wandel eingestellt. Sie reden vielleicht ständig davon, aber sie wissen nicht, wie sie den ersten Schritt machen sollen.

In vielen großen Organisationen können künftige Führungspersonen durch Unternehmensbereiche wie Finanz- oder Produktionsmanagement bis in die Vorstandsetage aufsteigen, ohne jemals irgendwelchen Kontakt mit Entrepreneurship oder Innovation gehabt zu haben. Viele sind denkbar schlecht vorbereitet, neue Strategien zu entwickeln, die den Status quo infrage stellen oder die Ausrichtung des Unternehmens ändern. Wenn also die Gesellschaft sich verändert und Märkte sich verschieben, dann werden sie nach und nach abgehängt.

General Electric hat es erlebt. IBM, Kodak und Alcoa ebenfalls. Und sogar Microsoft musste diese Durststrecke überwinden, bis ein visionärer ehemaliger Mitarbeiter aus dem Bereich Forschung und Entwicklung, Satya Nadella, 2014 zum CEO ernannt wurde.

Und wenn es eine abrupte und unvorhersehbare Katastrophe gibt wie die Corona-Pandemie, haben wenige Führungspersonen den beruflichen Hintergrund und die Entschlusskraft, sich dem zu stellen und kreativ darüber nachzudenken, wie es danach weitergehen sollte.

Um das eigene Geschäftsmodell zu transformieren, muss man sich zunächst der Tatsache stellen, dass es immer unbequem ist, Strategien in Handlungen umzusetzen. Es bedeutet, begrenzte Ressourcen umzuverteilen – Kapital, Menschen, Zeit und Aufmerksamkeit –, und das heißt, dass einige Bereiche des heutigen Unternehmens notwendigerweise weniger davon bekommen. Ein Grund, weshalb so wenige Unternehmen jemals ein dramatisches Wachstum erreichen, besteht darin, dass die große Mehrheit ihr Budget auf die gleiche Weise verteilt, in ungefähr demselben Verhältnis, und das Jahr für Jahr. Voll ausgereifte Unternehmen sind immer in Versuchung, in die gleichen Dinge zu investieren: Verbesserungen der Produktivität, die Digitalisierung bestehender Prozesse, ein wenig geografische Expansion, einige neue Produkte und Dienstleistungen, vielleicht ein paar Fusionen und Übernahmen. Innovationen – die Zukunft zu erschaffen – bekommen meist nur einen kleinen Teil von dem ab, was übrig bleibt.

Damit müssen sich Experten in diesem Bereich schon seit Jahren herumschlagen. Durch unsere Erfahrung bei der Arbeit mit Unternehmen und Organisationen im öffentlichen Sektor verstehen wir viele dieser Hemmungen und Einschränkungen nun besser, die es Führungskräften an der Spitze erschweren, mit der Notwendigkeit zur Innovation umzugehen. Aber das hat uns auch geholfen, einen praktischen und angemessenen Ansatz für das Corporate Venture Building zu entwickeln, der es großen Unternehmen erlaubt, aus dem Alltagstrott auszubrechen, ihren Betrieb mit Entrepreneurship und innovativem Flair zu versehen und ein Portfolio an digitalen Produkten und Dienstleistungsideen aufzubauen, aus denen neue und skalierbare Unternehmen erwachsen können.

Wir werden die Vorteile dieser neuen Methodologie an anderer Stelle im Buch in Teil 5 unter die Lupe nehmen – und ein Schlüsselelement davon nennen wir »hybrides Entrepreneurship«. Fürs Erste sollte man lediglich wissen, dass dies eine neue Form der Partnerschaft zwischen erfahrenen technologischen Entrepreneuren und großen Unternehmen ist, welche die einzigartige Stärke beider Seiten sorgfältig schützt und aktiv nutzt.

Dieser »Das Beste beider Welten«-Ansatz beim Corporate Venture Building erlaubt es den traditionellen Unternehmen, innovative neue Geschäftszweige aufzubauen, nicht selten auf Plattformgeschäftsmodellen basierend, wobei sie sich das zunutze machen, was der Mutterkonzern am besten kann, aber auch Tools und Fähigkeiten haben, um allein zu überleben und zu gedeihen.

Die Beiträge des etablierten Unternehmens beinhalten eine Reihe von physischen und intellektuellen Assets, in deren Genuss kein Start-up kommt, inklusive Kapital, Fachbereichsexpertise, Marktwissen, eine gut ausgebildete Belegschaft, Markenbekanntheit, historische Daten, Software, Warenzeichen und Patente.

Weniger offensichtlich ist, dass das neue Unternehmen auch in der Lage sein wird, das Beziehungskapital des Mutterkonzerns zu nutzen – seine Beziehungen zu aktuellen und potenziellen Kunden, Partnern, Investoren, Lieferanten, Entwicklern und sogar Regierungen. Dieses Netzwerk an formellen und informellen Beziehungen ist oft ein essenzieller Bestandteil, um das schnelle Wachstum eines neuen Unternehmens zu sichern, besonders in komplexen, regulierten Sektoren wie dem Gesundheitswesen. In diesem Zusammenhang kann die digitale Plattform als ein neuer Bestandteil der Unternehmenstechnologie gesehen werden, der Ihnen dabei helfen kann, Beziehungskapital zu nutzen.

Corporate Venture Building ist sehr verschieden vom Standardmodell des Venturekapitals, bei dem das etablierte Unternehmen mehr oder weniger ein passiver Investor ist. Es beinhaltet ein viel größeres Engagement und eine aktivere Rolle für alle Teilnehmer mit dem Potenzial für strategisch weit bedeutsamere Ergebnisse, und das könnte eine Schlüsselzutat sein, wenn es darum geht, das neue Normal in den Griff zu bekommen.

> »Wir müssen eine neue Generation von Leadern inspirieren, die feinfühlig genug sind, um verstanden zu haben: Ein neues Produkt muss man so aufbauen, dass es algorithmisch effizient ist, aber auch den menschlichen Faktor mitberücksichtigt. Man muss in dieser Hinsicht zweisprachig sein – die Sprache der Technologie und der Menschen sprechen!«
>
> GERARD GRECH
> **CEO VON TECH NATION, EINER WACHSTUMSPLATTFORM FÜR TECH-UNTERNEHMEN UND LEADER**

Wir haben in diesem Bereich einen immensen Bedarf identifiziert, der eine Riesenchance darstellt. Eine strukturierte, disziplinierte und effektive Methodologie zu übernehmen, welche die Stärken großer Organisationen mit der Kreativität, der technischen Expertise und der Energie erfahrener und motivierter Entrepreneure kombiniert, ermöglicht es uns, digitale Unter-

nehmen zu lancieren, die schnell wachsen, Profite machen und dem Mutterkonzern bei seinen langfristigen strategischen Zielen helfen.

Jedes Projekt hat verschiedene Ziele, Ambitionen und Kennzahlen, doch
dieser Ansatz hat seinen Wert nun seit mehreren Jahren bewiesen, und seine Effektivität steht außer Frage. Wir haben gesehen, wie hybrides Führen –
das Kernunternehmen zu managen und das neue Normal zu erschaffen – Ergebnisse liefert, die ganze Unternehmen transformieren, und anhaltend
wegweisende Ideen generiert, die noch jahrelang Werte und Profite schaffen.

Wir befinden uns an einem entscheidenden Wendepunkt, an dem die größten Herausforderungen der Gesellschaft in Bezug auf Klima und Gesundheit
mit neuen technologischen Möglichkeiten konfrontiert werden. Durch sorgfältig ausgewählte Beispiele werden Sie Verständnis dafür gewinnen (wenn
Sie es nicht bereits besitzen), wieso die sich aus diesen Umständen ergebenden Chancen so schwierig zu nutzen sind.

Wenn es nur etwas gäbe, das für das angemessene Gefühl der Dringlichkeit
sorgt ...

SCHLÜSSELKONZEPTE

DAS WACHSTUMSRAD UND SEINE SCHWÄCHEN. Netzwerkeffekte wurden lange als der Heilige Gral der Geschäftsstrategie gepriesen. Sie können sicherlich sehr wirkungsvoll sein, aber der Teufel steckt wie immer im Detail.

EINE PLATTFORM DER PLATTFORMEN? Während sich viele Unternehmen immer noch mit der grundlegenden Arithmetik der Plattformen herumschlagen, sind andere bereits dabei, horizontal zu expandieren, geleitet von den Bedürfnissen der Konsumenten. Einige dieser Player des Ökosystems haben damit begonnen, Metaplattformen aufzubauen.

DIE ANDEREN GAMECHANGER. Während Plattformen heranwachsen, werden die Regeln neu geschrieben – schon wieder. Diesmal jedoch – zumindest zum Teil – von den Regulierungsbehörden.

SCHLÜSSELEMPFEHLUNGEN

- Halten Sie sich am besten an Ihre Kernkompetenzen, und stechen Sie heraus, indem Sie eine Plattform meisterhaft nutzen, statt zu versuchen, selbst die Plattform zu sein. Daimler hat gezeigt, wie gut das funktionieren kann. Für einige mag es die richtige Strategie sein, eine Plattform zu werden. Andere vereinen vielleicht ihre Kräfte mit anderen Playern eines Ökosystems. Die große Frage ist: Wie bleibt man relevant und wie geht man die Sache an – Partnerschaften eingehen, etwas kaufen oder aufbauen?

- Gehen Sie nicht davon aus, dass es immer die richtige Antwort ist, eine Plattform zu schaffen. »Wenn man es baut, werden sie kommen« ist normalerweise nicht mehr als ein Hollywood-Traum. Die Dynamiken komplexer Situationen und des B2B-Handels können sich ganz anders darstellen als das, was Amazons Aufstieg an die Spitze angetrieben hat.

- Behalten Sie stets den wachsenden Einfluss »hybrider Plattformen« im Auge, die es schaffen, Elemente zu kombinieren, von denen einige wenige Assets haben und andere viele.

- Plattformunternehmen sollten nicht nur Mittelsmänner sein und Angebot und Nachfrage in einem einzigen Sektor zusammenbringen. Es gibt einen wachsenden Bedarf an horizontaler Integration und daran, alles aus einer Hand für die Bedürfnisse des Kunden zu bieten. Möglicherweise besteht Ihr Wettbewerbsvorteil in der Fähigkeit, Synergien zwischen verschiedenen Diensten innerhalb eines Ökosystems zu nutzen.

- Die Regeln um die Plattformmärkte verändern sich ständig. Passen Sie auf, was vor sich geht, und tun Sie alles in Ihrer Macht Stehende, um die Sichtweise der Regulierungsbehörden auf die Plattformen zu beeinflussen. Innerhalb sich stets ändernder Spielregeln gibt es nicht nur für die Konkurrenz, sondern auch für Sie genug Handlungsspielraum.

PFIZER
BIG PHARMA

Pfizer ist ein riesiges multinationales Pharmaunternehmen, innovativ, übernahmeorientiert und sehr erfolgreich, mit einem Umsatz im Jahr 2018 von 53,6 Milliarden Dollar. Seine Produkte – darunter beliebte cholesterolsenkende Statine ebenso wie Mittel gegen Potenzstörungen – gehören zu den bekanntesten und am meisten verbreiteten Medikamenten.

Aber selbst Pfizer verändert seine Vorgehensweise, als Reaktion auf den Druck und die Möglichkeiten der Digitalisierung, wie Peter Albiez uns erklärt hat. Albiez arbeitet seit vierundzwanzig Jahren bei Pfizer als pharmazeutischer Berater und stieg durch die Ränge auf, wobei er hohe Positionen im Verkauf und Marketing innehatte. In den letzten drei Jahren hat er als Country Manager für Pfizer Deutschland eine wichtige Rolle für die Geschicke des Unternehmens gespielt.

Die pharmazeutische Industrie ist absolut abhängig von Innovation. Traditionell wurden neue Medikamente auf zwei Weisen entwickelt. Sie entstehen entweder aus der Arbeit, die in den Forschungslaboren von Big Pharma auf der ganzen Welt geleistet wird, oder sie werden von kleinen, spezialisierten Unternehmen geschaffen, häufig Start-ups, die von Venturekapital finanziert sind und letztlich aufgekauft werden oder die Rechte an ihren Entdeckungen an größere Unternehmen verkaufen, vor der teuren (und häufig enttäuschenden) Phase der wiederholten klinischen Versuche.

Trotz der technologischen Fortschritte und unseres Verständnisses biologischer Systeme sind die Chancen sehr gering, dass eine neue Verbindung sich über mehrere klinische Studien hinweg als sicher und effektiv erweist, sodass sie auf den Markt gebracht werden kann. Selbst bei der heutigen computerunterstützten Herstellung von Medikamenten muss man weiterhin eine ganze Reihe an Optionen durchgehen, wenn man hoffen will, ein einziges rentables Produkt zu finden.

Vor fünf Jahren startete Pfizer ein neues Programm, das besonders auf die Zusammenarbeit und Co-Creation mit Start-ups abzielt. Die Idee war, die Erfahrung eines großen Unternehmens, das Know-how oder die Anlagen – die an die Bedürfnisse von Start-ups angepasst werden – mit den ganz anderen Assets zu kombinieren, die von digitalen Entrepreneuren eingebracht werden können.

Diese Assets – Albiez nennt dabei eine neue Herangehensweise, Tech-Skills, Flexibilität und Geschwindigkeit – haben eine neue Dynamik in den Forschungsprozess bei Medikamenten eingebracht. Und die Ergebnisse waren bemerkenswert. Trotz des potenziellen Zusammenstoßes der Kulturen hat Pfizer enorm von dieser Initiative profitiert.

»Nach fünf Jahren Erfahrung bei der Zusammenarbeit mit Start-ups können wir mit absoluter Sicherheit sagen, dass es ein Win-win-Unterfangen ist, wenn man es richtig macht«, sagt Albiez.

Ein wesentliches Element dabei ist die enorme Menge an Daten, die ein Seniorpartner bei der gemeinsamen Anstrengung einbringen kann. Kein kleines Unternehmen wäre allein in der Lage, Zugang zu einer solchen Datenmasse mit Details über Patienten, Verbindungen und Behandlungsmethoden zu erlangen. In dem kollaborativen Rahmen, den Pfizer geschaffen hat, waren diese Informationen ein Schlüsselasset, boten Hinweise auf neue Ansätze und halfen den Forschern, keine Zeit beim Verfolgen falscher Spuren zu verschwenden.

»Meiner Meinung nach sind die Daten ein enormer Schatz, der uns helfen kann, die Entwicklung von Diagnostik und neuen Medikamenten voranzutreiben und bessere Prävention und Gesundheitsfürsorge zu bieten«, sagt Albiez.

Pfizer ist überzeugt: Die Digitalisierung wird den Charakter des Gesundheitswesens fundamental verändern, den Patienten die Möglichkeit geben, mehr Kontrolle über ihr Wohlbefinden und ihre Krankheiten zu haben, und der pharmazeutischen Industrie helfen, innovative Medikamente und Dienstleistungen zum Wohle der Patienten zu erforschen, zu entwickeln und herzustellen.

Für Albiez bedeutet das, »eine Vielzahl an Chancen zu ergreifen, um unsere Zielsetzung voranzubringen und zu verbessern«. Das erfolgreiche Programm zur Zusammenarbeit mit Start-ups ist nur ein Element, wenn es darum geht, die Arbeitsweise von Unternehmen zu verändern.

»Die Digitalisierung soll den Menschen nützen, nicht umgekehrt«, sagt er. »Digitalisierung bedeutet, Riesenveränderungen kommen auf uns zu, die natürlich auch zu Unsicherheit führen. Wir alle sollten uns verpflichtet fühlen, diese Transformation proaktiv zu managen. Es ist für Pfizer eine strategische Priorität, ein Teil der digitalen Transformation zu sein, neue Chancen voranzutreiben und bei jedem Schritt der Wertschöpfung für unsere Patienten digital zu denken.«

GENERAL ELECTRIC
DAS INTERNET DER DINGE SCHAFFEN

Im Berufsalltag von Karthik Suri geht es vor allem darum, Funken zu Busch-
feuern anzufachen und schnell enorme Ergebnisse zu erzielen. Er erreicht
das, indem er Unternehmen hilft, eine gewisse Größe zu erreichen, das
Wachstum weiter anzutreiben und dieses Wachstum profitabel durch strategische Klarheit, starke Betriebsergebnisse und das Beharren auf einer
inklusiven Kultur zu managen (oft eine große Herausforderung). In den turbulenten drei Jahren 2017 bis 2020 war er als COO von GE Digital verantwortlich für die Planung strategischen Wachstums, Geschäftsoperationen
und eine Reihe fantasievoller transformativer Initiativen.

Karthik Suri und Felix Staeritz kennen sich schon lange. Sie sind beide Mitglieder der Arbeitsgruppe Digitale Plattformen und Ökosysteme des Weltwirtschaftsforums. Als Suri nach einem Jahrzehnt bei Plattformunternehmen wie eBay, Yahoo! und PayPal bei GE Digital anfing, landete er
überraschend bei einem Giganten der traditionellen Industrie, der mehrere
Jahre mit einer nötigen digitalen Transformation zu kämpfen hatte.

2008 – mehr als 120 Jahre nach seiner Gründung – war General Electric immer noch einer der globalen Industrieführer. Als die Produktionszuwächse
in den meisten Sektoren zu stagnieren begannen, erhofften sich die Führungspersonen bei GE, durch die Auswertung der von ihren Maschinen und
Systemen generierten industriellen Daten effizienter zu werden. GE war
Pionier für einen neuen Ansatz, über industrielle Informationsverarbeitung
nachzudenken, der Assets und Systemdaten nutzte, um transformative Veränderungen über eine ganze Reihe an vertikalen Märkten hinweg voranzutreiben.

Ein Großteil der frühen Arbeit half dabei, das industrielle Internet der Dinge
aufzubauen, und GE nahm eine führende Rolle als plattformbasiertes Soft-
ware- und Datenanalyseunternehmen ein.

Da Sensoren, die in alle Arten von Maschinen integriert sind, einen anhaltenden Informationsstrom liefern, kann man durch die Analyse von Big Data die Produktivität steigern, Zustand und Verlässlichkeit optimieren und kostensparende vorausschauende Wartungsprogramme auf den Markt bringen. Experten zufolge könnte der Markt für eine industrielle Internetplattform und Programme laut einer konservativen Schätzung bis 2020 einen Umfang von 225 Milliarden Dollar haben. Andere sind der Ansicht, er belaufe sich auf bis zu 500 Milliarden Dollar. Also war das Preisgeld enorm, und GE investierte, um Predix aufzubauen und zu lancieren, seine cloudbasierte Platform as a Service (PaaS), sowie industrielle Programme wie Asset Performance Management und Operations Performance Management.

»Wir haben mit einem Software Center of Excellence begonnen, das digitale Kompetenzen aufbauen sollte, die dem Unternehmen GE in Bezug auf seine Produktivität nützen würden«, erklärt Suri. »Als wir erste Erfolge auf diesem Gebiet hatten, machten wir diese Kompetenzen für andere verfügbar durch die Unternehmen von GE in der industriellen Vertikalen, wo es eine lange Geschichte hatte, und die entsprechende Expertise in diesem Bereich. Parallel dazu begannen wir, an andere Industrien zu verkaufen, etwa an die Konsumgüterindustrie, die Automobil-, Nahrungsmittel- und Getränkeindustrie.

Wir traten diese Reise an, um unsere eigenen Assets zu optimieren, und es endete damit, dass wir dieses Wissen zum Produkt machten und es anderen Unternehmen anboten, die weit außerhalb unseres Sektors operierten. Im Grunde kamen wir von Projekten zu Produkten zu einem Portfolio an Produkten mit einer digitalen Plattform als Fundament.«

Die Reise war jedoch beschwerlich, und wie bei jedem Vorstoß ins Ungewisse mussten einige Lektionen gelernt werden. GE hatte sich vorgenommen, seine eigenen Datenzentren aufzubauen und seine eigene Cloudinfrastruktur. Doch bald gelangten sie zu der Einsicht, dass es mehr Sinn machte, Predix auf öffentlichen Cloudservern laufen zu lassen, während man die eigenen Anstrengungen auf Daten und Content konzentrierte wie Apps und Analyse, die auf bestimmte Industriesegmente zugeschnitten sind.

Schnell zeigte sich, dass die großflächige digitale Transformation der Industrie ein zu gewaltiges Unterfangen für ein einziges Unternehmen war. Deswegen setzte GE alles daran, das Ökosystem auszubauen und eine große Zahl von Entwicklern und anderen Drittparteien zu integrieren, die Beiträge über die Predix-Plattform leisteten.

Doch bald stellte sich heraus: Industrielle Kunden wollten lieber ein hoch fokussiertes Ökosystem haben, das vertrauenswürdige Partner, nützliche Einsichten und schnellere Ergebnisse für ihre spezifischen Probleme bot – als einen riesigen App Store, in dem man stöbern kann. Der ursprüngliche Fokus auf die Gesamtzahl an Entwicklern war, wie Suri sagt, »eine Kennzahl der Eitelkeit«.

Selbst wenn sie manchmal ins Stolpern gerieten, bereitete GE Digital weiter den Weg. Während einige Geschäftseinheiten von GE sehr gut dastehen, steht das Unternehmen nach wie vor unter gewaltigem Druck. Chairman und CEO Lawrence Culp nannte kürzlich das Jahr 2019 »ein Jahr des Neustarts für uns« – auch wenn die digitalen Geschäfte von GE wachsen und für die Kunden echte Ergebnisse liefern.

»Das Gute war: Jedem war bewusst, dass wir uns enormen Risiken aussetzen, wenn wir am Status quo festhalten«, sagte Suri. »Sie sehen, dass es ein enormes unausgeschöpftes Potenzial gibt, um Technologie über das Internet der Dinge zu verbreiten und auf Plattformen aufzubauen. Die Leute haben dieses gemeinsame Ziel vor Augen, die gemeinsame Vision, dass die Datenanalyse nützliche Erkenntnisse liefert und Assets sowie Prozesse optimieren kann.«

Umwälzender Wandel ist schwer, und man braucht das richtige Geschäftsmodell und die richtigen Strukturen, um ihn umzusetzen. GE Digital hat sich von einem Software Center of Excellence zu einer Geschäfseinheit mit eigener Gewinn- und Verlustrechnung entwickelt, aufs Engste verbunden mit den anderen GE-Geschäftszweigen.

»Das ist eine massive Verschiebung des Geschäftsmodells«, sagt Suri. »Man hat ein anderes Mindset, wenn man ein globales Technologieprodukt bietet und ein Plattformunternehmen ist, das sein eigenes Wachstum ebenso vorantreiben will wie das der Kunden.

Man abstrahiert gemeinsame Aspekte in den Produkten und baut Fähigkeiten auf, die der Interoperabilität genügen und ausgedehnt werden können und den einzelnen Anwendungsfall übersteigen. Wir mussten an diesen Punkt kommen durch einen Prozess der Evolution und indem wir stets dazulernten. Heute ist GE gut aufgestellt, und immer mehr Kunden machen diese entscheidenden ersten Schritte auf ein industrielles Internet der Dinge zu.«

DAIMLER
DIE BURGER-THEORIE
DES INNOVATIONSMANAGEMENTS

Für Sascha Pallenberg ist Mobilität so wichtig wie die Luft zum Atmen. Der Blogger und Journalist im Bereich des Mobile Computing lebt das, wovon er redet, und reist ständig zwischen Asien, den USA und Europa hin und her. Zumindest tat er das in den Tagen vor COVID. Er wurde einer der Top-100-Influencer der europäischen Digitalindustrie genannt und einer der 100 wichtigsten Deutschen in der Online-Welt. Als er 2017 als Head of Digital Transformation zu Daimler kam, befeuerte er weiter seine Leidenschaft für die Verbindung von Mobilität und der digitalen Welt. Seit dem Ausbruch der Corona-Pandemie hat er viel darüber nachgedacht, welche Entrepreneurs-strategien Unternehmen anwenden können, um in einer Welt nach COVID konkurrenzfähig zu bleiben.

Das Business hat sich in den letzten paar Monaten fundamental verändert. Unternehmen werfen einen genauen Blick darauf, wie sie vorher Geschäfte gemacht haben und wie diese Praktiken verbessert werden können. Pallen-berg packt die Leidenschaft, wenn es darum geht, jene Kritiker zu widerle-gen, denen die Anpassung der deutschen Autobauer zu langsam ging.

Als Realist weiß er, dass ein großes Unternehmen nicht so schnell manö-vrieren kann wie ein Start-up. Das Ideal besteht für ihn darin, ein hybrides Unternehmen zu sein, das Elemente der traditionellen Unternehmenskultur mit der Start-up-Kultur kombiniert.

»Man darf nicht versuchen, die Start-up-Kultur einfach in ein Unternehmen einzubringen – das ist nicht möglich, wenn man 300.000 Kollegen auf der ganzen Welt hat. Das wird nicht passieren«, sagt er.

Aber Daimler ist alles andere als festgefahren. Vor einem Jahrzehnt erkann-te man den Bedarf an Carsharing-Diensten und beteiligte sich an Mobilitäts-Start-ups wie mytaxi und moovel. Insgesamt hat man 30 Milliarden Euro in-vestiert, um E-Mobility-Initiativen zu unterstützen. Daimler hat auch Geld in

KI-Unternehmen und Batterietechnologie-Start-ups investiert und sieht der Zukunft erwartungsvoll entgegen. Was Nachhaltigkeit angeht, hat man sich einiges vorgenommen. Bis 2022 wird Daimler nur noch CO_2-neutral produzieren, was bedeutet, dass die verbrauchte Energie aus erneuerbaren Quellen kommen muss. Das gesamte Unternehmen will im Jahre 2039 komplett CO_2-neutral sein, elf Jahre früher als die CO_2-Neutralitätsziele, die im Pariser Klimaabkommen festgelegt wurden.

Die Geschichte von Daimlers Beschäftigung mit Elektroautos reicht zurück bis ins Jahr 1907, als man die ersten elektrischen Lkws für die Berliner Feuerwehr baute. Bis 2025 wird jedes Modell der Flotte elektrifiziert sein, ob als Mixed-Fuel-Hybrid, Plug-in-Hybrid oder vollelektrisches Fahrzeug. Auf dem Weg dorthin hat Daimler 2014 einen weiteren wesentlichen Beitrag für die Entwicklung des elektrischen Fahrens geleistet, nämlich die Investition in Elon Musks damals bankrottes Unternehmen Tesla.

Neben den Investitionen in Elektromobilität arbeitet das Unternehmen daran, die gesamte Wertschöpfungskette – mit 3000 bis 5000 verschiedenen Komponenten, je nach Auto – CO_2-neutral zu machen. Alles, von den Rohmaterialien aus Minen in Zentralafrika bis hin zum Transport, wird CO_2-neutral sein. Pallenberg ist sich darüber im Klaren, dass dies eine riesige Herausforderung ist, aber Daimler befindet sich bereits im Gespräch mit seinen Lieferanten, um die kohlendioxidneutrale Produktion Wirklichkeit werden zu lassen. Nachhaltigkeit ist wesentlich für unseren Planeten, sagt er, aber sie ist auch »ein verlockendes Verkaufsargument«.

Unternehmen müssen smarter werden, nicht nur mehr Aufwand betreiben. Doch selbst Daimlers Armee von 20.000 Ingenieuren kann nicht all die Technologien und Innovationen liefern, die nötig sind. Es ist unmöglich, sich ganz allein der Konkurrenz zu stellen, man muss dafür auch die richtigen Partner finden. Daimler hat sich mit Microsoft zusammengetan. Man will die Expertise des US-amerikanischen Unternehmens nutzen, um Daten zu optimieren und zu analysieren, um außergewöhnliche sprachgesteuerte Funktionen für Fahrer zu bieten.

»Man muss wissen, wo die eigenen Kompetenzen liegen«, erklärte Pallenberg. »Man muss wissen, was das eigene Kerngeschäft ist. Aber das heißt nicht, dass man stillstehen soll. Für Manager ist es an der Zeit, die ausgetretenen Pfade zu verlassen und die Einstellung eines Entrepreneurs zu kultivieren. Bei unserem Aufbruch in eine neu ausgerichtete Welt, eine Zukunft, in der die alten Ideen nicht mehr funktionieren, wird es hilfreich sein, sich das Unternehmen als einen Hamburger vorzustellen.« Oben hat man eine Brötchenhälfte oder das Top-Management. Diese Leute stehen in Kontakt mit der Marktforschungsabteilung, den Leitern von Entwicklung und Fertigung und Businessanalysten, und sie legen die Strategie für das Unternehmen fest. Auf der unteren Brötchenhälfte sitzen die weniger erfahrenen Kollegen, die gerade die Unternehmenswelt betreten haben.

Das Patty in der Mitte ist die Geschäftsleitung. Diese Ebene hat oft die schwierigsten Herausforderungen zu bewältigen, indem sie unvoreingenommen und offen bleibt und neue Ideen willkommen heißt. Leitende Angestellte sind daran gewöhnt, Dinge auf eine bestimmte Weise zu tun. Sie widersetzen sich dem Wandel und sagen: »Das machen alle so. Das haben wir schon immer so gemacht.«

Pallenberg hat dieses Problem bei Daimler umschifft, indem er Manager zum Essen einlud, die Experten in verschiedenen Bereichen waren, außerdem eine Reihe von Kollegen aus anderen Abteilungen wie Forschung und Entwicklung, Produktion und Engineering. Sie sollten miteinander darüber reden, wieso Daimler aufgehört hatte, seine ursprünglichen dreirädrigen Vehikel aus dem Jahr 1886 zu bauen. Nur weil man einmal etwas auf eine bestimmte Weise gemacht hat, heißt das nicht, dass man es immer so machen muss. »Man muss das Management auf allen Ebenen stimulieren und beleben«, sagt Pallenberg, »denn ohne das Patty hat man keinen Hamburger.«

Manchmal braucht es eine energische Anstrengung, um einen Wandel zu vollziehen. Nur etwa 4 Prozent aller Deutschen arbeiteten vor 2020 von zu Hause aus. Viele Manager behaupteten gegenüber den Angestellten, dies sei schlichtweg nicht möglich. Doch auf dem Höhepunkt der COVID-Lockdown-Maßnahmen stieg diese Zahl auf 21 Prozent. Als es darauf ankam, waren die Unternehmen dazu in der Lage.

Pallenberg, der in Taiwan lebt und einen Großteil des Jahres auf Reisen verbringt, gibt zu, dass die Pandemie ihm persönlich einige Vorteile brachte. »Zum ersten Mal seit fünfzehn Jahren war ich drei Monate lang am selben Ort. Das war mir vorher noch nie passiert. Und wissen Sie was? Ich finde es großartig.«

Es hat ihm Zeit gegeben, über einige der großen Themen nachzudenken wie Leadership, Wandel und Innovation. »Wir müssen eine andere Einstellung entwickeln, wenn es um Leadership geht – wir müssen den Wandel willkommen heißen, und zwar stets aufs Neue. Wir müssen das Evangelium des Wandels predigen, denn Wandel ist gut für uns. Die fundamentale Idee jeder einzelnen Technologie, die wir auf den Markt bringen, besteht darin, die Welt zu einem besseren Ort zu machen. Das ist letztlich der Grund, wieso Ingenieure und Erfinder etwas schaffen, und es ist auch der Grund, wieso Entrepreneure neue Unternehmen aufbauen. Weil sie etwas verändern wollen.«

TEIL 3:

ES GEHT NICHT UMS GESCHÄFT, ES GEHT UMS ÜBERLEBEN

JEDES JAHR EIN LOCKDOWN

Anfang 2020, als Bürger in den Ländern der Welt zu Hause eingesperrt waren und der Tod, die Angst und das wirtschaftliche Chaos umgingen, hatte die Umwelt ihren ersten wirklichen Urlaub seit vielen Jahren.

Angesichts geparkter Autos und am Boden bleibender Flugzeuge, geschlossener Fabriken und Geschäfte und des Stillstands fast aller normalen Geschäfts- und sozialen Aktivitäten gab es einen gewaltigen Rückgang von Kohlenstoffdioxid- und Treibhausgasemissionen, die für die Erderwärmung verantwortlich sind.

Eine detaillierte Analyse, veröffentlicht Ende Mai in *Nature: Climate Change*, wies (um den 7. April herum) einen geschätzten maximalen Rückgang an CO_2-Ausstoß um 17 Prozent aus, verglichen mit der Menge von 2019.

Das basierte auf einer internationalen Studie von Daten aus 69 Ländern, durchgeführt von Professorin Corinne Le Quéré von der englischen Universität von East Anglia in Kooperation mit Experten der Stanford University in den USA, des norwegischen Cicero Centre und mit Forschungseinrichtungen aus den Niederlanden, Frankreich, Deutschland und Australien.

Der Nettoeffekt der Emissionsreduktionen belaufe sich der Studie zufolge auf bis zu 7 Prozent, wenn die von der Regierung verhängten Einschränkungen langsam bis Ende des Jahres abgebaut würden. Das brächte die Gesamtemissionen auf einen Wert, den man zuletzt im Jahr 2006 erreicht habe.

Die schockierende Nachricht hinter diesen Zahlen: Eine derartige spektakuläre Reduktion von Aktivitäten müsste mehrere Jahrzehnte lang Jahr für Jahr wiederholt werden, wenn wir die Erderwärmung auf eineinhalb Grad Celsius beschränken wollen.

Mit anderen Worten: Nur ein einziges Mal mehrere hundert Millionen Menschen einzusperren, den Verkehr von den Straßen zu verbannen und den Flugverkehr sowie große Teile der Industrie monatelang lahmzulegen hat als einmalige Maßnahme unseren Planeten nicht gerettet. Wir müssen es immer wieder aus Neue tun – oder eine andere Methode finden.

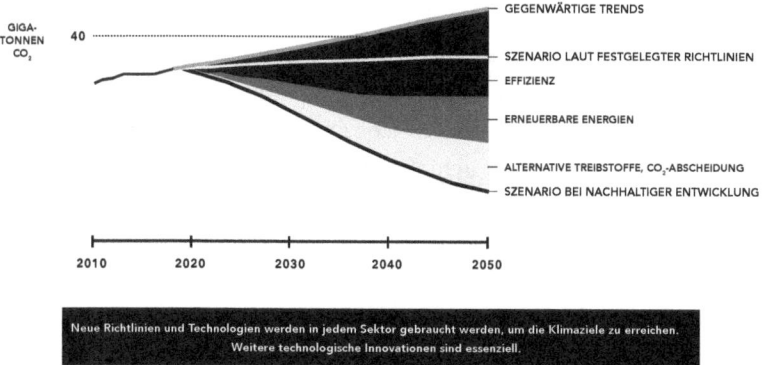

CO₂-Emissionsreduktion bei der Energiegewinnung in einem Szenario der nachhaltigen Entwicklung, nach Quellen.

Weitere Informationen unter www.joinfightback.com

IEA, 2019

»Eine Verhaltensänderung reicht nicht aus«, meint Le Quéré. »Diese extremen Rückgänge sind vermutlich nur temporär, da sie keinen strukturellen Wandel in der Wirtschaft, im Transport oder bei Energiesystemen reflektieren. Aber wenn wir die Gelegenheit wahrnehmen, um strukturelle Veränderungen einzuführen, dann wissen wir nun, was man erreichen kann.«

Da jährliche Lockdowns keinen Beitrag dazu leisten werden, ist spätestens jetzt klar, wie enorm das notwendige Ausmaß des Handelns ist, um den Planeten zu retten.

Ganz unabhängig von spezifischen detaillierten Plänen und der Vorgehensweise ist es offensichtlich, dass unsere Reaktion auf den Klimawandel koordiniert, kollaborativ, ehrgeizig, fantasievoll und massiv finanziert sein muss. Sie muss politisch und technologisch sein, muss aus gewaltigen mutigen Initiativen und Tausenden kleiner, innovativer Verbesserungen unserer Lebens- und Arbeitsweise bestehen. Unsere Bedürfnisse und alltäglichen Probleme müssen berücksichtigt werden. Wenn wir versagen, dann versagen wir alle. Die Welt ist von gegenseitiger Abhängigkeit geprägt und dem Untergang geweiht, wenn wir dies nicht zu unserer höchsten Priorität machen.

Das hört sich nach abgehobener Rhetorik an. Aber was bedeutet das in der Praxis? Wir müssen darauf vorbereitet sein, höhere Steuern zu bezahlen. Auf kurze Sicht mehr Geld in der Tasche zu haben ergibt keinen Sinn, wenn man es nicht auf lange Sicht genießen kann. Wir müssen anfangen, unsere politischen Führer danach zu beurteilen, ob sie bereit sind, sich unbequemen Realitäten zu stellen.

Eine der Lektionen aus dem Corona-Albtraum war die unerwartete Bereitschaft von Millionen Menschen vieler verschiedener Länder, die schwerwiegenden Einschränkungen ihrer persönlichen Freiheit zu akzeptieren und sich daran zu halten. Das war etwas, worauf wir nicht unbedingt gewettet hätten. Lockdowns, Social Distancing, Selbstisolation und Quarantänemaßnahmen trugen größtenteils erfolgreich dazu bei, die Menschen von den Straßen fernzuhalten. Aber COVID-19 war einem sehr nahe, plötzlich und unmittelbar. Die täglichen Sterbezahlen waren furchtbar. Man kannte Menschen, die krank wurden. In Familien hielt der Tod Einzug. Die Bedrohung war allzu offensichtlich.

Die Klimakatastrophe fühlt sich entfernter an. Dass es mehr und schwerere Stürme gab und heißere, trockenere Sommer, ist uns durchaus bewusst. Auf der ganzen Welt wurden acht der zehn heißesten Jahre seit der Wetteraufzeichnung im letzten Jahrzehnt registriert. Die meisten von uns haben jedoch immer noch nicht die schreckliche Realität, auf die wir alle zusteuern, am eigenen Leib zu spüren bekommen.

Steigende Meeresspiegel und Überflutung der Küstenregionen sind dringliche Probleme für die Menschen in Bangladesch oder auf den Malediven. Weniger bedrohlich erscheinen sie in Städten wie Berlin oder Paris, London oder L. A., Sydney, Peking oder Moskau. Der Klimawandel, der die Übertragung von Malaria, Denguefieber und Cholera in Afrika und Asien erhöht, wirkt wie ein fernes Problem.

Klimaereignisse wie Hurrikan Maria, der 2017 Puerto Rico traf, Verwüstungen verursachte und zahlreiche Menschenleben kostete, sind offensichtlich tragisch, aber sie kommen uns weit weg vor. Puerto Rico ist amerikanisches Territorium, liegt allerdings weit südlich in der Karibik, 1600 Kilometer südöstlich von Florida. Nichtsdestotrotz wirkte sich die Katastrophe von Puerto Rico auf das Leben von Patienten und Krankenhauspersonal des US-amerikanischen Festlands aus, denn die Verwüstung der Fabriken der Insel zerstörte auch Amerikas Hauptquelle für Infusionsbeutel. Noch Monate später mussten Pflegekräfte, weil es keine Infusionsbeutel gab, viele Stunden neben den Krankenbetten stehen und die Medikamente langsam injizieren, statt einen Tropf aufzustellen.

20 DER WÄRMSTEN JAHRE

seit der Wetteraufzeichnung lagen in den letzten 22 Jahren.

Seit 1980 hat sich die Anzahl der Stürme mit **GESCHWINDIGKEITEN VON ÜBER 250 KM/H** verdreifacht.

In den letzten 30 Jahren gab es in den USA **DOPPELT SO VIELE ÜBERFLUTUNGEN** von Küstenregionen.

In der Arktis gab es 2018 die **ZWEITGERINGSTE MENGE AN MEEREIS,** die jemals festgestellt wurde.

Übernommen von riskmethods.net

Tatsächlich trägt das Gesundheitswesen in seinem derzeitigen Zustand substanziell zum Klimawandel bei. Es ist bereits verantwortlich für 4,6 Prozent der weltweiten Emissionen, und diese Zahl steigt stetig. Wer den größten Anteil hat, ist relativ offensichtlich – Elektrizität und Heizen (30%), Transportwesen (15%), Produktions- und Baugewerbe (14%) und Landwirtschaft (11%). Krankenhäuser verbrauchen enorm viel Energie, verursachen eine Menge Abfall und sind für unzählige potenziell unnötige Fahrten verantwortlich, die man mit einem dezentralisierteren System vermeiden könnte.

DER DOKTOR HAT JETZT ZEIT FÜR SIE

In dieser Hinsicht haben die beiden Themen Gesundheitswesen und Klimawandel eindeutig Berührungspunkte. Die Dezentralisierung des Gesundheitswesens auf jeder Ebene ist eine erstrebenswerte Entwicklung, die durch die Auswirkungen der Corona-Pandemie einen plötzlichen und unerwarteten Anschub erfahren hat.

Menschen, die krank waren oder einen Unfall hatten, während COVID die Welt verwüstete, zögerten, in ein Krankenhaus zu gehen oder ihren Hausarzt aufzusuchen. Verantwortungsvolle Bürger wollten den überlasteten Gesundheitseinrichtungen nicht unnötig zur Last fallen, und niemand wollte riskieren, sich im Wartezimmer eines Arztes das Virus einzufangen. Ein überlastetes System, in dem es schon seit Jahrzehnten knirschte und knarrte, war plötzlich gezwungen, neue Methoden zu improvisieren, um mit kleinen Wehwehchen und Verletzungen umzugehen und Patienten mit langwierigen Erkrankungen Rat und Pflege zuteilwerden zu lassen. Und in vielen Fällen passte sich das System sehr gut an.

Innerhalb weniger Wochen erledigten Allgemeinärzte in vielen Ländern einen großen Teil ihrer täglichen Arbeit per Telefon. Sowohl Hausärzte als auch Krankenhäuser führten einfache und schnell verfügbare Formen der Videosprechstunde ein und nutzten Zoom, Skype oder WhatsApp. Sie stellten fest, dass die Patienten, die plötzlich daran gewöhnt waren, aufgrund von Lockdowns mehr Zeit online zu verbringen, diesen Wandel im Allgemeinen gern mitmachten. Jahrelang hatte man von der Telemedizin als etwas Zukünftigem geredet. Nun war sie da, schnell und spontan, und sie schien absolut angemessen für einen großen Teil der Routinearbeit.

Vielen Patienten gefiel es, nicht warten zu müssen und keine Zeit mit der Anreise zu verbringen. Die Ärzte erkannten die Nachteile – insbesondere die Unmöglichkeit, gründliche und umfassende direkte Untersuchungen durchzuführen –, aber auch den Nutzen. In vielen Fällen war der offensichtlichste Vorteil für die Patienten, dass sie binnen Stunden einen Termin über Telefon oder Video erhielten, statt Tage oder gar Wochen zu warten.

In Ländern mit regierungsfinanzierten Hilfshotlines konnten viele Patienten den benötigten Rat erhalten, ohne sich an den Hausarzt oder ein Krankenhaus zu wenden. Dienstleister aus dem privaten Sektor kamen zum Zug, und Online-Informationsquellen wie WebMD und spezialisierte Apps wie Clue, die Gesundheitsratschläge für Frauen bietet, wurden mit einer Rekordzahl an Anfragen überhäuft. Medizinische Fachleute grollten lange über das »Dr. Google«-Phänomen, das viele Patienten auf spektakulär unwahrscheinliche Selbstdiagnosen kommen ließ (»Herr Doktor, Herr Doktor, ich habe Pfeiffer'sches Drüsenfieber ... oder vielleicht ist es eine Grippe!«). Aber sie konnten nicht umhin, den Trend zu begrüßen, dass Patienten sich mehr um ihr eigenes Wohlergehen kümmern.

Nun, wo wir sie in Aktion gesehen haben, liegt es auf der Hand, dass verschiedene Aspekte der Telemedizin uns erhalten bleiben werden. Viele Menschen mit lang andauernden Krankheiten wie Diabetes, Bluthochdruck, Asthma und COPD haben bereits eine Grundausrüstung zu Hause, um ihren Gesundheitszustand zu überwachen, und kümmern sich aktiv um ihre Gesundheit, verwenden Bluttests und Geräte zur Überwachung von Blutdruck, Sauerstoffsättigung oder Atemvolumen. Künftig werden vermutlich die meisten davon online vernetzt sein, dem medizinischen Personal Echtzeitinformationen liefern und automatisch Alarm schlagen, wenn etwas nicht in Ordnung ist.

Good Doctor, eines von Ping Ans vielen erfolgreichen Corporate Ventures, ist im Grunde eine E-Commerce-Plattform, die chinesische Konsumenten als Erstdiagnose kostenlos per Frage-Antwort-Schema zu nahezu jeder erdenklichen Krankheit berät. Patienten können dann zu einem bezahlten System übergehen, das Ratschläge erteilt, beginnend mit einer automatisierten Diagnose bis hin zu einem tatsächlichen Gespräch mit einem echten Arzt und schließlich dem Verweis an die richtige Anlaufstelle im Gesundheitssystem. Dies stellt fraglos einen bedeutenden Mehrwert dar, wie die aktuelle Bewertung von 11 Milliarden Dollar nur sechs Jahre nach dem Launch deutlich macht.

Technologien zur Überwachung der Gesundheit entwickeln sich schnell. Einige Smartwatches können bereits Probleme wie Vorhofflimmern oder die ersten Anzeichen eines Schlaganfalls feststellen, und viele andere tragbare Überwachungsgeräte werden in den nächsten Jahren auf den Markt kommen. Maschinenlernsysteme, die sich ein Videobild eines Muttermals ansehen können und warnen, wenn es ein Frühstadium von Hautkrebs ist, sind schon auf dem Markt. Technologiebegeisterte reden bereits über KI-gestützte Scanner in Spiegeln, die Anomalien bemerken, welche vielleicht in den Augen sichtbar sind, oder potenziell gefährliche Ausschläge und Hautveränderungen. Es sind sogar Systeme zur Überwachung der geistigen Gesundheit in der Entwicklung, die – mit Zustimmung des Patienten – den Beginn einer depressiven oder schizophrenen Episode erkennen können, indem sie in Echtzeit Veränderungen der Sprache oder der Schrift erkennen.

Abgesehen vom Nutzen für einzelne Patienten wird das Online-Monitoring auch zahlreiche relevante und strukturierte Daten liefern, die, wenn sie angemessen anonymisiert wurden, eine Menge epidemiologischer Ratespiele überflüssig machen und für ein besseres Verständnis von Krankheitsübertragung genutzt werden können. Während sich das Corona-Virus um die Welt ausbreitete, führten verschiedene Länder smartphonebasierte Trackingsysteme ein, manche nutzen GPS für große Entfernungen, andere basieren auf der Bluetooth-Technologie mit kurzer Reichweite. Die Art der eingesetzten Technologie war meist von kulturellen Faktoren und dem Grad der Besorgnis in puncto Privatsphäre und staatliche Überwachung abhängig.

In Großbritannien hat die COVID Symptom Study – eine sehr simple App, die keine Trackingfunktion hat und ihre freiwilligen Nutzer lediglich animierte, sie jeden Tag zu nutzen und zu berichten, ob es ihnen gut ging oder sie Symptome hatten – eine riesige Stichprobe von 4 Millionen Usern angezogen und den Forschern eine wahre Goldgrube nützlicher Informationen geliefert.

All dieser Fortschritt auf dem Gebiet der Telemedizin ist in hoch entwickelten Volkswirtschaften wichtig, um die Effizienz zu verbessern, den Umfang und die Wirksamkeit des Gesundheitssystems. Aber für ärmere Länder und diejenigen, in denen die Bevölkerung über weite ländliche Gebiete verteilt ist, wird er ein Gamechanger sein.

>»Dass Business-Leader und Entrepreneure auf verantwortungs-
vollere Weise handeln, neue Geschäftsmodelle etablieren, die
transparenter, lohnender und produktiver für einen größeren
Teil der Gesellschaft sind, ist heute wichtiger als je zuvor. Das
sollte ihr Hauptziel sein, nicht die Motivation, Wert für eine
begrenzte Zahl an Stakeholdern zu generieren – Shareholder
oder Manager oder Leute, die für das Unternehmen arbeiten.
Wir müssen versuchen, den Wert, der geschaffen wird, viel
breiter zu verteilen.«

> **DMITRY ARSENOV**
> **VORSTANDSVORSITZENDER DER RDI GROUP**

In Indien, Südostasien, Lateinamerika und Afrika, wo es einfach zu wenige
Ärzte und im Verhältnis dazu zu viele Menschen gibt, bieten die neuen Technologien und innovativen Dienstleistungen Millionen von Familien zum
ersten Mal angemessene Gesundheitsfürsorge. Jeder Arzt unterwirft sich
selbst der einen oder anderen Version des hippokratischen Eids, der ihn
dazu verpflichtet, im Interesse seiner Patienten zu arbeiten und ihnen keinen Schaden zuzufügen. Und jeder Arzt verspürt sicher auch den moralischen Imperativ, so vielen Menschen wie möglich zu helfen. Die Telemedizin bietet neue Möglichkeiten, begrenzte Ressourcen effektiver einzusetzen
und eine starke positive Wirkung auf das Leben von noch viel mehr Menschen auszuüben.

LEBEN IN EINER VERNETZTEN WELT

Winston Churchill hat einmal gesagt: »Eine gute Krise darf man nicht ungenutzt lassen.« Nun, es gibt keine Aufzeichnung darüber, dass dieses Zitat
wirklich von ihm stammt, aber es ist zu gut, um es zu ignorieren. Not ist die
Mutter der Erfindung, und die COVID-19-Katastrophe hat sicher unzählige
neue Denkansätze über den Klimawandel angeregt und darüber, wie man
Gesundheitsfürsorge im großen Maßstab sicherstellen kann.

Für Sven Jungmann, dessen lange Ausbildung und Erfahrung aus erster Hand als praktizierender Arzt in Deutschland, Brasilien und Kenia ihn auf eher indirektem Weg zu seiner gegenwärtigen Beteiligung an unternehmerischen Innovationen und fortgeschrittener Medizintechnologie führten, ist dieser neue Fokus auf die beiden Problemfelder keine Überraschung. Er hat längst die Verbindung zwischen beiden erkannt, sowohl auf der Makroebene als auch in seiner eigenen Arbeit.

Zum Beispiel war er im Sommer 2018 an vorderster Front in der Berliner Emil-von-Behring-Klinik, als Europa von einer gewaltigen Hitzewelle heimgesucht wurde. Niemand konnte richtig schlafen. Ärzte legten die weißen Kittel ab und quälten sich durch lange, arbeitsreiche Schichten, die sich anfühlten, als müsste man in einer Sauna arbeiten. Krankenpfleger und Schwestern mussten Extrainfusionen aufstellen, um die schwitzenden Patienten vor dem Dehydrieren zu bewahren. Viele davon waren ältere Menschen, die an Krebs, Lungenentzündung oder Herzkrankheiten litten und sehr anfällig für die extreme Hitze waren. Die Türen der Stationen waren geöffnet, um für Belüftung zu sorgen, es kamen immer mehr Notfälle herein, und die gesamte Krankenhausbelegschaft hatte das Gefühl, hart am Limit zu sein.

Das war eines der bedeutendsten Krankenhäuser der deutschen Hauptstadt, und man hatte auf Schadensbegrenzungsmodus geschaltet – man versuchte durchzuhalten und betete, dass das Wetter sich änderte. Erst später sah Sven die Statistiken über das globale Ausmaß der gesundheitlichen Probleme, die durch die Hitzewelle verursacht worden waren. Insgesamt hatten 220 Millionen Menschen Schaden durch die immense Hitze erlitten und damit den vorherigen Weltrekord von 209 Millionen übertroffen, der nur drei Jahre zuvor aufgestellt worden war, im Sommer 2015. Das war nur ein weiterer kleiner Meilenstein auf dem Weg zur globalen Erwärmung und der Klimakatastrophe.

Bei solchen Ereignissen ist es schon fast ein ehernes Gesetz, dass die Armen am meisten darunter leiden. Das haben wir natürlich auch bei den Todesfällen durch COVID-19 gesehen, selbst in Ländern, in denen es ein fortschrittliches und kostenloses Gesundheitssystem gibt. In weniger entwickelten

Ländern haben die Menschen mit Nahrungs- und Wasserknappheit sowie mit ansteckenden Krankheiten zu kämpfen, und das in einem Ausmaß, wie es die Bevölkerung in reichen Ländern nie erlebt. Die Hälfte der Weltbevölkerung, ungefähr 3,5 Milliarden Menschen, kommt immer noch nicht in den Genuss einer grundlegenden Gesundheitsversorgung. Diejenigen, die Zugang zu medizinischer Versorgung haben, geben mindestens 10 Prozent ihres Haushaltsbudgets dafür aus, was ungefähr 100 Millionen Menschen in extreme Armut treibt.

Aber wir sind alle voneinander abhängig. Übertragungen über Landesgrenzen hinweg waren ein bedeutender Faktor in den frühen Tagen des Corona-Ausbruchs, doch es war nicht die einzige Auswirkung von COVID-19 auf weit entfernte Länder, darunter auch die großen westlichen Volkswirtschaften. Lieferketten für Nahrungsmittel und Industriegüter wurden unterbrochen – ebenso wie der Nachschub an pharmazeutischen Produkten aus indischen und chinesischen Firmen. In jüngster Zeit wurde Indien zu einem bedeutenden Lieferanten für bestimmte altbekannte Medikamente, von Paracetamol und Aspirin bis hin zu Hydroxychloroquin, von dem Präsident Trump so schwärmte. Remdesivir, ein gescheiterter Wirkstoff gegen Hepatitis und Ebola, nun in den USA zugelassen als eine mögliche Behandlung gegen das Corona-Virus, wird aktuell in China, Indien und sogar Bangladesch produziert, und das, obwohl Gilead Sciences in den USA dafür immer noch das Patent hat. Politische Verwerfungen zwischen der indischen und chinesischen Regierung, Lockdown-Regeln und COVID-Ausbrüche, die Produktionszentren treffen: All das könnte den Nachschub wichtiger Medikamente abschneiden, den die reiche Welt für selbstverständlich hält.

Die Vielzahl an Verbindungen zwischen Ländern und Kontinenten und ihre Verletzlichkeit haben einen neuen Geist der Zusammenarbeit gefördert. Auch wenn sie Schulden aufhäufen, die einem das Wasser in die Augen treiben und in die Billionen Dollar gehen, um die eigenen Volkswirtschaften zu stützen, erwägen die westlichen Nationen Pläne für einen gewaltigen Schuldennachlass und Finanzhilfen für einige der ärmsten Länder der Welt. Diese werden die Kosten des Corona-Virus weiter in die Höhe treiben, aber hier spielt auch aufgeklärtes Eigeninteresse eine Rolle. Infektions-Hotspots, die übrig bleiben, nachdem die Hauptflut von COVID-19 nachlässt, könnten das

Virus erneut aufflammen lassen und zu einer schrecklichen zweiten Welle führen. Wir leben alle in einer Welt, und Hilfe und Schuldenerlass sind nicht nur humane Initiativen, sondern in gewisser Weise auch eine Versicherung gegen die Rückkehr des Albtraums.

WERTBASIERTE GESUNDHEITSPFLEGE

Innovation in einem komplexen Bereich wie Gesundheit ist nicht immer nur eine Frage der Einführung neuer Medikamente, Behandlungen oder Technologien. Technologie ist oft Bestandteil einer neuen Initiative, aber ihre Rolle ist eher unterstützend, und sie ist nicht der Star der Show.

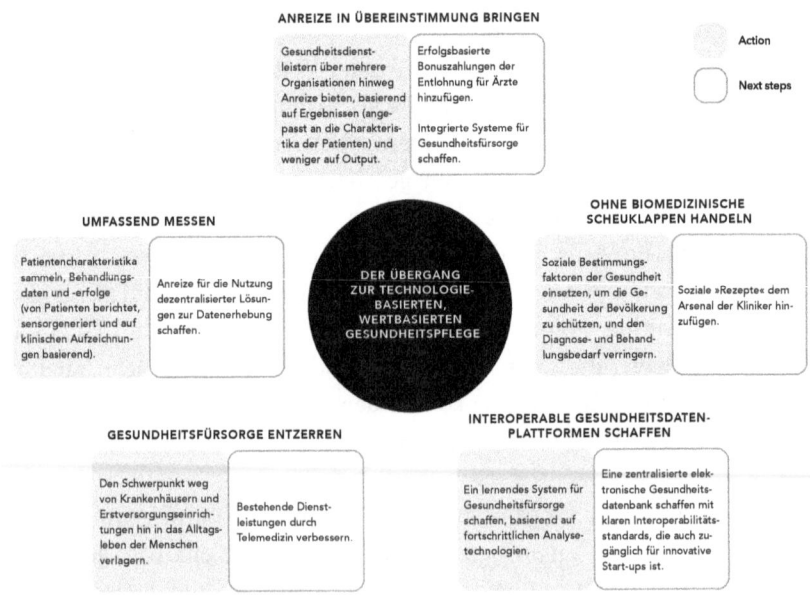

Weitere Informationen auf www.joinfightback.com

Im Fall von wertorientierter Gesundheitsfürsorge, einer Idee, die langsam an Schwung gewonnen hat, seit der Harvard-Professor Michael Porter sie 2007 aufbrachte, liegt die Innovation eher im Ansatz als in den Tools zu ihrer Umsetzung. Jeder ist für wertorientierte Gesundheitspflege, so wie jeder Böses verwerflich findet. Aber immer noch debattieren Menschen darüber, was damit im Detail gemeint ist, und auch fünfzehn Jahre später mühen sie sich noch ab, sie einzuführen.

Das zeigt, was für einen Bruch mit der vorherigen Praxis dies bedeutete. Im Grunde sollten damit letztlich Ergebnisse gemessen werden (überwiegend aus der persönlichen Sicht des Patienten) und nicht der Output der Gesundheitsdienstleister (300 Impfungen, fünfzehn MRT-Scans und drei Blinddarm-OPs), und dies sollte dann zu den beteiligten Kosten in Beziehung gesetzt werden, um den wahren Wert einer medizinischen Intervention zu messen.

Die drei Pfeiler der wertorientierten Gesundheitspflege sind persönlicher Nutzen (wie vom Patienten wahrgenommen), sozialer Nutzen (die Gesundheit, Lebenserwartung und Lebensqualität auf der Bevölkerungsebene verbessern) und Effizienz (bessere, schnellere Versorgung zu niedrigeren Kosten). Diese drei Ziele können erfahrungsgemäß (was manchen überraschen wird) durch eine hohe Konzentration auf den Patienten statt auf den Output erzielt werden.

Drei Elemente der wertorientierten Gesundheitsfürsorge.

Indem man den Patienten in den Mittelpunkt stellt, verändert man den Fokus. Statt auf jede Diagnose ein Rezept für eine Pille oder einen Platz auf der

Operationswarteliste folgen zu lassen, werden die Ärzte ermutigt, sich den ganzen Patienten anzusehen statt nur das Symptom.

Wenn ein leichter Diabetes unter Kontrolle gebracht werden kann, indem man sich besser ernährt, mehr läuft und ein paar Kilo Gewicht verliert (das anfängliche Ziel ist oft eine Reduktion des Körpergewichts um 7 Prozent), und wenn das genauso effektiv ist wie Metformin-Tabletten oder gar Insulininjektionen, dann ist das insgesamt betrachtet die bessere Lösung. Sie ist besser für den Patienten, der im Allgemeinen gesünder wird, keine Nebenwirkungen fürchten muss und zudem widerstandsfähiger gegen ansteckende Krankheiten bleibt. Es kostet die Gesundheitsdienstleister weniger, lässt mehr Ressourcen übrig für essenzielle Dinge wie Nierentransplantationen, Operationen bei Grauem Star, Dienstleistungen zur Erhaltung der geistigen Gesundheit und Geburtshilfe. Was noch wichtiger ist, es gibt dem Patienten ein Gefühl, selbst verantwortlich zu sein. Das Gefühl zu haben, zum Erhalt seiner Gesundheit beitragen zu können, hat nachweislich schon an sich einen Nutzen für viele Patienten.

Angesichts der größten Herausforderungen unserer Zeit – COVID-19 in den letzten Monaten, der Klimawandel in den nächsten paar Jahren – weist uns die wertorientierte Gesundheitspflege den Weg, um in eine widerstandsfähigere Gesellschaft zu investieren mit fitteren Bürgern und größerer Widerstandskraft des Einzelnen und der Bevölkerung gegen Stress und Krankheiten. Das bedeutet, die Menschen zu ermutigen und ihnen zu helfen, bessere Entscheidungen zu treffen in Bezug auf Ernährung, Alkohol, Rauchen, Sport oder Hundehaltung, was ihnen wiederum dabei hilft, vermeidbare Krankheiten zu verhindern und geistig gesund zu bleiben. Das macht das Individuum – und die Gesellschaft – weniger anfällig für die Attacken von Pandemien, Hitzewellen und anderen Erschütterungen. Es minimiert außerdem vermeidbare Krankenhausbehandlungen und lässt dem System Überschusskapazitäten für unerwartete Krisen.

Letztlich führen all die schlauen Überlegungen, die in diese langsame Revolution hin zu einer wertorientierten Gesundheitsfürsorge einfließen, zu der Schlussfolgerung, dass nur die richtigen Technologien die notwendigen Daten erfassen können, um die gute Absicht zur Realität werden zu lassen.

Wertbasierte Gesundheitsfürsorge stützt sich auf akkurate Informationen wie die subjektiven Meinungen der Patienten über Ergebnisse und auf Echtzeitdaten, die durch Sensoren, mobile Geräte sowie durch Online-Erfassung und Warnsysteme geliefert werden. Sie hängt auch von guter Datenanalyse und genauen Vergleichen über verschiedene Krankenhäuser und Regionen hinweg ab, um Fälle von schwankender Performance und schlechtem Gegenwert für geflossene Gelder aufzudecken.

Im englischen National Health Service zum Beispiel zeigten die gesammelten Daten aus den 135 Gruppen für klinische Auftragsvergabe, dass einige Landesteile fast fünfmal so häufig CT-Scans machten wie andere. Der Bericht, der diese riesige Varianz aufdeckte, kommentierte trocken: »Es ist gegenwärtig nicht klar, wie viele CT-Untersuchungen es für eine bestimmte Bevölkerung geben *sollte*, aber sowohl zu wenige als auch zu viele CT-Scans können schädlich für die Patienten sein (mit CT-Scanning sind hohe Strahlungsdosen verbunden).« Eine Untersuchung des NHS gab an, dass allein die Reduzierung dieser Art von »ungerechtfertigter Varianz« mindestens 9 Prozent der 55,6 Milliarden Pfund (68 Milliarden Dollar) einsparen könnte, die von Großbritanniens Akutkrankenhäusern jedes Jahr ausgegeben werden.

Auf lange Sicht wird ein wertorientiertes Gesundheitssystem nicht nur etwas für die reicheren Nationen der Welt sein. An Orten, wo der Bedarf an medizinischen Gesundheitsdienstleistungen die Fähigkeit eines Landes zu ihrer adäquaten Finanzierung weit übertrifft, kann dieser Ansatz bei der Entwicklung von Richtlinien helfen, die auf Belegen aus der realen Welt basieren. Einmal implementiert, wird es leichter, Kosten zu senken und Ergebnisse zu verbessern, indem man zu viele Verschreibungen reduziert und standardisierte Behandlungen für bestimmte Krankheiten etabliert, die den lokalen Bedingungen und Vorlieben entsprechen.

Vielen Ländern mit niedrigem und mittlerem Einkommen wie Südafrika und Nigeria fehlen immer noch die zugrunde liegenden Systeme und Technologien – Elemente wie Krankheitsdatenbanken und elektronische Patientenakten –, die gebraucht werden, um den Wandel weg vom eher traditionellen outputbasierten Ansatz zu untermauern. Einige andere hingegen machen erstaunliche Fortschritte. Länder wie die Türkei und Kolumbien haben nationale Pläne für wertorientierte Gesundheitspflege übernommen und bewegen sich nun auf ein patientenzentriertes System zu, das kosteneffektive Ergebnisse liefern kann, während es Dienstleistungen bis in ländliche Gegenden bringt und individualisierte Behandlungen für eine große Zahl an Menschen ermöglicht.

KEIN LOKALES PROBLEM

Wenn ein patientenzentrierter Ansatz für kranke Menschen am besten ist, könnte man dann etwas Ähnliches für den leidenden Planeten umsetzen? Vermutlich nicht, solange wir uns nicht um eine holistischere, weniger fragmentierte Weltsicht bemühen. Bisher haben wir nichts wirklich Beeindruckendes geleistet.

Wenn man jedes einzelne Jahr monatelange Lockdowns im COVID-Stil durchführen müsste, um die Kohlendioxidemissionen gemäß den 2015 im Pariser Klimaabkommen festgelegten Zielen zu reduzieren, können wir einer Sache sicher sein: Das wird nicht passieren. Stattdessen brauchen wir gewaltige, koordinierte, teure, kollaborative Anstrengungen an vielen verschiedenen Fronten und von globalem Ausmaß.

Es gibt wie immer eine fatale Neigung verschiedener Länder und ihrer Wählerschaft, sich auf die Aspekte des Gesamtbilds zu konzentrieren, die unmittelbar relevant für ihre Interessen sind. Inselstaaten und niedrig gelegene Länder wie Bangladesch und die Niederlande sind sehr besorgt über steigende Meeresspiegel. Australien, Schweden, Kalifornien und sogar Teile von Nordsibirien oberhalb des Polarkreises werden von unkontrollierbaren Waldbränden versengt. Die USA und die karibischen Nationen spüren die Auswirkungen von immer stärkeren Wirbelstürmen. Deutsche und englische Städte werden jedes Jahr überflutet.

Ende 2019 kam ein Bericht von Christian Aid zu einer groben Kostenschätzung der schlimmsten Katastrophen, die mit dem Klima zusammenhängen.

Der Gesamtschaden belief sich auf mehr als 4500 Tote und 140 Milliarden Dollar an Schäden. Beide Zahlen sind vermutlich zu niedrig geschätzt.

Klimawandel und Verschmutzung spielen zusammen, beschleunigen den Verlust der Biodiversität und zerstören das Ökosystem, das Leben auf der Erde möglich macht. Das hört sich an wie eine der weniger schlimmen Auswirkungen des weltweiten Problems. Aber das ist es nicht, wenn man sich ansieht, was es konkret bedeutet. Die Honigbienen, die im Sommer in unseren Gärten herumsurren, sind bedroht durch den Verlust ihres Lebensraums, neue Krankheiten, Pestizide und Veränderungen der Landnutzung. Aber Bienen machen nicht nur Honig für uns. Sie befruchten auch Nutzpflanzen. Und wenn die Bienen verschwinden, stecken wir in großen Schwierigkeiten. 2020 hingen drei Viertel der Nahrungsproduktion Europas von der Bienenbestäubung ab.

Uns Menschen wird langsam erst klar, wie abhängig wir voneinander sind, über Grenzen und Kontinente hinweg. Wie sehr wir mit anderen Lebensformen verbunden sind, haben wir noch nicht einmal ansatzweise begriffen und anerkannt. Die Bienen sind darauf angewiesen, dass wir etwas ändern, um ihr Leben und Wohlergehen zu schützen. Wir brauchen wiederum sie und ihre Arbeit, nur um selbst am Leben zu bleiben.

Und wir brauchen sicher keine Heuschreckenplagen. Im Frühjahr 2020 gab es die größten Heuschreckenschwärme seit siebzig Jahren. Sie verdunkelten den Himmel und vernichteten von Ostafrika und dem Nahen Osten bis nach Pakistan und Indien ganze Felder, auf denen Feldfrüchte zu Ernährung der Bevölkerung oder zum Verkauf angebaut wurden. Diese biblische Plage, die zuletzt 2005 ein großes Problem gewesen war, ist infolge veränderter Wetterbedingungen durch den Klimawandel wiederaufgetreten. Heuschreckenschwärme sind grausam effizient. An einem Tag kann ein mittlerer Schwarm von 40 Millionen Tieren so viel verzehren wie 35.000 Menschen, während ein großer Schwarm bis zu 70 Millionen Tiere umfasst. Die Heuschrecken, eine Art Grashüpfer, verzehren in Windeseile Baumwolle, Weizen, Zwiebeln, Senf, Chilischoten – buchstäblich alles, was wächst – und verursachen damit Hungersnöte und gewaltige wirtschaftliche Schäden. Pakistan, das bereits grausam zu leiden hatte, als COVID-19 sich durch die Bevölkerung fraß, erklärte die Heuschreckenschwärme zum nationalen Katastrophenfall. Im Mai (2020) lancierte die Weltbank ein 500-Millionen-Dollar-Hilfsprogramm, um den Menschen in dreiundzwanzig Ländern unter die Arme zu greifen, die am schlimmsten von der Invasion aus der Luft getroffen worden waren.

DIGITAL FÜRS KLIMA

Danke, dass Sie unseren Ausführungen bis hierhin gefolgt sind. Vielleicht haben Sie sich gefragt, wieso wir so viele Seiten damit gefüllt haben, um den Elefanten im Raum herumzuschleichen: Wie wichtig ist dies alles für die vierte industrielle Revolution und Plattformstrategien?

Die Antwort lautet: 15 Prozent. So viel könnte man potenziell einsparen, nur indem man die heutigen Industrien mit aktuell verfügbaren Technologien digitalisiert. Hier ein Überblick:

ENERGIEVERSORGUNG

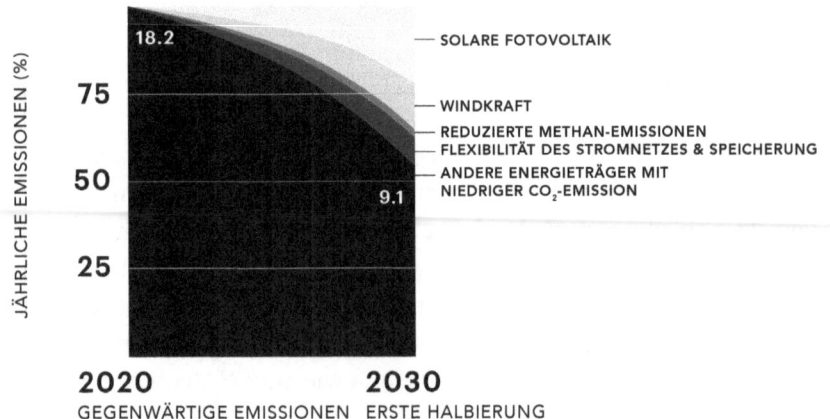

JÄHRLICHE EMISSIONEN (%)

18.2 — SOLARE FOTOVOLTAIK

75

— WINDKRAFT

— REDUZIERTE METHAN-EMISSIONEN
— FLEXIBILITÄT DES STROMNETZES & SPEICHERUNG

50 — ANDERE ENERGIETRÄGER MIT
9.1 NIEDRIGER CO$_2$-EMISSION

25

2020 2030
GEGENWÄRTIGE EMISSIONEN ERSTE HALBIERUNG

TRANSPORT

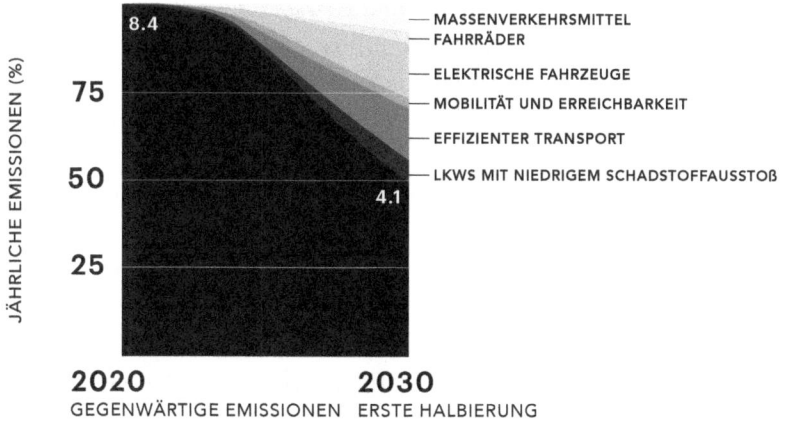

Was Sie hier sehen, wenn Sie zum Beispiel einen Blick auf den Transportsektor werfen, ist der Beitrag, den digitale Technologien zum Gesamtziel leisten könnten, die weltweiten Emissionen um 50 Prozent zu reduzieren. Einigen Schätzungen zufolge ist der Transport für bis zu 21 Prozent der weltweiten Emissionen verantwortlich, und fast drei Viertel davon entstehen auf Kurzstrecken.

Mehrere Technologien wirken heute zusammen und sorgen dafür, dass der Transportsektor den dramatischsten Wandel seit einem Jahrhundert erlebt. In den letzten beiden Jahren hat jeder bedeutende Hersteller von Autos und Lkws Pläne zur Elektrifizierung vorgestellt. In China ist die Flotte von 16.000 Bussen in Shenzhen komplett elektrisch; die Taxen folgen in Kürze.

Aber der wahre Gamechanger werden elektrische und fahrerlose Autos und Lkws sein. 5G ist dabei die Schlüsseltechnologie, was Sicherheit, Effizienz und Zuverlässigkeit in diesem Kontext angeht. Fahrerlose Fahrzeuge werden den Wandel beschleunigen, weg vom traditionellen Geschäftsmodell des eigenen Besitzes hin zu Transport als Dienstleistung. Weniger Menschen werden Autos besitzen. Stattdessen werden die Menschen Carsharing mit fahrerlosen Elektrotaxis betreiben – die natürlich rund um die Uhr zur Verfügung stehen, was die Betriebs- und Fahrkosten senkt –, oder sie nehmen den fahrerlosen Bus. Wie unsere Erfahrungen im Lockdown bewiesen haben, gibt es außerdem enormes Potenzial für einen größeren Einsatz von Videoanrufen und Homeoffice, was den Pendlerverkehr ebenfalls reduziert.

De facto könnte jeder Industriezweig mit entschlossenem Leadership und Klimabewusstsein unter den richtigen politischen Rahmenbedingungen von unseren sich stets verbessernden Technologien profitieren. Smarte technische Lösungen sind geeignet, die Gesellschaft auf eine schlanke Kreislaufwirtschaft hin zu optimieren, sich auf ein Wertwachstum von Dienstleistungen zu konzentrieren und gleichzeitig Abfall und Luftverschmutzung potenziell um weit mehr als die heute angestrebten 15 Prozent zu reduzieren.

Die Antwort der Welt auf die ultimative Herausforderung des Klimawandels muss auf vielen verschiedenen Ebenen ansetzen. Regierungspolitik und -prioritäten müssen sich verändern, aber ebenso die Handlungen und Gewohnheiten der Konsumenten und jener Unternehmen, die sich um deren Wünsche und Bedürfnisse kümmern. Große, dauerhafte Veränderungen sind nur möglich, wenn die Menschen Optionen und Alternativen haben, die sie ermutigen, willentlich ihr Konsumverhalten zu ändern.

Doch viele der unternehmungslustigen Start-ups, die ihre idealistischen Ideen zur Weltrettung mit dem Ziel vereinen, ein profitables Unternehmen zu werden, sind zum Scheitern verurteilt. Manchmal wird selbst eine attraktive Idee nicht nachgefragt. Manchmal braucht es einfach Zeit, Technologie und eine leichte Neuausrichtung dessen, was die Menschen für möglich halten.

Das New Yorker Unternehmen Bowery Framing nutzt Robotertechnologie, eine ausgeklügelte selbst entworfene Software und LED-Lampen, um Gemüse in Lagerhäusern mitten im Big Apple anzubauen, und verbraucht 95 Prozent weniger Wasser als konventionelle Landwirtschaft. Ein neues Unternehmen, Solytic, dessen Launch wir gemeinsam mit dem Energiekonzern Vattenfall betreuten, nutzt smarte KI-Systeme, um Leistungszuwächse von 30 Prozent aus Fotovoltaikanlagen zu quetschen. Blockchain-Technologie wird eingesetzt, um Lieferketten völlig transparent zu gestalten, Abfall und Korruption zu reduzieren sowie Angebot und Nachfrage auszubalancieren. Und 3-D-Druck erweist seinen Wert für die spezialisierte Kleinserienfertigung – nicht nur, weil man damit Formen herstellen kann, die nicht durch Spritzguss zu fertigen sind, sondern auch, weil er kein überflüssiges und verschwendetes Material hinterlässt.

HIN ZUR KREISLAUFWIRTSCHAFT

Die Kreislaufwirtschaft ist eine enorme Chance, Müll zu reduzieren und die Umwelt zu entlasten. Die attraktive, aber im Praktischen schwer umsetzbare Philosophie ist schon seit einigen Jahrhunderten im Umlauf. Erst jetzt ist sie durch neue Technologien zur Reife gelangt und steht zur Verfügung.

Es gibt heute viele Beispiele in der Abfallwirtschaft, bei denen über Internet verbundene Sensoren, KI, Geräte zur optischen Erkennung und Robotersysteme ganze Abfallströme durchsuchen, die nützlichen Teile herausfischen und Müll in Rohmaterialien umwandeln. So wird der Output eines bestimmten Prozesses zum Input eines anderen gemacht. Bald werden wir Scan-Drohnen mit 5G haben, die solchen Aktivitäten eine andere Dimension verleihen. Aber der Trick ist wie immer, Wege zu finden, diese moderne Alchemie profitabel und in großem Maßstab umsetzbar zu machen.

Papier wird schon seit dem 19. Jahrhundert recycelt, und zwei Drittel des Papiers, das in der westlichen Welt verbraucht wird, stammt heute aus recycelten Materialien. Zwei Fünftel unseres Kupfers, ein Drittel unseres Glases und die Hälfte unseres Aluminiums stammen aus Recyclingströmen. Man macht Fortschritte beim Recyceln von elektronischen und elektrischen Artikeln, aber Kunststoff ist immer noch ein Hauptproblem – nur 10 Prozent davon werden aktuell recycelt.

Wenn wir den Willen und die Kreativität haben, dann gibt es wenig Limits für die Herausforderungen, die wir bewältigen können. Der energieintensive

Konzern Alphabet nutzt zu 100 Prozent erneuerbare Energien. Unilever hat bereits sechsundzwanzig Marken, die zu 100 Prozent mit erneuerbaren, landwirtschaftlich gewonnenen Rohmaterialien versorgt werden. Daimler will nach eigener Aussage bis 2039 komplett CO_2-neutral sein und 3000 bis 5000 Komponenten aus aller Welt beziehen, ohne dabei Nettoemissionen zu verursachen.

Toyota unternimmt einen gewaltigen Vorstoß, um mehr Hybride, Elektroautos, Pkws und Lkws mit Brennstoffzellen auf die Straße zu bringen. Die Hersteller bewegen sich also in die richtige Richtung, aber die Konsumenten brauchen manchmal einen kleinen Anstoß. Als wir mit Alain Uyttenhoven, dem ehemaligen Deutschlandchef von Toyota, sprachen, war er ehrlich, was die Notwendigkeit für einen »Zuckerbrot und Peitsche«-Ansatz angeht: »Wir müssen unser Mobilitätsökosystem völlig neu erfinden, indem wir Anreize bieten, die richtige Wahl zu treffen. Und wir müssen es so neu erfinden, dass es Belohnungen und auch einige Strafen gibt, vielleicht 90 Prozent Peitsche und 10 Prozent Zuckerbrot. Die Wahl, die wir als Gesellschaft treffen, sollte unsere Hoffnungen widerspiegeln und nicht unsere Ängste.«

Wir hätten uns kaum vorstellen können, dass der CEO eines weltweit führenden Lebensmittelkonzerns folgendermaßen argumentiert: »Das Nahrungsmittelsystem, das wir während des letzten Jahrhunderts aufgebaut haben, ist für die Zukunft eine Sackgasse.« Der CEO von Danone, Emmanuel Faber, hat kürzlich die Karten auf den Tisch gelegt und uns genau das gesagt. Danone arbeitet aktuell daran, regenerative Modelle für seine landwirtschaftlichen Zulieferer zu entwickeln und zu fördern.

Dann sind da noch die Investoren. Nachhaltiges Investieren hat sich in einem solchen Ausmaß beschleunigt, dass es heute zum Mainstream gehört. Das prominenteste Beispiel ist BlackRock, das größte Unternehmen für Asset-Management weltweit. Es hat seine Absicht erklärt, von den Investitionen in fossile Brennstoffe völlig wegzukommen, und verkündet, nachhaltiges Investment werde die Basis für künftige Kundenportfolios sein.

Umweltaktivist, Polarforscher und Autor Sebastian Copeland fasst die sich wandelnde Einstellung zum Recycling nüchtern-realistisch so zusammen:

»Wir brauchen hybride Modelle, die uns helfen können, die Umwelt zu retten und gleichzeitig nachhaltige und solide Unternehmen zu schaffen«, sagte er. »In der Vergangenheit hatte man die Greenpeace-Typen – super-engagiert, aber null Geschäftsverstand – und die Wirtschaftstypen, die nur auf die Bilanz schielten. Heute bewegen sich die beiden Seiten aufeinander zu, um eine spezielle Spezies hybrider Start-ups zu schaffen.«

Mit ausreichend Einfallsreichtum und entsprechenden Anreizen kann man fast alles recyceln, und die Kreislaufwirtschaft kann Wirklichkeit werden. Wir haben die Möglichkeit, die traditionellen linearen Industriemodelle und die Wirtschaft des »Nehmen – machen – wegwerfen« hinter uns zu lassen, die wir von der ersten industriellen Revolution übernommen haben.

Wir könnten Dinge so entwerfen, dass sie keinen Abfall produzieren und wir weniger der begrenzten Rohstoffe der Erde nutzen würden. Wir können einen Wandel vollziehen, weg von der geplanten Obsoleszenz hin zu reparierbaren Konsumgütern, damit Haushaltsgegenstände nicht sofort weggeworfen werden müssen, sobald etwas kaputtgeht. Und wir könnten unsere Konsummodelle überdenken, damit Hersteller reale Geldanreize hätten, um lang haltbare, effiziente Produkte herzustellen.

In den letzten fünf Jahren wurden alle Leuchtmittel im Schiphol Airport in Amsterdam von Philips geliefert unter einem »Beleuchtung als Service«-Vertrag, der das übliche Geschäftsmodell auf den Kopf stellt. Philips hat früher Geld verdient, indem sie dem Flughafen Glühbirnen verkauften. Jedes Mal, wenn eine Glühbirne durchbrannte, machten sie Profit. Unter dem Fixkostenmodell »Beleuchtung als Service« liegt es völlig im Interesse des Unternehmens, die Kosten für Herstellung und Erhalt möglichst niedrig zu halten und Leuchtmittel zu liefern, die ewig halten.

Die Welt ist voller Möglichkeiten, das Prinzip der Kreislaufwirtschaft anzuwenden, aber die Holländer scheinen ein Talent für diese Art des lateralen Umweltdenkens entwickelt zu haben. Ein Unternehmen in Amsterdam hat neulich begonnen, Turnschuhe zu vermarkten, deren Sohlen komplett aus Kaugummiresten bestehen, die man von den Straßen der Stadt gekratzt hat.

Das ist nur möglich, weil Kunststoffpolymere chemisch entflochten und in ihre ursprünglichen Kohlenwasserstoffketten zurückverwandelt werden können. Und das ist ein gutes Beispiel für die Probleme, die gelöst werden müssen.

Man kann den Gesetzen der Marktwirtschaft nicht entkommen, und Hunderte alltägliche Polymere können aus petrochemischen Rohstoffen zu unglaublich niedrigen Kosten hergestellt werden. Es mag ökologische und soziale Gründe geben, wieso man recyceln sollte, aber es gibt keinen finanziellen Anreiz. Recyceltes Material muss mit Neumaterial in Wettstreit treten, also sind die Recyclingunternehmen Geiseln der schwankenden Preise für Rohmaterial. Was sich den einen Tag noch rechnet, ist am nächsten Tag unrentabel, weil die Rohstoffpreise sich geändert haben.

Die Kosten der Recyclingunternehmen hängen davon ab, wie teuer es ist, Müll zu sammeln, zu verteilen und zu verarbeiten. Diese Kosten sind normalerweise stabil, während die weltweiten Rohstoffpreise, die bestimmen, wie viel die Recyclingunternehmen für ihre Materialien bekommen, extrem volatil sind. Brechen die Preise für Primärressourcen ein, sind recycelte Materialien nicht mehr wettbewerbsfähig, und die Recyclingunternehmen machen ganz schnell kein Geschäft mehr. Wie Professorin Rita McGrath weiter oben bereits sagte, werden die externen Faktoren einfach nicht in die Kosten der Rohmaterialien eingepreist.

Diese ökonomische Verwundbarkeit macht ein Langzeitinvestment, das man für ein Recyclingwerk mit Hightech braucht, heikel, sogar unlogisch, und dadurch bleiben die meisten Recyclingunternehmen klein und ineffizient. Das wiederum schränkt ihre Fähigkeiten ein, einen steten und vorhersagbaren Nachschub an Recyclingmaterialien zu sichern, der jedoch von den großen Herstellern benötigt wird.

Es ist ein »Henne-und-Ei«-Problem, das dringend gelöst werden muss, wenn eine Kreislaufwirtschaft mehr sein soll als nur eine verlockende Theorie. Es kommt auf die Größe an. Sobald Größe und Stabilität erreicht werden, ist der nächste Schritt gemacht, denn dann können Recyclingunternehmen potenziell die mächtigen Skaleneffekte nutzen. Damit fing alles an beim Papierrecycling vor 150 Jahren. Es gab so viel Papier, dass die Preise nicht nach oben und unten ausschlugen. Daher konnte die Rückgewinnung des Rohstoffs in großem Umfang erfolgen, und Papierrecyclingunternehmen konnte sich die Investments leisten, die für ein effizientes Arbeiten nötig waren.

Man kann jedoch das Skalenproblem umgehen, wie einige kleinere Start-ups beweisen. Anna Alex, Mitgründerin von Planetly und davor Gründerin des Modeunternehmens Outfittery, hat eben 5,2 Millionen in ihrer ersten Finanzierungsrunde eingesammelt, während sie Planetlys Vision verfolgt, das nützlichste Tool gegen die Klimakrise zu werden, das auf automatisierter Datensammlung und -analyse basiert.

Es steckt eine Menge Geld darin. Laut Ellen MacArthur, einer Autorität auf dem Gebiet der Kreislaufwirtschaft, verwandelt sich dieser grüne Trend in eine handfeste Geschäftsgelegenheit, die bis 2025 eine Billion Dollar wert sein wird und 4,5 Billionen im folgenden Jahrzehnt. Der europäische Green Deal teilt sicherlich diese Einschätzung, und es gibt Vorhersagen, dass er nicht nur massiven Nutzen für die Umwelt hat, sondern bis 2030 außerdem 700.000 neue Jobs schafft.

Ein Kreislauf hat auch noch andere Vorteile, denn er macht Unternehmen und Regierungen weniger abhängig von internationalen Lieferketten. COVID-19 zeigte, dass diese Ketten schwächer sind, als die meisten Menschen gehofft hatten. Sie sind auch anfälliger für Disruption, was die Produktion beeinflusst, die Lagerhaltung, den Konsum und die Abfallwirtschaft. Während Unternehmen und Länder sich mehr und mehr auf ihre eigenen Fähigkeiten verlassen, etwas herzustellen, zu verteilen, zu recyceln und zu entsorgen, verbessern sie zugleich ihre Resilienz gegen plötzliche unerwartete Ereignisse.

Eine Menge potenziell klimafreundliche Verhaltensweisen haben sich noch nicht im großen Maßstab durchgesetzt, weil die grünen Alternativen zu aufwendig sind oder zu teuer. Datengestützte Geschäftsmodelle können diese Probleme beheben, die Auswahl vereinfachen und Optionen ermöglichen, die dem Planeten guttun.

Steven Tebbe ist Geschäftsführer von CDP, einem international agierenden Non-Profit-Unternehmen, das Firmen und Staaten dabei hilft, die Auswirkungen ihrer Aktivitäten auf die Umwelt zu messen. Er glaubt, dass akkurate Messungen und absolute Offenheit in diesem Bereich wichtig sind. »Es gibt einen sehr klaren, sehr konkreten wirtschaftlichen Nutzen, wenn Unternehmen verstanden haben, wer sie sind, wo ihre Risiken und Chancen liegen, und wenn sie sich selbst Benchmarks setzen«, sagt er. »Offenheit und Transparenz müssen immer der erste Schritt sein.«

Sein Kollege Laurent Bakikian rückt die CDP-Initiative in die richtige Perspektive: »Es brauchte seine Zeit, bis sich Standards für Finanzdaten herausgebildet hatten, und bis sich Standards für nicht-finanzielle Daten herausbilden, wird es ebenfalls seine Zeit brauchen. Krisen wie COVID-19 werden jedoch die Implementierung dieser Standards beschleunigen. Je mehr Menschen feststellen, dass der Klimawandel eine enorme Bedrohung für die langfristige Wertschöpfung der Investoren darstellt, desto schneller werden diese Standards Teil des Markts.«

Bessere Daten bedeuten bessere Entscheidungen. Und mit neuen Technologien ergeben sich neue Realitäten, die neue Formen von Kreisläufen einführen. Roland Deiser, Direktor des Center for the Future of Organization an der Drucker School of Management, ist überzeugt, dass viele unserer traditionellen Annahmen auf den Kopf gestellt werden. Autos werden zum Beispiel ihre benzinschluckende Vergangenheit hinter sich lassen und ihren Beitrag zur Energiewirtschaft leisten. »Die Elektrifizierung der Autos setzt das Netz unter Druck«, sagte Deiser. »Daneben wird es Autos geben, die zu kleinen Kraftwerken oder Speichereinheiten werden – ein völlig neues Paradigma einer dezentralen Energieproduktion und -verteilung. Das schafft eine Dynamik des Ökosystems, denn wir haben Energie als die eine Sache gesehen und Autos als etwas völlig anderes, und plötzlich gibt es ein Zusammenspiel der beiden.«

In diesem Teil des Buches wurden zwei Schlüsselbotschaften vermittelt, die fast jeden Abschnitt durchdringen. Zunächst einmal ist es tatsächlich dringend geboten, dass wir an vielen verschiedenen Fronten aktiv werden, um unser Leben und unsere Lebensgrundlagen zu schützen. Zweitens gibt es in diesen aufsteigenden Industriezweigen beträchtliche Geschäftsgelegenheiten.

Diese Herausforderungen sind aufgrund ihrer Komplexität schwerer zu bewältigen als nahezu alle anderen, denen sich die Menschheit bislang gegenübersah. Gleichzeitig stehen uns heute Möglichkeiten zur Verfügung, die noch vor zwanzig Jahren undenkbar waren. Aber um sie zu mobilisieren und unsere Welt zu verändern, müssen wir zuerst unseren Ansatz ändern, wenn es darum geht, neue Lösungen zu finden.

Wie es Brigitte Mohn von Bertelsmann ausdrückt: »Der Ansatz des Venturekapitals und die vereinzelte Nutzung von Eigenkapital innerhalb Europas, um Innovationen voranzutreiben, die Industrien und Gesellschaften verändern und entwickeln sollen, sind nicht genug. Wir brauchen einen integrierten Ansatz, der über Assetklassen, Technologien, geografische Gegebenheiten und Industriezweige hinausreicht. Das zentrale Ziel muss sein, widerstandsfähige und regenerative Unternehmen zu schaffen sowie Portfolios, die auf ihre Wirkungen und Ergebnisse fokussiert sind.«

Wie Sie in Teil 5 erfahren, brauchen wir eine neue und ganz andere Art von Assetklasse – Corporate Venture Building –, die besser auf derartige wirkungskonzentrierte und wissenschaftsbasierte Lösungen zugeschnitten ist. Wegen der Komplexität der Herausforderungen muss jeder seinen Beitrag leisten und vom anderen lernen, während wir ein gemeinsames Ziel verfolgen. Angesichts der wechselseitigen Abhängigkeit, die Teil unseres Ökosystems ist, wird der Erfolg von Individuen und Unternehmen von ihrer Fähigkeit diktiert, die richtigen Verbindungen mit den relevanten Ökosystemen herzustellen.

Wenn Unternehmensführer darüber nachdenken, wie man das neue Normal definiert, werden sie kurzfristige und langfristige ökonomische und soziale Effekte ihrer strategischen Entscheidungen in Betracht ziehen müssen. Sie müssen sich außerdem Gedanken machen, ob ihre Lösungen zu einem strukturellen Wandel hin zu mehr sozialer Widerstandskraft und der Resilienz des gesamten Planeten beitragen oder nicht, wie das folgende Venndiagramm zeigt (inspiriert von Michael G. Jacobides und Martin Reeves).

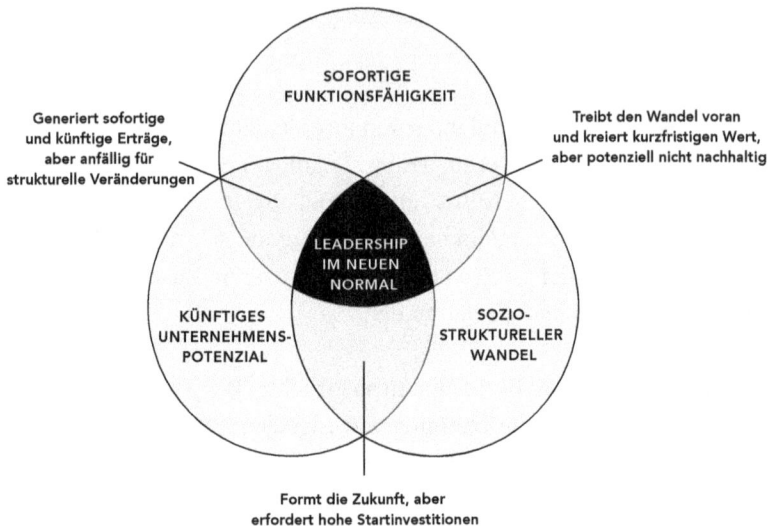

Wenn Sie übrigens nach strategischer Inspiration suchen: Die siebzehn Ziele für nachhaltige Entwicklung der UN – die sich mit globalen Problemen wie Armut, Hunger, Krankheiten, Sanitäreinrichtungen und Schulunterricht auseinandersetzt – könnten ein paar nützliche Hinweise geben bei Ihrer Suche nach Lösungen, die das Versprechen einer besseren Zukunft beinhalten.

Aber bevor wir uns den nötigen strukturellen Veränderungen und dem Corporate Venture Building als einer neuen Assetklasse widmen, wollen wir noch etwas Wichtiges erläutern. Es geht um den kleinsten und wichtigsten Teil der gesamten Bewegung.

Sie sind es – und die Menschen, die mit Ihnen etwas aufbauen.

SCHLÜSSELKONZEPTE

ES IST DIE ZEIT, IN DER WIR KEINE ZEIT HABEN. Systemischer Wandel ist schwer und dauert lange. Diese Zeit haben wir nicht. Um häufige und gewaltige Naturkatastrophen zu vermeiden, müssen wir mit voller Entschlusskraft heute handeln, um unsere Klimaziele zu erreichen.

WIDERSTANDSKRAFT LEISTET MEHR ALS MEDIZIN. Die meisten Gesundheitssysteme sind überlastet. Die öffentliche Gesundheit zu fördern, um die Gesellschaft widerstandsfähiger zu machen, ist die beste Verteidigung gegen die nächste Pandemie.

DIE ANDERE REVOLUTION DER PLATTFORMEN. Plattformgeschäftsmodelle nutzen Datentechnologien des E-Commerce, von Fintech und den sozialen Medien, um Probleme der Gesundheitsfürsorge und des Klimas in den Griff zu bekommen.

SCHLÜSSELEMPFEHLUNGEN

- Leader müssen daran arbeiten, den Planeten und seine Bewohner gesünder zu machen. Das ist eine moralische Verpflichtung, und man muss dafür kein Unternehmen im Gesundheitssystem sein. Von allem anderen abgesehen hängen die Ergebnisse im Bereich Gesundheit mehr von der Ernährung, der Bildung, dem Einkommen und dem Sozialleben ab als vom Gesundheitssystem.

- Leadership im neuen Normal muss sich auf drei strategische Ziele konzentrieren – kurzfristig rentabel bleiben, das Business formen, um eine nachhaltige Zukunft zu sichern, und zu den strukturellen Veränderungen beitragen, die eine bessere Gesellschaft aufzubauen helfen. Das bedeutet, das Beste aus jedem verfügbaren Asset herauszuholen.

- Arbeiten Sie nicht nur daran, den CO_2-Footprint Ihres Unternehmens zu reduzieren. Entwickeln Sie auch Technologien und Geschäftsmodelle, die das System verändern und es nachhaltiger machen. Lassen

Sie sich dabei von den Zielen der UN für nachhaltige Entwicklung inspirieren.

- Menschliche Widerstandskraft hängt von einer gesunden Bevölkerung ab. Wir haben die Technologien, um mit schwerwiegenden Notfällen fertigzuwerden und die Gesundheit jedes Menschen zu verbessern. Ihr eigenes Unternehmen verfügt über kaum genutzte Assets, die Sie vorteilhaft einsetzen könnten, um Menschen zu helfen, ein gesünderes Leben zu führen und sich schneller an den Wandel anzupassen.

- Überleben ist etwas, das man nicht nur im Hinterkopf behalten sollte. Die Uhr tickt für unser Klima, die Ozeane und unsere Lebensräume. Wenn wir jetzt nicht massiv investieren, hinterlassen wir für unsere Kinder und Enkel einen Albtraum. COVID-19 war nur ein Vorgeschmack dessen, was auf uns zukommt.

FEMTECH:
»WIR MÜSSEN UNSERE GRETA THUNBERG FINDEN«

Es ist das eine, ein Unternehmen zu gründen, aber etwas ganz anderes, eine gesamte Industrie zu schaffen. Ida Tin hat beides getan. Außerdem sagt man ihr nach, den Begriff »Femtech« geprägt zu haben für Technologie, die die biologischen Bedürfnisse von Frauen berücksichtigt. Schätzungen zufolge wird der Femtech-Sektor im Jahr 2025 ein Volumen von 50 Milliarden Dollar haben. Tin ist außerdem Mitgründerin und CEO von Clue, einer Gesundheits-App für Frauen mit 12 Millionen Userinnen in 190 Ländern. Sie ist im Herzen eine Abenteurerin, und das Schicksal machte sie zur Entrepreneurin. Ihr kometenhafter Aufstieg ließ sie zu einem Vorbild für die nächste Generation von Entrepreneurinnen werden.

Einige Menschen sind dazu geboren, Pioniere zu sein. Als sie noch keine zwei Jahre alt war, schrieben Tins dänische Eltern ein Buch mit dem Titel *Good Luck: By Motorcycle with Emil and Ida Through South America*. Es berichtete von ihrer Reise mit zwei kleinen Kindern in den Anden, am Amazonas und durch die Pampa.

Vierundzwanzig Jahre später gründete Tin mit ihrem Vater ein Unternehmen für Motorrad-Abenteuerreisen, das sie fünf Jahre leitete. Sie hatte auch ihr eigenes Schmuckunternehmen. Was sie nie hatte, war ein Job. »Na ja«, räumt sie ein, »eigentlich hatte ich sogar zwei Jobs, aber ich wurde aus beiden nach einer Woche rausgeworfen.« Einer davon war bei KPMG – das Unternehmen befand bald, dass sie nicht dazupasste, weil ihr »die Einstellung fehlt, in einem Unternehmen zu arbeiten«.

Also war ihr schon immer vorbestimmt, Entrepreneurin zu werden. Und seit 2013 ist sie ganz an der Spitze, als Mitgründerin, CEO und öffentliches Gesicht von Clue, einer revolutionären, wissenschaftsbasierten Smartphone-App für Frauen, die ihre Periode sowie die weibliche Gesundheit im Allgemeinen überwacht.

Clue hat mehr als 12 Millionen aktive Nutzerinnen und wächst schnell in buchstäblich jedem Land in der Welt. Das Unternehmen hat 30 Millionen Dollar an Venturekapital aufgebracht und ist weltweit führend in Femtech. Den Begriff erfand Ida Tin bei einer TechCrunch-Konferenz 2016 aus dem Stegreif. »Jeder war vertraut mit der Idee von Fintech, und ich fand einfach, wir brauchten ein Wort für Technologie, die genutzt wurde, um die Gesundheit von Frauen zu fördern. ›Femtech‹ schien eine sehr naheliegende Bezeichnung für diese neue Kategorie.«

Clue entstand unmittelbar aus Tins eigenem Bedürfnis nach etwas, das ihr helfen könnte, nicht schwanger zu werden. Ihr war das Potenzial des Smartphones bewusst, und sie hoffte, eine Innovation zu finden, die zu einem Produkt werden könnte, aber es schien nichts verfügbar zu sein. »Ich war mit meinen Eltern um die Welt gereist, seit ich ein Baby war, und überall auf der Welt hatten Frauen das Bedürfnis nach Geburtenkontrolle«, sagt sie. »Ich dachte, es müsste doch möglich sein, etwas zu entwickeln, das datengestützt wäre und das Smartphone als Interface für die Userin nutzte. Technologie musste dabei doch irgendeine Rolle spielen können.«

Tin ist kein Technikfreak, aber sie hatte zwei Brüder, die Programmierer waren, und sie war schon immer von Technologie umgeben. Sie war stolze Besitzerin des ersten Apple-Laptops und besaß auch jedes Nachfolgermodell.

Außerdem hatte sie sich schon immer für Wirtschaft interessiert. Ihr unternehmerisches Potenzial wurde in Dänemarks »alternativer Wirtschaftsuni« Kaospilot in Aarhus gefördert. Als sie ihr Studium beendet hatte, baute sie Moto Mundo auf und veranstaltete Motorradtouren durch die Mongolei, Chile, Vietnam und andere exotische Orte, bis es an der Zeit für sie war, über Kinder nachzudenken. Sie hörte auf, Motorradtouren in weit entfernte Länder zu machen, aber ihr ruheloser Geist war schnell bereit für die nächste Herausforderung. Sie dachte darüber nach, wie die neuen digitalen Technologien genutzt werden konnten, um dringend gebrauchte Innovation im Bereich der weiblichen Gesundheit anzustoßen.

»Meine erste Idee war es, ein Diagnose-Kit für zu Hause zu kreieren, das die Hormone im Speichel messen konnte«, sagt sie. »Das hätte die Familienplanung revolutioniert. Wir versuchten das vier Jahre lang auf die Reihe zu kriegen, aber wir hatten nicht die richtigen Partner oder Ressourcen. Ich fragte die Leute: ›Wieso gibt es dafür bisher keine Technologie?‹ Die Antworten waren meist die gleichen: ›Nun, die Leute, die das Sagen haben, sind Männer, und die denken vermutlich nicht viel darüber nach.‹ Familienplanung ist potenziell der größte Anwendungsfall dafür. Sie bestimmt die Zukunft des Planeten, und die Chancen sind riesig. Aber wie kann es nur einen solchen blinden Fleck geben? Das macht mich wütend.«

Clue hat sich das Ziel gesetzt, eine Marke für weibliche Gesundheit zu werden, der man auf der ganzen Welt vertraut. Menschen sollen ihren eigenen Körper verstehen lernen sowie Rat und Dienstleistungen finden. Die App ist peinlich genau wissenschafts- und faktenbasiert. Aber sie ist nicht mädchenhaft wie Goop, die Lifestyle-Marke von Gwyneth Paltrow, oder unterkühlt klinisch.

»Frauen brauchen etwas, das genauso wissenschaftlich valide ist wie WebMD, das sich jedoch in einer Sprache an sie wendet, die nicht herablassend oder ›blümchenrosa‹ gefärbt ist«, sagt Tin. »Ich will eine kulturelle Verschiebung anstoßen und Frauen eine Stimme geben. Wir müssen jedem die Augen dafür öffnen, wie zentral dieser Teil des Lebens für die Hälfte der Bevölkerung ist und wie sehr er das Leben der Menschen prägt.

In Indien gibt es immer noch Frauen, die sich die Gebärmutter entfernen lassen, damit sie nicht mehr ihre Tage kriegen und jeden Tag des Monats auf den Feldern arbeiten können. Und sie haben so viele Fragen. Wieso haben manche Krämpfe? Wir wissen es nicht wirklich. Wieso haben wir Hitzewallungen? Wir wissen es nicht. Wann ist mein Eisprung? In einigen Länder lautet die große Frage: ›Kann ich immer noch kochen, wenn ich meine Periode habe?‹»

Technologie, so sagt sie, muss den Leuten dienen und dem Planeten. »Wenn alles einfach nur an Erträgen und Profit gemessen wird, dann nimmt es ein böses Ende.«

Clue überlegt sich, wie es den eigenen Erfolg zu Geld machen kann, aber es ging nie ums Geldverdienen um des Profits willen. Es wird keine Werbung in der App geben, und die gesammelten Daten werden nicht verkauft, lediglich anonymisierte Informationen werden mit sorgfältig ausgewählten Forschungspartnern geteilt, darunter Teams von den Universitäten Stanford, Columbia und Oxford.

Informationen zu liefern ist der Hauptzweck von Clue, aber Tin ist stolz auf einige der technologischen Durchbrüche, die ihr 70-Personen-Team geschaffen hat. »Wir haben ein KI-Produkt geschaffen, das supercool ist. Es kann Menschen helfen herauszufinden, ob sie eine verbreitete Krankheit namens PCOS haben – das polyzystische Ovar-Syndrom. Wir könnten so viel tun, aber jeder kleine Schritt hilft.«

Innovation ist lebenswichtig, doch Tin meint, den vielen Worten sollten sehr viel mehr Taten folgen. Wenn sie sich mit Gruppen von Unternehmensführern trifft, hört sie diese von Innovation reden und davon, dass man sich gegen die skrupellosen amerikanischen und chinesischen Unternehmen wehren muss, die die digitale Welt dominieren wollen.

»Aber es herrscht so viel Angst in diesen Räumen«, sagt sie. »Es herrschen Angst, Konservatismus und Selbstzufriedenheit, und die Leute wissen nicht, was sie tun sollen. Es dominiert diese Einstellung: ›Huch, die KI kommt. Vielleicht werden sich ein paar Jobs verändern. Aber wahrscheinlich sind die Amerikaner einfach viel besser darin, Einhörner zu schaffen.‹ Wir müssen die Leute aus diesem Halbschlaf wecken, dieser Angststarre. Wir brauchen wirklich gute Venturekapitalgeber, die wissen, wie man ein Unternehmen aufbaut, und nicht Start-ups in ihrer Frühphase nach einem Fünf-Jahres-Plan der erwarteten Gewinne fragen. Das ist der Todesstoß.«

Um einen Anschub für Europa zu liefern, damit es erfolgreich Technologie einsetzt zur Schaffung einer besseren Zukunft für uns alle, ist die große Veränderung vor allem kultureller und weniger technologischer Natur. Die FightBack-Kampagne ist ein guter Anfang, sagt Tin, »eine heroische Initiative«, die helfen könnte, den Stein ins Rollen zu bringen.

»Vielleicht sollten wir uns ein wirklich gutes Hashtag einfallen lassen wie die Ice-Bucket-Challenge von 2014, um die Aufmerksamkeit der Menschen zu erregen«, meint sie.

Technologie, davon ist Ida Tin überzeugt, sollte eine Macht zum Guten in der Welt sein, und Europa sollte eine Führungsposition übernehmen. Das Ziel sollte sein, Technologien zu entwickeln, die uns humaner machen, statt unsere Entfremdung zu verstärken, unsere Sucht und das Ausklinken aus der Gesellschaft.

»Wir müssen Leader finden, die Visionen haben und Mut und absolute Klarheit, die eine Massenbewegung inspirieren können. Wir müssen unsere Malala finden, unsere Greta Thunberg. Wir sollten auf sie hören und ihre Stimme noch verstärken. Was uns an diesen Punkt gebracht hat, wird uns nicht weiterbringen. Und wir sind durch einen sehr einseitigen, auf ein Geschlecht bezogenen Ansatz hierhergekommen. Wir brauchen mehr Weitblick. Und wir brauchen sehr viel mehr Augenpaare und unterschiedlichste Blickwinkel, denn sonst sehen wir nicht, was wir sehen müssen.«

SIEMENS HEALTHINEERS:
»EINE KULTUR, DIE FÜR DISRUPTION STEHT«

Chirurgie, Softwareentwicklung, Kulturwandel und Innovationsmanagement sind nur einige der Kompetenzen, die Dr. Christoph Zindel in den Vorstand von Siemens Healthineers einbringt. Er ist Mann des zweiten Bildungswegs, finanzierte sein Medizinstudium durch Soft- und Hardwareentwicklung. Nach fünf Jahren in der minimalinvasiven Chirurgie fiel seine Entscheidung zwischen Habilitation und Industrie zugunsten der Medizintechnik aus. Die Affinität zu Technik und Innovation brachte Christoph Zindel bis in den Vorstand eines der innovativsten globalen MedTech-Unternehmen. Die Lust an Veränderung und Neuem passt gut zu seinem Job, mehr noch: Sie war quasi die Einstellungsvoraussetzung. Die Medizintechnik unterliegt einem beständigen Wandel. Sie muss sich ändern, um noch besser als bisher bei der Behandlung von Patienten zu unterstützen.

Auch Monika Rimmele, Head of Digital Transformation im Konzernbereich Digital Health, ist eher eine Exotin. Sie hätte zu Beginn ihrer Karriere nicht gedacht, einmal bei Siemens Healthineers zu arbeiten. Stattdessen entwickelte die Politikwissenschaftlerin ihre Begeisterung für die Themen Gesundheit und Digitalisierung in ihren ersten Stationen im Politik- und Verbandsumfeld sowie bei einem innovativen Mittelständler. In einem derart regulierten und systemisch relevanten Feld wie dem Gesundheitswesen sind technische Innovation und gesellschaftliche Bedürfnisse eng verwoben – und schaffen ein vielfältiges und abwechslungsreiches Arbeitsgebiet. Monika Rimmele ist zudem Teil des Boards der Healthcare Community von FightBack.

Siemens Healthineers blickt auf eine beachtliche Innovationstradition zurück, sagen beide im Gespräch. Unter Medizinerinnen ist das Unternehmen traditionell als Innovationsführer in der diagnostischen Bildgebung gut bekannt. Der Fokus des Konzerns ist jedoch sehr viel breiter. Es gibt starke Kompetenzen in den Bereichen Digital Health mit Entscheidungsunterstützungssystemen, mit elektronischen Patientenakten, mit Künstlicher Intelligenz (KI) sowie mit Robotik. Auch in der Labordiagnostik und im Service ist Siemens Healthineers sehr gut aufgestellt.

Dies zeigt: Die Innovationskraft ist ungebremst. Zeit zum Ausruhen gibt es nicht. Die Gesundheitsversorgung steht vor großen Herausforderungen. Die Weltbevölkerung nimmt stetig zu, von 7,6 Milliarden (2017) auf 9,8 Milliarden (2050). Es müssen also immer mehr Menschen medizinisch versorgt werden. Die Anzahl des medizinischen Personals wächst aber nicht gleichermaßen. Experten gehen davon aus, dass im Jahr 2030 weltweit rund 15 Millionen Fachkräfte im Gesundheitssystem fehlen werden.

Das bedeutet mehr Arbeit für zu wenige und ohnehin bereits überlastete Ärztinnen und Krankenpfleger. Diese sehen sich gleichzeitig mit einer Flut von Informationen konfrontiert. Wer in der Inneren Medizin auf dem aktuellen Stand bleiben wollte, müsste täglich siebzehn Fachartikel lesen, an dreihundertfünfundsechzig Tagen im Jahr.

Monika Rimmele und Christoph Zindel haben viele weitere Beispiele und verweisen darauf, dass bereits vor COVID-19 nur die Hälfte der Weltbevölkerung Zugang zu einer hinreichenden Gesundheitsversorgung hatte. Die Pandemie verschärft alle diese Probleme und verdeutlicht gleichzeitig, wie essenziell Gesundheit und eine hochwertige medizinische Versorgung für den einzelnen Bürger, die Weltgemeinschaft und die Volkswirtschaften sind. Gesundheit und Krankheit kennen naturgemäß keine nationalen Grenzen, und das globale Gesundheitswesen ist nur so stark wie ihr schwächstes Glied.

Für viele der Herausforderungen ist die Digitalisierung des Gesundheitswesens ein wichtiger Schlüssel, davon sind die beiden überzeugt. Siemens Healthineers möchte möglichst vielen Menschen ein möglichst gesundes Leben ermöglichen. Dazu arbeitet das Unternehmen unter anderem mit einem globalen Netzwerk von weltweit führenden medizinischen Kompetenzzentren. Gemeinsam treiben sie technologische Innovationen und digitale Lösungen voran, von denen wiederum auch die weniger spezialisierten Kliniken und Praxen profitieren.

So könnten beispielsweise Spezialisten Operationsroboter für Eingriffe in der Herz- und Neurochirurgie dank Digitalisierung aus der Ferne bedienen. Das wird aus 4 Metern oder 4000 Kilometern funktionieren, erwartet Christoph Zindel. Ein Spezialist aus Los Angeles könnte eine komplizierte Intervention nach einem Schlaganfall im ländlichen Indien durchführen. Oder auch in der nächstgelegenen Stadt, denn bei Schlaganfällen zählt jede Minute, in der ein Patient nicht behandelt wird. Anweisungen an den Operationsroboter und Bilder würden digital in Echtzeit über die Kontinente hinweg übertragen.

Digitale Innovationen wie diese tragen jeweils auf ihre Weise zur Stärkung des Gesundheitssystems bei. Sie sollen den Zugang zu Gesundheitsleistungen in der Breite ermöglichen und erleichtern sowie in der Zukunft den Zugriff auf die Expertise von Spezialisten weltweit verfügbar machen.

Entlastung der Ärzte können beispielweise Entscheidungsunterstützungssysteme ermöglichen: Auf Basis klinischer Patientendaten unterstützen sie Ärzte unter Berücksichtigung aktueller Leitlinien sowie mithilfe Künstlicher Intelligenz dabei, den jeweils besten nächsten Therapieschritt für den Patienten zu finden. Der Arzt bleibt aber immer im Fahrersitz, betont Monika Rimmele. »Deshalb nennen wir dieses System auch ›Companions‹«, führt sie aus. KI unterstützt Ärzte im klinischen Alltag, nimmt Routineaufgaben ab, automatisiert Dokumentationsarbeit und hilft dabei, nach langen Arbeitstagen wichtige Details nicht zu übersehen oder neueste wissenschaftliche Erkenntnisse zu berücksichtigen.

Für die Ergänzung der traditionellen Kernkompetenzen um solche neuen, digitalen Geschäftsmodelle brauchte es nicht allein Ingenieursgeist, Programmierkenntnisse und klinische Expertise. Es brauchte Veränderung. Seit den 2000er-Jahren geht der Konzern durch einen Transformationsprozess. Dieser ist von einer verantwortungsbewussten Kultur und Bescheidenheit getrieben, sagt Christoph Zindel: »Der Anfang vom Ende ist beginnende Arroganz und Überheblichkeit.« Diese Aussage erscheint nicht selbstverständlich für einen Innovationsführer, der am globalen Markt vielfach den Takt vorgibt.

Doch diese Geisteshaltung ist notwendig, um weitergehend Innovation im Gesundheitswesen voranzutreiben und damit die Zukunft der Gesundheitsversorgung zu gestalten. Monika Rimmele und Christoph Zindel sehen für die Innovationskraft und den digitalen Wandel eines Weltkonzerns mit dieser Tradition und Größe insbesondere vier Erfolgsfaktoren: Kultur, Kooperation, Struktur, Kompetenzen.

Eine Innovationskultur beschreiben Christoph Zindel und Monika Rimmele als die wichtigste Erfolgskomponente. Denn Digitalisierung umfasst alle Bereiche und verändert bisherige Gewohnheiten. »Du brauchst eine Kultur, die für Disruption steht«, sagt Christoph Zindel. Es geht um die Bereitschaft zu Veränderung und den Mut, Risiken einzugehen – und das auch in Bereichen, die jenseits des traditionellen Marktes oder Geschäftsschwerpunktes liegen. Diese angrenzenden Bereiche sind oft schwerer einzuschätzen als das bekannte Terrain.

Auch sind die Gesundheitssysteme durch zunehmende Digitalisierung und sich verändernde Rahmenbedingungen für neue Akteure, wie beispielsweise Venture Capital, ein spannendes Investitionsfeld geworden. Dies wiederum trägt dazu bei, dass der Gesundheitsbereich inzwischen durch eine innovative Start-up-Szene bereichert wird. In diesem dynamischen Umfeld gilt es vielfach, Hype und tatsächliches Potenzial voneinander zu trennen.

»Traditionelles« Sicherheitsdenken ist fehl am Platz, sagt Christoph Zindel. Man müsse Scheitern akzeptieren, denn viele digitale Geschäftsmodelle müssten erst mit Kunden erprobt, verstanden und dann angepasst werden. Oft ist es nicht sinnvoll, traditionelle analoge Vorgänge oder klinische Abläufe einfach nur digital nachzubilden. Stattdessen müssen (klinische) Abläufe digital entworfen, optimiert und angepasst werden, gemeinsam mit dem Kunden. Damit ist Digitalisierung immer auch ein Change-Management-Prozess auf Seiten des Kunden, der mitunter bestehende Gewohnheiten über Bord wirft.

Die enge Kooperation mit den Kunden und Partnern ist seit jeher essenziell für das Unternehmen. Siemens Healthineers hat Stück um Stück enge, langfristige und strategische Partnerschaften mit rund 90 Prozent der führenden medizinischen Institutionen und akademischen Zentren der Welt aufgebaut. »Nur wer die Bedürfnisse des Kunden und des jeweiligen Marktes genau kennt, kann sie richtig adressieren«, sagt Monika Rimmele. Digitalisierung ist kein Selbstzweck, sondern sie dient dazu, Herausforderungen in der medizinischen Versorgung zu bewältigen. Diese Herausforderungen müssen im Detail verstanden werden, bevor sie zielgerichtet angegangen werden können.

Das auf gegenseitigem Vertrauen basierende Netzwerk ermöglicht weitreichende und tiefgehende Einblicke. Die Antworten auf die Herausforderungen können sich dann je nach Gesundheitswesen und Region lokal unterscheiden, auch wenn viele Trends global sind. In der Folge wird das Geschäft zunehmend »glocal«. Das liegt auch an unterschiedlichen regulatorischen Rahmenbedingungen, beispielsweise mit Blick auf das Teilen anonymisierter medizinischer Daten oder auch Zulassungsverfahren für KI. Ein weiterer Vorteil des globalen Netzwerks aus Kunden und Kooperationspartnern: Es erlaubt das Testen von Prototypen in führenden Universitätskliniken sowie die gemeinsame Entwicklung (Co-Creation) und dient dem engen Austausch mit den Kunden.

Der nächste Baustein sind angepasste Arbeitsweisen und Strukturen. »Digitalisierung ist horizontal und geht durch das gesamte Unternehmen«, sagt Christoph Zindel. »Bereichsübergreifende Zusammenarbeit, in der Hierarchien weniger eine Rolle spielen, sind entscheidend.« Die Zusammenarbeit ist dabei agiler. Die klassischen Softwareentwicklungsprozesse wurden durch agiles Projektmanagement und agile Entwicklungsmethoden ersetzt.

Der vierte Faktor, der die digitale Transformation ermöglicht, sind Kompetenzen. Die beste Strategie funktioniert nicht ohne jene Kolleginnen und Fachkräfte, die sie in ihrer täglichen Arbeit umsetzen und leben. Daher gibt es bei Siemens Healthineers ein Kompetenzradar, das Transparenz schafft hinsichtlich des aktuellen Weiterbildungs- und Rekrutierungsbedarfs. Auch darf man sich nicht dem Lernen von anderen verschließen, beispielsweise von innovativen, lösungs- und nutzerzentrierten Start-ups und den großen Technologieunternehmen aus dem E-Commerce-Bereich.

Auch viele ehedem branchenfremde Akteure nehmen das Thema Gesundheit in den Blick. Für Siemens Healthineers ist das eine Inspiration: »Dass da gerade so viel investiert und dadurch der Markt auch aufgemischt wird, bringt uns dazu, anders über Themen nachzudenken«, erklärt Monika Rimmele. Allerdings: Der Gesundheitsmarkt ist zu Recht auch ein besonders geschützter und regulierter Markt. Branchenfremde Unternehmen und Start-ups finden sich nicht so einfach zurecht, Disruption gelingt nicht so leicht wie in anderen Märkten.

»Selbst wenn man eine innovative Technologie oder App hat, ist der Gesundheitsmarkt doch sehr durch hohe regulatorische Hürden geschützt«, sagt Monika Rimmele. »Wenn man diese Hürden erfolgreich bewältigen und sein Produkt entsprechend aller Regeln zertifizieren möchte, benötigt man umfangreiche Ressourcen.« Christoph Zindel ergänzt: »Und einen langen Atem.« Neue Lösungen im Gesundheitswesen werden ohne entsprechende klinische Evidenz gar nicht erst zugelassen. Unternehmer müssen oft lange in Vorleistung gehen, bis sie die Wirksamkeit und Sicherheit ihrer Lösung mit großen Fallzahlen auch zuverlässig nachweisen können. In der Folge gibt es einige Barrieren für neue Marktteilnehmer, etwa Start-ups, beispielsweise hinsichtlich Investitionen und Vergütung.

Für Christoph Zindel und Monika Rimmele sind das keine Gründe dafür, sich auf einem Sicherheitswall komplexer Regulierungen auszuruhen. Stattdessen gestalten sie ihre Vision einer global verfügbaren Spitzenmedizin aktiv und über das gesamte Ökosystem hinweg. Folgerichtig sehen beide Start-ups weniger als Konkurrenten, sondern vor allem als potenzielle Innovationspartner.

Daher positioniert sich das Unternehmen als Enabler für Start-ups, die oft transformative und gesellschaftlich wertvolle Ideen entwickeln, aber als eigenständige Unternehmen einen eher schweren Stand am Markt haben. Mithilfe seines globalen Netzwerkes und seines breiten medizinischen, wissenschaftlichen und regulatorischen Wissens wird Siemens Healthineers zum Katalysator für Unternehmerinnen.

»Das globale Gesundheitswesen steht nicht vor einer tiefgreifenden Veränderung, wir sind bereits mittendrin«, sagen beide. Die Digitalisierung braucht technische und medizinische Expertise gleichermaßen, aber auch die Kenntnis der Kundenbedürfnisse und das Vertrauen der Patienten. Nur im Zusammenspiel werden die besten Lösungen entstehen: »Nur so können wir den Herausforderungen des Gesundheitssystems adäquat begegnen.«

TEIL 4:

DER LEADER ALS ENTREPRENEUR

DAS JAHR DER ALLTAGS-ENTREPRENEURE

Einer der herzerwärmendsten und inspirierendsten Aspekte der Corona-Pandemie im Jahr 2020 war das plötzliche Auftauchen der Alltags-Entrepreneure.

Normale Menschen – oder außergewöhnliche Menschen, die nur noch nicht wussten, wozu sie in der Lage waren – ergriffen die Initiative und taten eine Menge Gutes. Nicht berufstätige Mütter starteten kleine lokale Facebook-Gruppen, um sicherzustellen, dass ältere Nachbarn ihre Lebensmittel und Medikamente bekamen, oder waren plötzlich damit beschäftigt, informelle Lieferdienste für Hunderte Menschen zu organisieren. Ein englischer Mechaniker, der gelegentlich Quizabende in Pubs organisierte, beschloss, online welche zu veranstalten, um Geld für wohltätige Gesundheitsdienste zu sammeln. Er stellte einen neuen Weltrekord für ein Live-Online-Quiz auf, das 182.000 Teilnehmer anzog. Yogagruppen und Poesiekreise, die beschlossen, ein paar Gesichtsmasken für Altenheime und Kliniken zu nähen, verwandelten sich bald in Unternehmenskooperativen mit Hunderten freiwilliger Arbeiter, die eine bedeutende Rolle spielten, um Versorgungslücken in den Lieferketten zu schließen. Zahllose Hackathons, größtenteils online, brachten ungewöhnliche Lösungen für alles Mögliche hervor, von häuslicher Gewalt bis zur Infektionsnachverfolgung.

Das waren unternehmerische Aktivitäten in ihrer reinsten, grundlegendsten Form, unbeeinflusst von Geld, Ehrgeiz oder anderen externen Motivationen. Die Leute unternahmen diese Aktivitäten aus eigener intrinsischer Motivation heraus. Sie versuchten, die unmittelbaren Probleme zu lösen, die vor ihnen lagen, ohne um Erlaubnis oder Autorisierung zu bitten und meist ohne überhaupt irgendeine Belohnung zu erwarten, abgesehen von dem Gefühl, dass sie das Richtige taten. Als ein paar der außergewöhnlichsten Fälle die Aufmerksamkeit der Medien auf sich zogen, konnte der Alltags-Entrepreneur, der sich vor den Mikrofonen wiederfand, oft nicht sagen, was ihn zum Handeln motiviert hatte. »Irgendjemand musste es tun, also dachte ich, ich mache mich mal besser an die Arbeit«, erzählte eine Londoner Großmutter der BBC.

ALLTAGS-ENTREPRENEUR
Motiviert, weil er ein Problem lösen will, ohne um Erlaubnis zu bitten oder eine Belohnung zu erwarten.

LIFESTYLE-ENTREPRENEUR
Gehen ihren Leidenschaften nach und arbeiten, wann und wo sie wollen.

WACHSTUMS-ENTREPRENEUR
Finden eine Chance auf dem Markt und skalieren das Unternehmen so schnell wie möglich (entweder bis zum Börsengang oder bis zum Verkauf).

ZWECK-GERICHTETER ENTREPRENEUR
Getrieben von einer Mission, die über ihn selbst hinausreicht, um in der Welt etwas zu bewirken.

Vier Entrepreneur-Typen

Eine sehr viel jüngere Frau, eine Studentin, die spontan ein Netzwerk von Freiwilligen organisiert hatte, um regelmäßig Freundschaftsanrufe bei isolierten Rentnern zu machen, fasste den Geist, der so viele dieser improvisierten Initiativen antrieb, folgendermaßen zusammen: »Ich wollte etwas bewirken«, sagte sie. »COVID ist so schrecklich, und so viele Menschen leiden zu Hause, in Krankenhäusern oder in Altenheimen. Ich konnte nicht den ganzen Tag Netflix gucken und tatenlos in meiner Wohnung herumsitzen.«

Dieser Wunsch, etwas zu bewirken – Sven zitiert gern den inspirierenden Spruch von Steve Jobs, »eine Delle im Universum zu hinterlassen« –, ist nicht allen Menschen gemeinsam. Wir haben ausreichend Belege dafür unter den Top-Unternehmern gesehen, die in den letzten zwanzig Jahren so viele einflussreiche globale Unternehmen schufen, aber es gibt viele andere Menschen, die, was durchaus verständlich ist, ein ruhigeres Leben voller Struktur, Ordnung und mit ausreichender Vorhersagbarkeit führen wollen.

Doch die Corona-Katastrophe hat gezeigt, dass ein erfinderischer, innovativer Drang in vielen Menschen steckt – über alle Länder, Industriezweige, Generationen und Klassen hinweg –, die nie wirklich Gelegenheit hatten, diesem nachzugehen. Dieser energetische kreative Geist ist ein Asset, das wir im Allgemeinen gerne übersehen, vielleicht, weil wir dem verbreiteten Mythos anhängen, dass es den »heroischen Unternehmer« gibt. Tatsächlich gibt es viel mehr Menschen mit unternehmerischen Talenten in jeder Firma, jeder Stadt und jeder Gesellschaft, als man glaubt. Im Nachgang der größten Erschütterung unseres Systems seit dem Zweiten Weltkrieg werden wir alle Hilfe brauchen, die wir bekommen können, um unser Leben und unsere

Wirtschaft wiederaufzubauen. Das ungenutzte Potenzial dieses Pools an Alltagsunternehmern – und derjenigen, die von ihrem Beispiel inspiriert wurden – wird eine große Rolle während des Genesungsprozesses spielen.

Den Slogan »Build back better« (sinngemäß »Besser wiederaufbauen«) gibt es schon einige Jahre. Er wurde das erste Mal auf der UN-Weltkonferenz 2015 über Katastrophenrisikoreduktion in Sendai, Japan, verkündet. Ursprünglich war er als Appell gedacht, als nützlicher Anhaltspunkt für diejenigen, die an Wiederaufbau und Rekonstruktionsarbeit nach Naturkatastrophen wie Überflutungen und Hurrikans hauptsächlich in den Entwicklungsländern beteiligt sind. Aber er lässt sich genauso auf den Wiederaufbau und die Investitionsprogramme anwenden, die überall in Kraft treten, während die Erholung von COVID-19 einsetzt.

Einfach wiederaufzubauen, was wir vorher hatten, und zur Tagesordnung zurückzukehren ist nicht möglich oder erstrebenswert, wenn die Welt sich auf den Abgrund des unumkehrbaren Klimawandels zubewegt. Wir müssen unsere wiederaufgebauten Gesellschaften besser, gesünder, widerstandsfähiger, gerechter und nachhaltiger machen. Wir brauchen alle Energie und alle Ideen, deren wir habhaft werden können, und unsere Unternehmer müssen einen massiven Beitrag leisten.

INNOVATION VON INNEN

Alle Unternehmen werden als Start-ups geboren, aber einige davon werden zu wahren Giganten. Selbst im Erwachsenenalter können sich manche den Entrepreneursgeist bewahren, aber sie bestehen letztlich auch nur aus Menschen, und ihre Handlungen können nur die Genialität und die Dynamik derjenigen widerspiegeln, die auf der Gehaltsliste stehen. Manchmal wissen sie nicht einmal, was auf sie zukommt, bis eine Krise den Anstoß gibt und sie auf neue und unerwartete Ideen kommen.

Wie Geoffrey Parker, Forschungsstipendiat und Gastdozent bei der MIT-Initiative für digitale Wirtschaft, betont, hat die Corona-Pandemie in Unternehmen erfinderische Energien freigesetzt, von denen sie nicht wussten, dass sie sie haben. »Hewlett-Packard hat Drucker hergestellt; heute machen sie Gesichtsmasken«, sagt er. »Das ist eine coole Story, aber leider nur im Kleinen. Die interessante Frage ist: Wie können sie diese Geschichte in einem großen Maßstab umsetzen? Denn sie waren offensichtlich in der Lage, ihre Assets schnell umzuschichten. Wieso arbeiten diese Firmen nicht immer auf diese Art intern und extern mit anderen zusammen? Wieso braucht es COVID-19 und einen kompletten Shutdown des Handels, um diesen offensichtlichen Zuwachs an Effizienz zu bewirken?«

Linda Hill hat diesen aufrüttelnden Effekt in einem weltweit agierenden Unternehmen im Gesundheitsbereich beobachten können. Als angesehene Professorin der Harvard Business School hat sie häufig intime Einblicke in die Vorgänge innerhalb großer Unternehmen. Was sie bei einer bestimmten Studie beobachten konnte, war die Art, wie der plötzliche Druck durch CO-VID-19 zur Dezentralisierung unternehmerischer Aktivitäten führte, sodass sie sich über die Abteilungen hinaus ausbreiteten, die normalerweise damit betraut sind, sich neue Ideen einfallen zu lassen.

»Die Führungsebene legte plötzlich Wert darauf, dass jeder mit Innovationen aufwarten kann«, erzählte sie uns. »Das entfesselte innovative Lösungen von Leuten quer durch das gesamte Unternehmen auf allen Ebenen, viele davon entscheidend für die Reaktion des Unternehmens auf COVID.«

Der CEO einer regionalen Supermarktkette kommentierte, die Corona-Krise habe offengelegt, wie viel latentes Potenzial im Unternehmen steckte, da Individuen, die sich niemals als Führungspersonen hervorgetan hatten, sich freiwillig meldeten, um einige der schwierigsten Herausforderungen des Unternehmens anzugchen.

Hat also jedes Unternehmen die Kapazität, vorher unentdeckte unternehmerische Talente in den eigenen Reihen aufzustöbern, wenn es hart auf hart kommt?

Nicht unbedingt. Aber viele können es. Es gibt eine Menge Unternehmen, in denen Initiativen, die aus den eingefahrenen Bahnen ausbrechen, routinemäßig unterschätzt oder vielleicht sogar durch ein Netz an Leistungsindikatoren und Silo-Abteilungsstrukturen und Prozeduren verhindert werden. Wer keinen Anreiz hat, seine unternehmerischen Muskeln einzusetzen, weiß vielleicht nicht einmal, wozu er fähig ist.

Übung macht den Meister, wie wir alle wissen. Es gibt einen klassischen Golferspruch, der von Lee Trevino im Jahr 1969 populär gemacht wurde: »Je mehr ich trainiere, desto mehr Glück habe ich.« Trevino war eine Golflegende und ein schlauer Kerl, auch wenn er mit vierzehn die Schule verlassen hatte. Er wusste, die einzige Methode, zum Experten in irgendetwas zu werden, ist, es häufig zu tun. Unterdrückte Unternehmer treten vielleicht passenderweise aus dem Schatten, wenn ihre Arbeitgeber sie brauchen, aber es ergibt viel mehr Sinn, sie ihre Talente entwickeln und einüben zu lassen, bevor man sie verzweifelt braucht. Wenn Unternehmen Entrepreneure in den eigenen Reihen finden wollen, sollten sie diesen Leuten, die nach innovativen Lösungen fahnden, die Chance bieten, neue Ideen vorzustellen und sie als routinemäßigen Bestandteil ihres Karrierewegs implementieren.

EINE NEUE DENKWEISE

Es stimmt also nicht, dass Entrepreneure eine besondere, einzigartige Sorte Mensch sind, von den Göttern mit angeborenen Superkräften gesegnet. Aber es gibt bestimmte identifizierbare Eigenschaften, Charakterzüge und Neigungen, die viele von ihnen gemeinsam haben. Es lohnt sich, diese im Detail zu betrachten, denn es existieren auch jede Menge wenig hilfreicher Mythen, von denen man sich verabschieden sollte. Gleichzeitig tendieren diejenigen, die sich selbst als Entrepreneure betrachten, zu bestimmten Vorurteilen und Vorlieben und unterscheiden sich tatsächlich ein wenig von Menschen, die einen konventionelleren Karriereweg gewählt haben.

Es dürfte kaum überraschen, dass Entrepreneure oft Berührungsängste mit etablierten Unternehmen haben, welche die volle Wirkung ihres Antriebs und ihrer Expertise durch Mechanismen wie Inkubatoren und Accelerator-Programme zu nutzen hoffen oder einfach, indem sie die Start-ups kaufen, die sie geschaffen haben.

Die Wahrheit ist, dass diese Menschen – durch und durch selbstständige Vollzeitunternehmer, die das als ihre Lebensaufgabe sehen – nicht ganz so ticken wie die meisten anderen Leute. Ihre Motivation ist meist eine andere, und ihre Einstellung gegenüber Risiken und Belohnungen unterscheidet sich oft in nahezu unvorstellbarem Ausmaß. Wenn Sie über kollaborative Projekte zwischen großen, etablierten Unternehmen und solchen Individuen nachdenken, muss Ihnen klar sein, worauf Sie sich einlassen.

Alex Manson, der Leiter von SC Ventures bei Standard Chartered, kennt diese Probleme und weiß, welche Anpassungen Führungspersonen möglicherweise vornehmen müssen. Die Unternehmensdisziplinen von Zweijahresplänen und Vierteljahreszielen, Meilensteinen und schrittweisen Freigaben funktionieren in einem solchen Kontext einfach nicht. Es fällt aber schwer, sie abzuschaffen, wenn man an diese Art der Vorhersagbarkeit gewöhnt ist.

»Jeder, der von der Unternehmensperspektive her kommt, muss ein paar erlernte Fertigkeiten verlernen, bestimmte Reflexe ablegen und einige neue dazulernen«, sagt er. »Man braucht die Bereitschaft und die Fähigkeit, die eigene Industrie und sich selbst in gewissem Umfang neu zu erfinden. Nicht nur Buzzwords zu verwenden und sich ein wenig anders zu kleiden, sondern tatsächlich die Art und Weise zu ändern, wie man sein Unternehmen führt. Es ist ein ganz anderes Mindset. Dieses Mindset steht ständig im Konflikt mit den etablierten Unternehmen. Menschen versuchen – meist mit den besten Absichten – zu helfen, aber das ist ehrlich gesagt völlig kontraproduktiv.«

Manager in traditionellen Unternehmen sind grundsätzlich risikoscheu. Sie sind darauf gedrillt, Risiken zu minimieren, und haben für gewöhnlich Angst vor Fehlschlägen. Ein Manager, der sein Ziel um 5 Prozent verfehlt, hat ein Problem. Aber wer erwartet, die Performance eines unternehmerischen Start-ups auf ungefähr 5 Prozent genau zu schätzen, hat ebenfalls ein Problem. Im wirklichen Leben funktioniert das so nicht. Die Unvorhersagbarkeit ist fest eingebaut.

Der Entrepreneur – der sich weniger um die Vorhersagbarkeit sorgt und mehr darum, etwas zu bewirken – versteht es, zwischen Risiko und Belohnung abzuwägen. Er findet sich mit dem Risiko eines Fehlschlags ab. Vielleicht gefällt ihm die belebende Direktheit eines Lebens am Abgrund sogar.

Anfangs fanden Entrepreneure es möglicherweise attraktiv, für sich selbst zu arbeiten, weil sie ein starkes Verlangen nach Kontrolle haben, den Wunsch, ihre eigenen Prioritäten und Zeitpläne zu setzen, mit Leuten zu arbeiten, die sie sich selbst aussuchen. Das befriedigende Gefühl der Freiheit, der Selbstbestimmung und Autonomie – dieses Verlangen ist ein primitiver, angeborener, tief sitzender Teil ihrer Persönlichkeit, und es ist unwahrscheinlich, dass dies sich ändert, höchstens langfristig.

Als Folge können sich Entrepreneure, die für sich selbst gearbeitet haben, vermutlich gar nicht mehr vorstellen, jemals wieder für jemand anderen zu arbeiten – vielleicht *mit* jemandem, aber sicher nicht *für* ihn. Doch dieser Drang, über sein eigenes Leben zu bestimmen, macht einen noch nicht zum Kontrollfreak (egal, was Ihre Freunde sagen!). Das ist einfach ein Teil Ihrer Identität, ein Teil dessen, wer Sie sind. Und aus Sicht der Persönlichkeitspsychologie mag Kontrolle tatsächlich wichtiger sein als Erfolg.

Unter Serien-Entrepreneuren gibt es wenige, die nicht schon einmal eine Enttäuschung erlebt haben oder sogar eine Katastrophe. Es ist nicht leicht, so zu leben, und es fordert unweigerlich Opfer. Aber diejenigen, die überleben, die einen Fehlschlag überstehen und weitermachen, wissen, dass ihre Erfahrung selten verschwendet ist. »Was mich nicht umbringt, macht mich stärker«, sagte Nietzsche. Mehr als hundertdreißig Jahre später hat sich die Welt sehr verändert, aber das Prinzip stimmt immer noch.

Tatsächlich begrüßen Entrepreneure oft sogar den Fehlschlag. Sie genießen ihn natürlich nicht, aber sie sind gut darin, das Beste daraus zu machen. Edison erfand bekanntermaßen erfolgreich die elektrische Glühbirne mit Kohlefaden, indem er zuerst mehrere hundert Male scheiterte. Moderne Entrepreneure mögen den amerikanischen Spruch: »Wenn das Leben dir Zitronen gibt, mach Limonade daraus!« Dieses Prinzip ist das Herzstück der Expertise eines Entrepreneurs – der Wille, das Unerwartete in etwas Profitables zu verwandeln. Während traditionelle Unternehmensmanager alles tun, um Überraschungen zu vermeiden, neigen erfahrene Entrepreneure dazu, mit ihnen zu arbeiten und sie vorteilhaft zu nutzen. In den meisten Kontingenzpläne werden Überraschungen als inhärent negativ gesehen – sie repräsentieren für gewöhnlich das Worst-Case-Szenario. Aber weil Entrepreneure ihre Ideen nicht an theoretische oder vorher festgelegte Märkte binden, wird jede Überraschung so wahrgenommen, als habe sie das Potenzial, in eine wertvolle Chance verwandelt zu werden.

Jene selbstsicheren, selbstgenügsamen Individuen, die sich allein daranmachen, ein Hightech-Unternehmen aus dem Boden zu stampfen, neigen dazu, schnell zu denken, schnell zu entscheiden und schnell zu handeln. Das ist ein Luxus, den sich die Führungsriege etablierter Unternehmen nicht leisten kann, denn die negativen Implikationen eines Fehlschlags könnten sich äußerst destruktiv auswirken. Wer sich jedoch entschieden hat, Entrepreneur zu werden, kann ein erfinderischer Outlaw sein, ein streng logisch denkender Wissenschaftler, ein IT-Nerd oder zurückhaltender Träumer, männlich oder weiblich, und es gibt unterschiedlichste soziale Hintergründe. Hollywood-Stereotype bringen uns hier nicht weiter. Ein Raum voller Tech-Entrepreneure sieht wie eine beliebige Ansammlung intelligenter (häufig junger) Leute aus.

Bestimmte psychologische Eigenschaften haben sie jedoch gemeinsam. Eine davon ist Ehrgeiz, entweder im persönlichen Bereich oder um die Gesellschaft zum Besseren zu verändern. Oft beides. Eine weitere ist die ungewöhnliche Fähigkeit, Ambiguität und Unsicherheit zu tolerieren und damit leben zu können.

Entrepreneure haben begriffen und akzeptiert, dass Schlüsselentscheidungen häufig auf Basis unvollständiger oder uneindeutiger Informationen getroffen werden müssen und dass man oft handeln muss, ohne sämtliche mögliche Konsequenzen zu kennen. Das prädestiniert sie dazu, mehr Experimente, Pilotprojekte und Testlaunches als andere zu wagen – und schneller als traditionelle Manager den Stecker zu ziehen und ein Experiment zu beenden, wenn es nicht funktioniert.

Außerhalb der Wirtschaft glaubt man natürlich häufig, dass Entrepreneure ein abartiges Verlangen nach dem Risiko haben. Insgesamt betrachtet stimmt das nicht. Sie sind nur gut darin, es zu managen. Und das heißt nicht, dass sie keine Angst haben. Manche haben schreckliche Angst, aber sie haben gelernt, damit zu leben. Der Entrepreneur versucht, eine positive Beziehung zur Angst zu kultivieren, sie als Richtschnur zu nutzen und als Stimulus für Exploration und Reflexion.

Das ist ein Thema, das die meisten Menschen nicht offen ansprechen, aber Ida Tin, Chefin des Unternehmens Clue, einer Gesundheits-App für Frauen, ist da anders. Es gibt ein Tabu, so glaubt sie, und es ist an der Zeit, dass es gebrochen wird.

»Angst ist die größte Bremse der Evolution«, sagt sie. »Sie sorgt dafür, dass die Menschen nicht so schnell lernen, wie sie könnten, und vor Problemen zurückschrecken, die sie eigentlich angehen könnten. Angst sorgt dafür, dass sich Menschen zurückziehen. Und dafür, dass sie Dummheiten begehen. Angstbewältigung sollte ein Teil der Ausbildung zur Führungsperson sein.

Es liegt doch klar auf der Hand: Wir müssen Meister darin werden, unsere Angst in den Griff zu bekommen, die des Teams, die der Investoren. Neulich haben wir eine ›Fragen Sie uns, was Sie wollen‹-Session gemacht, bei der anonym Fragen gestellt werden konnten. Die Menschen fragten uns fiese Sachen, Dinge, die sie von Angesicht zu Angesicht niemals fragen würden. Sie stellen sich ihrer Angst, verleihen ihr Ausdruck, das ist in Ordnung. Aber wenn man diese Momente des Sich-Luft-Machens und der Erleichterung nicht hat und sich nicht um den Elefanten im Raum kümmert, ist das sehr schädlich. Und ich glaube nicht, dass das in anderen Unternehmen oft vorkommt.«

ENTREPRENEURE IM TEAM

Trotz einiger Legenden, die sich um die Götter des Silicon Valley ranken, sind Tech-Entrepreneure oft gute Teamplayer. Ihre Ziele und Motivationen sind intrinsisch, also sind sie nicht gut darin, Befehle auszuführen, aber in gleichberechtigten Partnerschaften arbeiten sie gut zusammen.

Die heutigen Innovatoren sind nicht mehr die einsamen verrückten Genies von gestern mit der Frisur von Einstein und der Besessenheit von Dr. Frankenstein. Sie schätzen es genauso – manchmal sogar noch mehr –, mit den richtigen Leuten und Organisationen zusammenzuarbeiten, wie die richtige Idee zu haben. Ideen können viele verschiedene Iterationen durchlaufen, bis ein Produkt perfektioniert ist und lanciert werden kann (und das geschieht für gewöhnlich auch). Peinlich genaue Wettbewerbsanalyse ist nicht mehr so populär oder erst in den späteren Entwicklungsstadien, um herauszubekommen, ob das zu lösende Problem wirklich noch relevant ist. Aber die meisten Entrepreneure wissen, dass selbst das in den frühen Tagen vermutlich weniger entscheidend ist als engagierte und begeisterte Partner zu finden, die genauso zielgerichtet sind wie man selbst.

Ein Ziel, eine Mission, die Vorstellung von Steve Jobs, eine Delle ins Universum zu machen – das ist die Art höherer Motivation, die den erfolgreichsten Kollaborationen zwischen begeisterten Entrepreneuren und großen, etablierten Organisationen zugrunde liegt. Aber die großen Unternehmen müssen wissen, dass ihr Investment eine reelle Chance hat, sich zu rentieren, und das gilt auch für die Entrepreneure.

Sie mögen lieben, was sie tun, aber das heißt nicht, dass sie es nur aus Liebe tun. Anreize sind wichtig. Jene großen Unternehmen, die am besten darin waren, das zu bekommen, was sie von der Zusammenarbeit mit Entrepreneuren wollten, haben stets sichergestellt, dass ihre Juniorpartner ihren Anteil bekommen.

Ping An, der technologielastige Gigant, der es in den letzten paar Jahren so meisterhaft verstand, neue plattformbasierte Unternehmen zu starten und zu integrieren, hat eine Menge hart arbeitender Entrepreneurspartner sehr reich gemacht.

Wie Ping Ans Chief Innovation Officer Jonathan Larsen uns im Mai 2020 erzählte, garantiert eine gut ausbalancierte Anreizstruktur, dass die Leute, die bei ihren unternehmerischen Kollaborationen erfolgreich sind, eine hohe Motivation zum Dabeibleiben und Weitermachen haben.

»Im Fall von Ping An Good Doctor kamen die Hauptmanager von Alibaba, und wir ließen sie mit wichtigen Personen von Ping An zusammenarbeiten, wie wir das immer tun. All diese Leute erhalten bedeutende Unternehmensanteile als Teil ihrer Vergütung. Sie müssen oft tatsächlich auch ihr eigenes Geld reinstecken, um im Frühstadium in Anteile zu investieren. Sobald es dem Unternehmen gut geht, wird es ihnen auch extrem gut gehen. Da ist kein Haken an der Sache, kein Limit für ihre Gewinne – und wir reden von Unternehmen, die mit der Zeit ihren Wert verhundertfachen können.«

Entrepreneure, die sich die Hände schmutzig gemacht und ihre Sporen verdient haben, wollen nicht unbedingt wieder bei null anfangen, ein Unternehmen aus dem Nichts aufbauen und vom unsicheren Kampf um Venturekapital abhängig sein. Sie haben Pläne und Projektideen und sind neidisch auf die Assets – Dinge wie eine große Kundenbasis, Lieferantenbeziehungen, Markenrechte, Patente oder Fachexpertise –, die den großen Unternehmen zur Verfügung stehen. Sie wissen, dass sie in relativ kurzer Zeit Großes leisten könnten, wenn die Finanzierung gesichert wäre und sie die Ressourcen hätten, um zu experimentieren und die Risiken einzugehen, die zu bedeutenden Durchbrüchen führen könnten.

Was wir brauchen, ist ein Format, ein Rahmen, innerhalb dessen die unternehmerische Kreativität mit den Assets der großen Unternehmen zusammengebracht werden kann in einer produktiven, kollaborativen Allianz, die für beide Seiten funktioniert.

Es muss eine moderne, praktikable Methode geben, wie man die unkonventionelle, improvisierte Guerilla-Haltung des Entrepreneurs mit den Ressourcen des großen stehenden Heeres zusammenbringen kann.

Dieser Rahmen darf jedoch nicht zu rigide sein. Stattdessen sollte er einfach darauf abzielen, die richtige förderliche Umgebung schaffen. Wie es Larsen ausgedrückt hat: »Viele Menschen nehmen eine Art strategisch planende Sicht darauf ein, fokussieren sich auf so etwas wie einen theoretischen, re-produzierbaren Prozess. Aber ich glaube nicht, dass es einen reproduzierba-ren Prozess gibt, um ein neues Unternehmen zu schaffen. Es gibt natürlich ein Mindset und einige Faustregeln. Aber jedes Unternehmen ist anders, so-dass es nicht funktionieren wird, sie in einen Standardprozess zu zwängen. Ich weiß auch nicht, wieso man das wollen könnte, abgesehen davon, dass sich irgendwer darüber freut, eine nette PowerPoint-Präsentation machen zu können nach dem Motto: ›So wird's gemacht.‹«

Eines der Hauptmotive, dieses Buch zu schreiben, war es, den ganzen Un-sinn beiseitezuschieben, der so oft über Entrepreneure und Tech-Unterneh-men geredet wird, und zu untersuchen, wie Kollaborationen zwischen gro-ßen Unternehmen und praxisnahen, erfahrenen Entrepreneuren aufgezogen und strukturiert werden können, um beiden Seiten zu geben, was sie wollen und brauchen, und um neue digitalbasierte Unternehmen zu schaffen. Ein wichtiges Element dabei – und eines, das erstaunlich oft ignoriert wird – ist der Blickwinkel der Entrepreneure selbst.

WAS LEISTEN INNOVATIONSEXPERTEN?

»Wenn es um Zusammenarbeit geht, schätzt jeder den Wert der gegenseiti-gen Inspiration. Aber Inspiration ist das geringste Problem.« Das ist die An-sicht von Boris Marte, einem erstaunlich erfolgreichen Unternehmensfüh-rer bei der Erste Group Bank. »Der Knackpunkt ist: Sprechen wir die gleiche Sprache? Können wir voneinander profitieren? Können wir das Wissen interpretieren? Und sind die Strukturen vorhanden?«

Auf dem großen Feld neuer Geschäftsmodelle und des Tech-Entrepreneur-ship tummeln sich zahlreiche Möchtegernexperten. Politiker dozieren ger-ne darüber, die Industrien der Zukunft aufzubauen. Wohlmeinende Akade-miker theoretisieren von einer Welt, die so nie existieren wird. Aber es gibt einige Leute – eine ziemlich kleine, aber wachsende Gruppe –, denen man wirklich gut zuhören sollte. Sie verdienen unseren Respekt und unsere Aufmerksamkeit, denn sie wissen, wovon sie sprechen, und haben Erfahrungen aus erster Hand.

Ein wesentliches Planungselement für dieses Buch war ein breit angelegtes, aber zielgerichtetes Rechercheprogramm, bei dem wir erfahrene Praktiker befragten und ihre Ansichten einordneten, deren Qualifikation, über das Leben und die Motivation eines Entrepreneurs zu reden, über jeden Zweifel erhaben ist. Diese Stimmen zu hören kann vielen Leadern in traditionellen Unternehmen zugutekommen, die bislang vielleicht wenig persönlichen Kontakt mit der Sorte von Tech-Entrepreneuren hatten, mit denen sie in naher Zukunft zusammenarbeiten wollen.

Um diese Ansichten einzufangen, befragten wir einen Querschnitt unserer Kollegen unter den Tech-Entrepreneuren und Investoren nach ihrer Meinung. Die Interviewten reichten von Markus Fuhrmann, Mitgründer von Delivery Hero, dem Start-up von 2011, das nun einen erstaunlichen Wert von 7 Milliarden Dollar hat, bis zu einem der alten Hasen in diesem Spiel, Rolf Schrömgens, der 2006 Trivago mitgründete und zusehen konnte, wie die Frucht seines Geistes sich bis zu einem Wert von 2 Milliarden Dollar aufschwang, wobei eine Mehrheit von Expedia gehalten wird.

Wir haben auch detailliert mit Daniel Krauss gesprochen, Mitgründer des mächtigen FlixBus, das erst 2013 seine Arbeit aufnahm und bereits mehr als 2 Milliarden Dollar wert ist, und mit Ida Tin, deren App zum Nachverfolgen der Periode und für die Gesundheit von Frauen, Clue, bereits von 12 Millionen Frauen in fast jedem Land der Erde genutzt wird. Um das neue Normal mitzugestalten, müssen wir neue digitale Lösungen schaffen. Es gibt ein ausgezeichnetes informelles Netzwerk dieser Tech-Entrepreneure, die bereit sind, ihre Erfahrungen mit uns zu teilen.

Wie die Top-Leute in den meisten Unternehmen müssen Technologie-Entrepreneure Menschen dazu inspirieren können, ihnen zu folgen, selbst wenn das Ziel weit hinter dem Horizont liegt und die Straße dorthin mit Problemen und Schlaglöchern übersät ist. Sie müssen in der Lage sein, andere anzustecken mit ihrer Leidenschaft, ihrer Energie und ihrem Selbstvertrauen, selbst wenn dieses manchmal empfindlich bedroht wird. Der Druck, zu wachsen und die Leadership-Fertigkeiten auszuweiten, ist manchmal enorm, räumt Ida Tin ein.

»Es ist fast so, als wäre die Richtung der gesamten Firma völlig in Einklang mit deinem eigenen Wachstum als Leader«, sagte sie uns. »Das ist tatsächlich beängstigend, aber es ist eine sehr enge Verbindung, und man muss sie ernst nehmen. Man muss das Selbstvertrauen entwickeln, sich seine eigene Realität zu erschaffen, das zu schaffen, was man braucht, und die Welt ein bisschen mehr nach seiner Pfeife tanzen lassen. Für mich ist das ein großer Lernprozess.«

Leader, die Entrepreneure sind, brauchen eine Menge verschiedener Eigenschaften, manche offensichtlicher als andere. Während unserer Interviews und je mehr Zeit wir mit diesen erfolgreichen Entrepreneuren verbrachten, wurde uns immer deutlicher, dass sie einige Qualitäten gemein haben. Sie mögen unterschiedlich verteilt sein, aber wir konnten acht besondere Eigenschaften bei Menschen ausmachen, die erfolgreich ein neues Unternehmen in diesem Bereich lancieren.

1. **DAS GEFÜHL, EINER MISSION ZU FOLGEN.** Tech-Entrepreneure verspüren einen gewissen Drang, etwas Bedeutendes zu leisten und damit die Welt zu verändern. Geld spielt auch eine Rolle, aber fast immer nur als zweitrangige Motivation. Sie wollen die Welt verändern und verbessern – oder zumindest ihre Nische in dieser Welt.

2. **MUT.** Sie nehmen das Risiko nicht nur in Kauf, sie messen ihre Kräfte daran. Es ist Teil des Nervenkitzels. Sie sind nicht unbedingt Adrenalinjunkies oder Fans von Extremsport, aber sie mögen das Tempo und die Unvorhersagbarkeit der Arbeit in einem Start-up.

3. **ENTSCHLUSSKRAFT.** Sie sorgen dafür, dass es um sie herum rasant zur Sache geht. Mit Feuereifer suchen sie nach einer Möglichkeit, einen Reifen zu wechseln, während das Auto noch fährt.

4. **ANPASSUNGSFÄHIGKEIT.** Sie lernen durch die Praxis – durch Versuch und Irrtum und Kurswechsel ohne Bedauern. Erfolgreiche Tech-Entrepreneure warten nicht, bis der Erfolg ihnen sicher ist. Sie wissen, in welche Richtung sie steuern müssen, und vielleicht gibt es sogar einen Masterplan, aber wenn der nicht funktioniert, dann versuchen sie etwas anderes.

5. **LIEBE ZUM DETAIL.** Sie untermauern ihre große Vision mit einem detailverliebten, handfesten Wissen über alles, was gemacht wird, über das Wie, Wann und Warum. Es ist ihr Baby, und sie wollen jede Sommersprosse kennen.

6. **WIDERSTANDSKRAFT.** Sie sind ausdauernd, widerstandsfähig und beharrlich. Rückschläge kommen vor. Der Entrepreneur ist oft der Einzige, der die Energie und den Glauben aufbringt, um weiterzumachen.

7. **NEUGIER.** Sie lernen schnell, saugen Ideen und Informationen aus allen Quellen auf. Weil sie nie wissen, woher die nächste gute Idee kommt, sind sie überraschend gute Zuhörer.

8. **GLAUBE AN TECHNOLOGIE.** Die Entrepreneure, mit denen wir geredet haben, lieben Technologie. Sie sind überzeugt, dass sie eine Lösung für so ziemlich jedes Problem finden, solange es korrekt identifiziert oder formuliert wird.

Felix weist gern darauf hin, dass viele Entrepreneure zwar zweifellos das Risiko genießen, es aber ein Fehler wäre, sie alle für draufgängerisch oder waghalsig zu halten. »In Wahrheit ist es genau andersherum«, sagt er. »Wir sollten uns frei machen von ein paar der Mythen, die Entrepreneure umgeben.« Waghalsig Risiken einzugehen ist einer dieser Mythen.

»Tatsächlich sind Entrepreneure – weil sie besonders in den frühen Tagen in einem sehr risikobehafteten Umfeld arbeiten – meist unglaublich risikobewusst. Sie versuchen stets, die Wahrscheinlichkeiten einzuschätzen, eine Situation zu erfassen und sicherzustellen, dass sie nur ein kalkuliertes Risiko eingehen.«

Diese Risikoberechnungen sind jedoch größtenteils sehr verschieden von den Berechnungen, die Fachdisziplinen des Unternehmensmanagements propagieren. Diese konventionellen Berechnungen basieren auf ausführlichen Vorhersagen der Marktgröße, Durchdringung, Anteile und Margen und sind darauf angelegt, die erwarteten Gewinne zu optimieren.

Wenn Entrepreneure über Risiken nachdenken, konzentrieren sie sich sehr viel mehr auf Verluste, die sie sich leisten können – »Auf welchen Verlust bin ich vorbereitet?« – als auf die erwarteten Gewinne, die notwendigerweise rein hypothetisch und im Grunde bloße Schätzungen sind, wenn es um den Kontext eines völlig neuen Unternehmens geht. Sie konzentrieren sich darauf, Möglichkeiten auszuschöpfen, die im Falle eines Scheiterns wenig Kosten verursachen und weitere Optionen für die Zukunft bereithalten. Billige Fehlschläge können zu preislich günstigen, aber andererseits sehr wertvollen Lektionen führen, die dann beim nächsten Durchlauf oder bei einer völlig neuen Idee angewendet werden können.

DAS INDIVIDUUM UND DIE GRUPPE

Wir können Clayton Christensen von der Harvard Business School nur voll und ganz zustimmen, wenn er schreibt: »Management ist der edelste Beruf, wenn man ihn gewissenhaft ausübt. Kein anderer Beruf bietet so viele Möglichkeiten, anderen beim Lernen und Wachsen zu helfen, Verantwortung zu übernehmen, Anerkennung für Leistungen zu erhalten und zum Erfolg eines Teams beizutragen.«

Top-Manager spielen auf demselben Niveau wie Top-Entrepreneure, aber es ist ein anderes Spiel mit unterschiedlichen Regeln. Und wir müssen uns über diese Unterschiede im Klaren sein, wenn wir erfolgreich ein Team bilden wollen.

Die oben aufgelisteten Eigenschaften sorgen dafür, dass der Instinkt eines Entrepreneurs ganz anders arbeitet als die traditionelle Einstellung eines Managers mit seiner Vorliebe für Planung, seinen sorgfältig kalkulierten

Kennzahlen und der Annahme, dass der morgige Tag sehr ähnliche Anforderungen an uns stellen wird wie der heutige.

Natürlich wird morgen nicht so sein wie heute, woran uns COVID-19 auf äußerst nachdrückliche Weise erinnert hat. Es kann plötzlich unvorstellbar anders sein. Noch so sorgfältig ausgearbeitete Pläne können von den Umständen torpediert werden, und darauf kann man sich nicht vorbereiten, indem man verschiedene Szenarios durchspielt.

Aber auch ohne den Auslöser katastrophaler externer Ereignisse ändern sich die Geschäftswelt und die Verbrauchermärkte zum Teil mit erstaunlicher Geschwindigkeit. Es ist kein Zufall, dass einige der erfolgreichsten Start-ups der letzten zwei Jahrzehnte oft radikale Kurswechsel vollzogen haben. Man kann es auch eine Kehrtwende nennen. »Wir haben eine Kehrtwende um 180 Grad gemacht, uns voll reingehängt und nie zurückgeblickt!« Das hört sich wunderbar an, wenn man es in der Rückschau von einer Position der Stärke aus betrachtet. Aber in dem konkreten Moment gibt es keine Erfolgsgarantie, und das kann extrem beunruhigend und stressig sein. Jonathan Larsen von Ping An erinnerte uns vor Kurzem daran, dass viele der bekanntesten und erfolgreichsten Entrepreneure der Welt diese Erfahrung durchlebt haben.

»Sehen Sie sich die Geschichte eines Unternehmens wie PayPal an. Es ist heute ein 170 Milliarden Dollar schwerer Konzern, aber als Elon Musk und all diese bekannten Leute, die zur PayPal-›Mafia‹ gehörten, die Firma gründeten, waren ihre ursprünglichen Ziele ganz verschieden von dem, was das Unternehmen heute tut. Grundlegend verschieden. Und es gab Wendepunkte in seiner Geschichte, an denen es auch eine völlig andere Richtung hätte einschlagen können.«

Der Ansatz der Tech-Entrepreneure ähnelt eher dem eines Schachgroßmeisters als dem eines Produktmanagers in einem Unternehmen. Man muss strategisch denken können, aber die detaillierte Planung und Ausführung muss sich den Umständen entsprechend ändern. Garri Kasparow, vermutlich der größte Schachspieler aller Zeiten, hat behauptet, er plane nicht mehr als drei Züge im Voraus. »Mehr braucht man nicht«, sagte er. Seine Siege beruhen auf seiner außergewöhnlichen Gabe, in komplexen Situationen das Wichtige zu sehen, einem Talent für Mustererkennung und einer durchdringenden Intuition bei der Entwicklung von Ideen, weniger auf der Fertigkeit, ein Universum von Millionen möglicher Zugfolgen zu durchforsten. Es ist mehr als reine Logik. Und die erfolgreichsten Entrepreneure haben dieselben Fähigkeiten in ihrem Arsenal. Aber sie haben auch ein wichtiges Kapital, auf das der einsame Schachspieler nicht zugreifen kann: Sie können zusammenarbeiten und Partnerschaften bilden, andere Ressourcen und Perspektiven einfließen lassen und Teams schaffen, um ihre Stärken besser zu nutzen und ihre Schwächen auszugleichen.

Rolf Schrömgens von Trivago spiegelt Kasparows Denken wider, wenn er erzählt, wie er und seine Kollegen eines der erfolgreichsten Hotelvergleichs- und Buchungsportale aufbauten. Es war jedoch stets die kollektive Intelligenz des Teams, die das Unternehmen vorantrieb.

»Wir konzentrierten uns immer auf ein Problem, das wir zu lösen versuchten«, sagt er. »Was wir allerdings taten, um das Problem zu lösen, das änderte sich mit der Zeit. Es ging darum, wendig und anpassungsfähig zu bleiben. Ich konnte immer nur die nächsten paar Schritte durchdenken, denn wir mussten stets auf neue Informationen reagieren.«

Trivago fokussierte sich ursprünglich darauf, die Leads für die Buchungsagenten zu maximieren. Aber das stellte sich als falsche Kennzahl heraus. Was wirklich zählte, war die Anzahl an tatsächlichen Hotelbuchungen. Als das Unternehmen seine Zielsetzung anpasste und sich energisch auf das Buchungsvolumen konzentrierte, führte dies zu bedeutenden Veränderungen bei der Entwicklung der Plattform.

»Wir lernten unser Geschäft neu«, erklärt er. »Der neue Fokus führte dazu, dass wir KI-Technologien verwendeten, also war es ein selbstlernendes System. Wir mussten eine umfangreiche neue Infrastruktur aufbauen, damit das System die Vorlieben der Menschen bedienen konnte und einen hohen Umfang an Individualisierung bot.«

Für Markus Fuhrmann von Delivery Hero liegt das Problem vieler etablierter Unternehmen in einer Reihe von Richtlinien und Einstellungen, die die

Chancen radikaler Innovationen verringern. Große Unternehmen wissen, dass sie in die Zukunft investieren müssen. Sie reservieren Budgets für die konventionelle Forschungs- und Entwicklungsarbeit neuer Produkte und Technologien. Ebenso fühlen sie sich mit der Idee wohl, dass bei Forschung und Entwicklung auch Versuch und Irrtum eine Rolle spielen, denn sie wissen, dass man auf diese Weise zu neuen Ideen gelangt. Aber sie sind meist nicht so begeistert, in größerem Maßstab mit neuen Unternehmenszweigen und neuen Geschäftsmodellen zu experimentieren.

»Typische Vertreter der großen Unternehmen sehen Venture Building nicht als Teil der Forschung und Entwicklung«, meint Fuhrmann. »Sie sind nicht darauf vorbereitet, Fehlschläge hinzunehmen, wenn es darum geht, neue Unternehmen aufzubauen, wie das bei einem Forschungs- und Entwicklungsprojekt der Fall wäre. Die sichern ihre Wetten immer ab und suchen nach einem Hintertürchen.«

Selbst wenn Unternehmen wissen, dass sie sich verändern und Fortschritte machen müssen, um gegen disruptive Konkurrenz zurückzuschlagen, tun sich schwer damit, der Innovation die erforderliche Priorität einzuräumen. Sie mögen keine kurzfristigen Risiken und wollen ihre talentiertesten Leute nicht mit Innovationsprojekten betrauen.

»Die besten Leute arbeiten bereits in Positionen, die für das Unternehmen wichtig sind, also will sie niemand auf eine Stelle verschieben, wo sie an etwas arbeiten, das klein beginnt und dessen Zukunft sehr unsicher ist«, sagt Fuhrmann. »Und wieso sollten die beteiligten Personen in eine Rolle schlüpfen wollen, die mit einem hohen Risiko behaftet ist, eine Menge Energie und Engagement erfordert – und nicht auch vergleichbare Vorteile mit sich bringt?

Also hat man Unternehmen, die Innovation zwar wertschätzen und begrüßen, aber nicht wirklich alles dafür Erforderliche tun. Die Leute, die neue Initiativen antreiben könnten, werden in Komitees und Innovationsgremien gesetzt und verbringen nur ein paar Stunden im Monat mit neuen Initiativen.«

In einer Zeit des politischen Chaos, des wachsenden Protektionismus, der digitalen Disruption und einer globalen Pandemie, die Instabilität und Unsicherheit im Unternehmensumfeld hervorbringen, verursacht es mit Sicherheit Ärger oder gar eine Katastrophe, wenn man die sich ändernden Strömungen ignoriert und sich einigelt, um die Kämpfe von gestern auszufechten. Die Energie, die Fähigkeiten und die Einstellung eines bewährten Tech-Entrepreneurs können bei richtiger Nutzung etablierten Konzernen einen einzigartig effektiven Weg liefern, um sich gegen die heutige Erstarrung und die morgige Bedrohung durch die Disruption zur Wehr zu setzen.

Wer darüber nachdenkt, mit Entrepreneuren zusammenzuarbeiten, muss eine wichtige Unterscheidung treffen, die in der folgenden Grafik dargestellt wird. Idealerweise sollte man bei null anfangen und mit Entrepreneuren kooperieren, die nicht mit Hintergedanken oder früheren Verpflichtungen belastet sind.

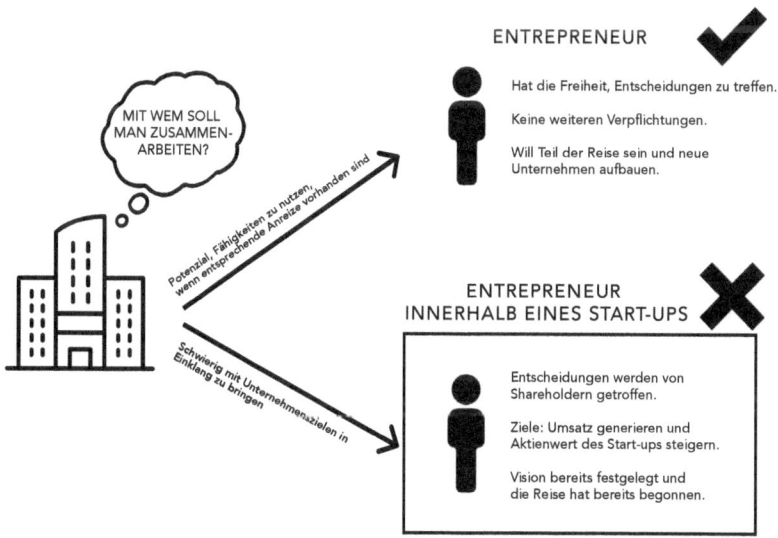

ES GEHT NICHT NUR UM SILICON VALLEY

Wenn die Leute an Entrepreneure im Technologiebereich der jüngeren Zeit denken, wird das Bild immer dominiert von den großen amerikanischen Erfolgsgeschichten. Das ist unvermeidlich. Darauf richtet sich das Scheinwerferlicht der Medien – auf die Triumphe, die Kontroversen, die Philanthropie auf globaler Ebene, die Steuerargumente, die Datenschutzprobleme und alles andere. Bill Gates und Steve Jobs, Mark Zuckerberg und Jeff Bezos, Elon Musk sowie Sergey Brin und Larry Page, die Gründer von Google, sind in diesem Zusammenhang bekannte Namen.

Zu denen, die nicht ganz so im Schweinwerferlicht stehen, gehören Brian Chesky (Airbnb) und die Mitgründer einer ganzen Reihe weltweit bekannter Marken – Jack Dorsey (Twitter), Travis Kalanick (Uber), Marc Benioff (Salesforce) und Drew Houston (Dropbox). Weniger bekannt – sicherlich auch weniger reich, aber mit enormem Einfluss – ist Jimmy Wales, die treibende Kraft hinter der wichtigsten Non-Profit-Seite des Internets, Wikipedia.

Diese Menschen haben eine große Rolle dabei gespielt, der Welt, in der wir heute leben, ihre Gestalt zu geben, zum Teil durch ihre eigene Energie und Genialität, aber auch aufgrund der beispiellosen Verfügbarkeit von Venturekapital in den Vereinigten Staaten. Bis vor wenigen Jahren war es für amerikanische Entrepreneure sehr viel einfacher, Risikokapital und Anschubfinanzierungen zu bekommen, als für diejenigen, die zum Beispiel in Europa arbeiteten – und außerdem auch einfacher, die enormen Finanzierungen aufzubringen, die man braucht, um sich schnell auf internationaler Ebene zu vergrößern und zu entwickeln.

Aber Europa hatte seine eigenen Stars, auch wenn die größten Erfolge nicht immer als europäisch erkannt werden. Skype und Spotify zum Beispiel sind beide weltweit so bekannt, wie man nur sein kann. Doch Skype wurde ursprünglich von einem Schweden, einem Dänen und einigen estnischen Programmierern entwickelt, während der Spotify-Gründer Daniel Ek ein Serien-Entrepreneur aus Stockholm ist, der bereits genug Geld verdient hatte, um sich zur Ruhe zu setzen, bevor er beschloss, seinen innovativen Musik-Streamingdienst zu lancieren.

Deutschland brachte Europas größten Online-Modehändler Zalando hervor (im Moment 11 Milliarden Dollar wert) und die größte Online-Bank N26 (mit 2,7 Milliarden Dollar bewertet und zum Teil vom chinesischen Tencent finanziert) sowie Trivago und Delivery Hero. Aus Großbritannien stammen Rightmove (heute am FTSE 100 mit einer Marktbewertung von 5 Milliarden Dollar), Deliveroo (mit 4 Milliarden Dollar bewertet), ASOS (Marktwert: 3 Milliarden Dollar) und Skyscanner (über 2 Milliarden Dollar). Der finnische Entrepreneur Ilkka Paananen durfte erleben, wie sein Spielunternehmen Supercell, das *Clash of Clans* herausbrachte, einen Wert von über 10 Milliarden Dollar innerhalb von sechs Jahren nach seiner Gründung 2010 erreichte, und der internationale Geldtransferdienst aus London Transfer-Wise (heute 3,5 Milliarden Dollar wert) wurde von zwei im Ausland lebenden Esten gegründet. Sogar Polen ist mit dabei. Seine größte E-Commerce-Plattform, Allegro, hat vor drei Jahren für 3,5 Milliarden Dollar den Besitzer gewechselt und wächst immer noch schnell.

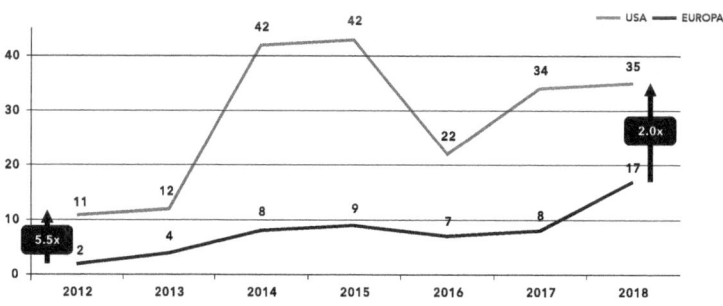

Neue »Einhörner« (Unternehmen mit einer Marktbewertung von über einer Milliarde Dollar) in USA und Europa: Die EU holt auf

Übernommen von Atomico und Pitchbook

Wir reden hier nicht nur von Europa, das ist nur ein Beispiel. Tatsächlich gibt es bei genauerer Betrachtung genügend Belege, dass buchstäblich jedes Land der Welt die Ideen, Fertigkeiten und den unternehmerischen Geist aufbringen kann, um disruptive und schnell wachsende Start-ups zu gründen.

Aber die große Überraschung – sicherlich für normale Bürger, die immer noch denken, die Tech-Entrepreneure der Welt seien größtenteils in den USA versammelt – ist das riesige Ausmaß an dynamischen unternehmerischen Aktivitäten, das aktuell in China zu beobachten ist. Die Aushängeschilder für Chinas unternehmerische Revolution waren Alibaba und Tencent, die einzigen zwei der zehn wertvollsten Unternehmen, die nicht in Amerika ihren Sitz haben oder Amerikanern gehören.

Alibaba ist das ultimative plattformbasierte Unternehmen. Es startete im April 1999 als B2B-Marktplatz, gegründet in einer bescheidenen Wohnung in Hangzhou von Jack Ma, einem ehemaligen Englischlehrer.

Ma sagt, er habe niemals eine Zeile Code geschrieben oder einen einzigen Verkauf getätigt, aber seine Instinkte waren treffsicher. Er verstand von Anfang an, was in der Welt der Tech-Entrepreneure wichtig war. Er wusste, er hatte eine gute Idee. Ihm war klar, dass er mutig, anpassungsfähig und aggressiv sein musste, um sie umzusetzen. Und ihm war bewusst, er konnte seinen Vorteil, der Erste am Markt zu sein, nur nutzen, indem er schnell groß wurde. Innerhalb weniger Monate sicherte er sich eine 25-Millionen-Finanzierung von Goldman Sachs und 20 Millionen von SoftBank (ein Investment, das 2014, als Alibaba an die Börse ging, 60 Milliarden Dollar wert sein sollte). Seitdem ist die Alibaba-Gruppe in die Bereiche Einzelhandel, Online-Bezahlsysteme, Cloud Computing und Künstliche Intelligenz, eBay-ähnliche C2C-Handelsplattformen sowie Medien und Unterhaltung vorgestoßen. Es ist nun mit über 500 Milliarden Dollar bewertet. Mas persönliches Vermögen beträgt 37 Milliarden Dollar.

Doch selbst für heutige Maßstäbe sind Mas ehrgeizige Ziele für Alibaba die eines wohlwollenden Größenwahnsinnigen. Bis 2036 will er nach eigenen Angaben 100 Millionen Jobs geschaffen haben und über eine Kundenbasis von 2 Milliarden Menschen verfügen.

Tencent ist ebenfalls über zwanzig Jahre gewachsen. Es wurde von einem Internet-Start-up, das auf Instant-Messaging-Diensten basierte, zu einem gigantischen Konglomerat mit Beteiligungen an Spielen, Musik, sozialen Medien, E-Commerce, Zahlungsdiensten sowie Cloud-, KI- und Maschinenlerntechnologien. Wie schon Alibaba wurde es zu einem bedeutenden Investor in Start-ups und aufkeimende Unternehmen, finanzierte Hunderte neuer Firmen und leistete in den letzten fünf Jahren Finanzierungen in Höhe von zig Milliarden Dollar.

Aufgrund der aktiven Unterstützung durch heimische Investoren mit besonders tiefen Taschen und Venturekapitalgebern aus dem Ausland, die sich neuerdings der einzigartigen Kombination technischer Ressourcen und unternehmerischen Potenzials bewusst sind, sieht man China als Land der Möglichkeiten. Silicon Valley mag immer noch der Brutkasten technologischer Kreativität sein, aber China steigt rasant zum Weltführer für innovative Geschäftsmodelle auf.

Es brachte Star-Performer wie den Mitfahrdienst DiDi hervor und die mit Maschinenlernsystemen ausgestattete Content-Plattform ByteDance (der TikTok gehört), die beide mit mehr als 70 Milliarden Dollar bewert werden, sowie mindestens fünfzehn andere Start-ups, die im Westen größtenteils unbekannt sind und jeweils 5 Milliarden Dollar oder mehr wert sind.

Neben ehrgeizigen, neu auf den Plan getretenen Start-ups haben viele von Chinas größten Unternehmen damit begonnen, radikale, riskante Ansätze zu übernehmen, ihr Business zu überdenken und neue Tochterunternehmen zu lancieren. Ping An hat sich zum Beispiel von einem beschaulichen, konventionellen Versicherungsunternehmen im westlichen Stil wegentwickelt, um seine Plattform und seinen riesigen Kundenstamm zu nutzen. Es hat drei enorm erfolgreiche Start-ups geschaffen – das Peer-to-Peer-Kreditunternehmen Lufax, die Ping An Krankenversicherung und Ping An Good Doctor, das KI-gestützte Dienstleistungen im Gesundheitsbercich anbietet –, die nun mit 39,4 Milliarden, 9 Milliarden und 11 Milliarden Dollar bewertet werden.

DIE RICHTIGEN PARTNER FINDEN

Wichtig daran ist, dass jüngste technologische Fortschritte, neue Geschäftsmodelle und die gegenwärtige Verfügbarkeit von Investmentkapital aufregende neue Gelegenheiten für radikal neuartige Unternehmen geschaffen
haben – und das nicht nur in den riesigen Volkswirtschaften der USA und
Chinas, sondern überall auf der Welt.

Das einzige Puzzleteil, das in den meisten Fällen noch fehlt, ist das unternehmerische Talent, um eine vielversprechende Idee zu nehmen, sie weiterzuentwickeln und in ein skalierbares Unternehmen zu verwandeln, das
schnell wachsen und sein Potenzial ausschöpfen kann.

Eine der Lektionen der vergangenen paar Jahre ist, dass dafür eine besondere Art von Persönlichkeit und Einstellung erforderlich ist. Man kann nicht
einfach nur einen cleveren, fähigen und erfahrenen Manager nehmen, der
daran gewöhnt ist, mit den starren Kennzahlen und den vorsichtigen, risiko-
scheuen Prozessen traditioneller Geschäftsmodelle umzugehen, und ihn
ein schnell wachsendes und den herkömmlichen Rahmen sprengendes
Start-up leiten lassen.

Vielleicht hat man Glück. Möglicherweise schlummert irgendwo ein verbor-
genes Talent, das nur darauf wartet, geweckt zu werden und sich zu beweisen. Aber wenn Sie nach dem Antrieb, der Widerstandskraft und der Genialität suchen, die Hindernisse überwindet und schnell zu Ergebnissen führt,
dann ist es Ihre beste Option, mit einem abgebrühten Tech-Entrepreneur
zusammenzuarbeiten, der das alles schon durchgemacht hat – einem, der
den Schmerz des Fehlschlags kennt und den Nervenkitzel des Erfolgs. Es
gibt einfach keinen Ersatz für Erfahrung in diesem Bereich.

Gleichzeitig ist es wichtig, das Individuum der Aufgabe anzupassen. Einfach
nur jemanden zu identifizieren, der mit Start-ups eine erfolgreiche Bilanz
vorweisen kann, ist nicht genug. Es gibt verschiedene Sorten von Tech-Entrepreneuren mit verschiedenen Einstellungen und Fähigkeiten. Die Person,
die Sie brauchen, um revolutionäre, unkonventionelle Ideen zu entwickeln,
kann Ihnen vielleicht nicht dabei helfen, eine neue Dienstleistung anzupas-

sen und zu testen oder ein Unternehmen schnell genug wachsen zu lassen, damit man den Vorteil des Marktpioniers nutzen und sichern kann. Wen Sie sich für die Zusammenarbeit aussuchen und wie Sie Ihr Business aufziehen und Anreize für Ihre gewählten Partner setzen, sind Fragen von entscheidender Bedeutung. Aber Tatsache ist, dass es zu wenige Entrepreneure gibt.

Die Probleme, die wir heute angehen müssen, haben nicht selten viele Facetten und sind sehr komplex. Heutzutage geht es meistens nicht einfach nur darum, Dinge herzustellen und unter die Leute zu bringen, wie eine Schule oder eine Brücke zu bauen, ein Buch zu drucken oder Waschmaschinen und andere Gerätschaften von einem Ort zum anderen zu transportieren. Die drängendsten Fragen sind oft systemischer oder struktureller Natur und haben weitreichende Implikationen für Gemeinden, Nationen oder sogar die Zukunft des Planeten und seiner Bewohner.

Die Bandbreite ist nahzu endlos und reicht von Klimawandel, Pandemien, Hunger, Armut, Biodiversität, Krieg, Bildung und Menschenrechten bis zu spezifischen Herausforderungen wie Energie und Wassermanagement, den Gesundheitsbedürfnissen einer alternden Bevölkerung, Terrorismus, dem Aufdecken von Korruption und der Aufgabe, lebenswerte Städte zu bauen oder Transportsysteme einzuführen. Als Entrepreneur geht es nicht immer um den Versuch, ein milliardenschweres Einhorn zu schaffen. Während es offensichtlich viele Entrepreneure gibt, die sich hauptsächlich darum Gedanken machen, zu Reichtum und Erfolg zu gelangen, gibt es auch viele, deren Energie, Idealismus und Gespür für einen sozialen Zweck potenziell neue Lösungen für diese großen globalen Probleme schaffen könnten. Ehrgeiz hat viele Formen. Es wird viele Gelegenheiten für diese Menschen geben, ihre persönlichen Ziele mit dem altruistischeren Antrieb zu kombinieren, die Welt zu einem besseren Ort zu machen.

Die Beispiele sind bereits für alle sichtbar vorhanden.

Elon Musks Tesla ist auf dem Weg, eine halbe Million Elektroautos pro Jahr zu verkaufen, und liefert auch den Antriebsstrang für andere Autohersteller wie Daimler und Toyota. Musk war nicht zurückhaltend dabei, seine ehrgeizigen Unternehmensziele in so ziemlich jedem Bereich zu verkünden, von

Solarpaneelen bis hin zur Erforschung des Weltalls, aber er hat viele Male hervorgehoben, sein persönlicher Ehrgeiz bestehe darin, die Erderwärmung zu reduzieren. Sein Werben für Elektroautos war ein bedeutender Faktor bei einem Trend, der eindeutig einen positiven weltweiten Effekt hat.

Wenn Jack Ma von Alibaba 100 Millionen neue Jobs bis zum Jahr 2036 schaffen will, dann denkt er nicht nur darüber nach, die Profite seines Unternehmens zu steigern. Auch wenn er diese Zahl nicht erreicht, wird er Millionen von Familien mit einem Einkommen und Chancen ausgestattet haben.

Das Konzept des finanziellen »Trickle-down« – wonach die Superreichen bei niedrigen Steuern auf Privatvermögen so investieren und Geld ausgeben, dass es letztlich auch den weniger Betuchten zugutekommt – war immer kontrovers und hat viele lautstarke Gegner sowohl unter linkslastigen wie eher rechten Ökonomen. Die Idee eines technologischen und sogar sozialen Trickle-down hingegen – dass also technologische Innovationen, selbst wenn sie anfangs nur wenigen nützen, häufig das Potenzial besitzen, jedem eine große Bandbreite an Nutzen zu bringen – ist absolut plausibel.

Innovative plattformbasierte Unternehmen haben bereits bewiesen, dass sie das hinbekommen. Amazon und eBay haben es Kunden ermöglicht, an fernen Orten nach den niedrigsten Preisen zu suchen und zu bestellen, was sie wollen, ohne für den Kauf zu einem spezialisierten Einzelhändler reisen zu müssen. Uber, Lyft und DiDi ermöglichten es Menschen, die sich kein konventionelles Taxi leisten können, von A nach B zu gelangen oder sogar ihr Auto ganz abzuschaffen. FlixBus erlaubt es Studierenden und Pensionären, lange Reisen zu machen, die sie sich vorher nie hätten leisten können, und Airbnb macht es Reisenden mit jedem Budget möglich, in einer fremden Stadt zu übernachten.

Also hängen die Bedeutung der Entrepreneure und ihre Auswirkungen auf die Gesellschaft nicht nur von der Möglichkeit ab, profitable neue Unternehmen zu gründen. All diese internationalen Erfolgsgeschichten haben einer Menge Menschen echte Verbesserungen gebracht, aber keine davon wurde als eine wohltätige Non-Profit-Organisation gegründet. In jedem Fall war das Gute, das sie getan haben, die direkte Folge davon, dass sie eine Lücke entdeckten und ein Geschäft aufbauten auf der Basis, ein bisher unerkanntes Bedürfnis zu befriedigen. Unter den heutigen sich verändernden globalen Umständen, in einer Welt, die von COVID-19 gebeutelt und vom noch größeren Desaster des Klimawandels bedroht ist, besteht ein großer Bedarf an genau dieser Dynamik. Sie kann auf Probleme angewendet werden, die weit über die Schaffung privaten Reichtums hinausgehen und das Überleben unserer Zivilisation betreffen.

Viele große Unternehmen haben versucht, ihre digitale Transformation anzustoßen, indem sie vielversprechende Start-ups kauften. Sie hofften, etwas von dem digitalen Know-how und der unternehmerischen Energie einzufangen, die zu entwickeln ihnen so schwerfällt. Aber ein existierendes Start-up hat bereits seine eigenen Shareholder und seine eigene Agenda, die sich vermutlich nicht genau mit Ihren auf eine Linie bringen lassen.

Sie haben sehr viel größere Chancen, erfolgreich neue und strategisch relevante Unternehmen zu gründen, die sich zu wertvollen Geschäftszweigen entwickeln, Ihrem Kernunternehmen nützen und sogar die Möglichkeit schaffen, die Welt zu einem besseren Ort zu machen, wenn Sie von Anfang an mit hoch qualifizierten, sehr motivierten einzelnen Entrepreneuren innerhalb eines praxisorientierten, realistischen Rahmens zusammenarbeiten, der eine kollaborative Co-Creation begünstigt.

Die vorherigen zwei Kapitel und dieses sollen Ihnen vor Augen führen, dass wir alle heute über die Möglichkeit verfügen, einen bedeutenden Wandel einzuleiten. Wir haben gesehen, wie datengestützte Technologien eine wertorientierte Gesundheitsfürsorge vorantreiben und CO_2-Emissionen reduzieren können. Und wir haben erfahren, wie beispielsweise digitale Plattformen uns helfen können, gesündere Entscheidungen für uns und unseren Planeten zu treffen.

Im nächsten Kapitel werfen wir einen Blick auf einen strukturierten, erprobten und bewährten Ansatz, der etablierten Organisationen und Tech-Entrepreneuren die Zusammenarbeit erleichtern kann. Das lässt sie jene schnell wachsenden digitalen Initiativen entwickeln, lancieren und skalieren, die die Zukunft Ihres Unternehmens verändern und einen positiven Einfluss auf die Welt um Sie herum haben können.

SCHLÜSSELKONZEPTE

DER ALLTAGS-ENTREPRENEUR. Ein potenzieller Entrepreneur steckt in fast jedem. Sehen Sie sich um, ob auf lokaler oder regionaler Ebene – überall werden Sie Hobby-Innovatoren finden, die alltägliche Probleme auf bedeutsame und erfindungsreiche Weise lösen.

EINE ANDERE SICHT AUF DIE UNSICHERHEIT. Die enorm erfolgreichen Entrepreneure, die Schlagzeilen machen und deren Namen wir alle kennen, haben bestimmte Eigenschaften gemeinsam. Sie sind nicht notwendigerweise die voranstürmenden, risikofreudigen Abenteurer, für die sie der Volksglaube hält, aber ihre Einstellung – und besonders ihr Umgang mit Unsicherheit und Angst – unterscheiden sich oft sehr von Unternehmensleitern.

DAS GEHEIMNIS: LEBENSLANGES LERNEN. Erfolgreiche unternehmerische Kollaborationen hängen normalerweise mehr von der Anpassungsfähigkeit der Menschen ab und ihrer Bereitschaft, alte Angewohnheiten abzulegen, als von einer bestimmten Fähigkeit, von vergangenen Erfahrungen zu profitieren oder neue Fertigkeiten zu erlernen.

SCHLÜSSELEMPFEHLUNGEN

- Jeder von uns verfügt über einige Eigenschaften von Entrepreneuren – und Innovationen stammen nicht immer von denjenigen, die sie zu ihrem Beruf erkoren haben. Wir müssen die Menschen ermutigen, im großen Maßstab zu denken und mit Ideen aufzuwarten, um unsere Arbeit, unser Leben und die Welt zu verändern.

- Es ist sinnvoll, Individuen mit unternehmerischem Talent in Ihrem Kernunternehmen zu ermutigen. Aber um Ihre Assets in neuen digitalen Geschäftsfeldern auf neuen Märkten zu nutzen, brauchen Sie eine bestimmte Struktur. Sie brauchen ein speziell darauf zugeschnittenes Operationsmodell, das erfahrene Entrepreneure einbinden kann, und zugleich enge Verbindungen zu Sponsoren auf der obersten Führungsebene, die es unterstützen.

- Wer eng mit erfahrenen Entrepreneuren zusammenarbeitet – was Sie unserer Meinung nach unbedingt tun sollten –, muss sich im Klaren darüber sein, dass er es vermutlich mit einer völlig anderen Einstellung zu tun bekommt. Der Erfolg hängt davon ab, ob man die Fähigkeit entwickelt, die besonderen Fertigkeiten des jeweils anderen und ihre Denkweise anzuerkennen.

- Der Trick besteht darin, das richtige Problem zu finden, das man lösen will. Man sollte sich immer leidenschaftlich für das Problem interessieren, nicht für eine bestimmte Lösung. Haben Sie keine Skrupel, Ihren Lieblingsideen den Todesstoß zu versetzen und ursprüngliche Lösungen zu verwerfen.

- Eine Fertigkeit und das Wissen über eine Fachdisziplin zu verlernen, die einen an die Spitze gebracht hat – oder zumindest zu erkennen, wann man sie vielleicht beiseitelassen sollte –, ist ein wichtiges Element, wenn man sich neuen Herausforderungen stellt. Mit Entrepreneuren zusammenzuarbeiten, um neue Ideen zu entwickeln und neue Geschäftsmodelle zu lancieren, kann eine belebende und lohnende Erfahrung sein, aber man muss dafür manchmal vertrauensvoll einen Schritt in unbekanntes Terrain wagen, was durch die Unternehmenskultur in den seltensten Fällen begünstigt wird.

LINDA HILL:
DIE HARVARD-PERSPEKTIVE

Linda Hill entspricht nicht dem typischen Bild der Akademikerin. Sie packt gern an. Sie hat im Vorstand von drei Fortune-500-Unternehmen sowie mit Bertelsmann, Volkswagen, Accenture, Salesforce.com und Dutzenden anderen großen Unternehmen gearbeitet und beriet die NASA, wie sie ihren innovativen Schwung wiedergewinnen konnte. Sie war Co-Autorin einer Reihe von Wirtschaftsbüchern, die zu Bestsellern wurden, darunter *Collective Genius: The Art and Practice of Leading Innovation, Being the Boss* und *Becoming a Manager.*

Heute sammelt sie als Vorstandsmitglied eines ehrgeizigen Biotech-Start-ups Erfahrungen damit, die Welt durch die Brille des Tech-Entrepreneurs zu sehen.

»Es macht Spaß, bei einem Start-up zu arbeiten«, sagt sie. »Zum ersten Mal bekomme ich mit, wie Investoren arbeiten und alles, was so dazugehört. Die haben mich dazugeholt, damit ich ihnen helfe, über die Skalierung der Firma nachzudenken und über die damit verbundenen Herausforderungen für die Führungsetage und die Unternehmenskultur.«

In ihrem Alltagsjob arbeitet Hill als »Wallace Brett Donham«-Professorin für Betriebswirtschaftslehre an der Harvard Business School und als Leitungsmitglied der HBS Leadership Initiative. Sie hat zahlreiche Eisen im Feuer, aber bei einem Projekt, an dem sie unter anderem zusammen mit der Beratungsfirma Egon Zehnder beteiligt ist, nutzt sie ihre Erfahrungen aus der Arbeit mit dem IT-Veteranen Jim Cash, um Vorstandsmitgliedern zu helfen, bessere Entscheidungen in Bezug auf digitale Technologien und digitale Transformation zu treffen.

Dieses Projekt hat sich auf einige größtenteils kaum beachtete Fragen konzentriert. »Häufig versuchen Firmenleitungen, den einen digitalen Experten zu finden«, sagte sie. »Aber eine Person alleine kann natürlich nicht Experte für alles sein, was digital ist.

Einer Studie zufolge kann die Firmenleitung nicht wirklich besser darin werden, Entscheidungen über digitale Technologie zu treffen, wenn man nicht mindestens drei Leute in der Firmenleitung hat, die bedeutende Erfahrungen im Bereich digitale Technologie haben. Tatsächlich muss der gesamte Firmenvorstand eine gewisse Basis oder gemeinsame Erfahrung mit digitalen Themen haben, wenn sie in der Lage sein wollen, dem Management beim Navigieren im digitalen Raum zu helfen.«

Das ist zum Teil ein Generationenproblem. Die nächste Generation von Direktoren hat vermutlich mehr Verständnis für digitale Dinge, denn sie ist in einer digitalen Welt aufgewachsen. Zum Beispiel kennen sie aus eigener Erfahrung die Macht der sozialen Medien. Aber natürlich zögern viele Vorstände, jüngere – und damit per Definition weniger erfahrene – Vorstandsmitglieder zu berufen.

Aus ihrer Forschung und Beratertätigkeit kennt Hill viele Unternehmen, die bedeutende Investitionen in digitale Tools getätigt haben oder Plattformen ausbauen, aber nie die ehrgeizigen Ziele erreicht haben, die Innovation zu steigern und eine differenzierte Kundenerfahrung zu bieten.

»Alteingesessene Firmen stellen fest, dass sie nicht den vollen Nutzen aus ihren Investments ziehen, solange sie nicht die Arbeitsmethoden der Menschen verändern«, sagt sie. »Und das bedeutet, die Kultur zu verändern und die organisatorischen Fertigkeiten. Man kann den Menschen KI oder Big-Data-Analytik bieten, aber wissen sie auch, wie man schnell ein paar Experimente improvisiert oder in bereichsübergreifenden Teams zusammenarbeitet, um aus diesen Experimenten zu lernen? Sie werden selten besser darin, Lösungen für Probleme zu finden, die ihren Kunden wirklich wichtig sind.«

Hill betrachtet heute die etablierten Organisationen oft als zu langsam, um die Bedrohung durch Konkurrenten nachzuvollziehen, die nicht zu den bekannten Rivalen in ihren eigenen Industriezweigen gehören.

Diese disruptiven Außenseiter haben oft eine breitere Perspektive und konzentrieren sich auf das, was in einer Industrie getan werden *könnte,* statt auf das, von dem man bereits weiß, dass es getan werden *sollte*. Wenn diese neuen Konkurrenten das tun, was getan werden *kann*, wird das zu dem, was man tun *sollte* – und die Spielregeln ändern sich für immer.

Technologie spielt oft eine große Rolle dabei, aber sie muss in den Dienst der Entwicklung eines Geschäftsmodells gestellt werden, das es einem Unternehmen erlaubt, das zu liefern, was dem Kunden wichtig ist.

»Eines der Dinge, die man als Entrepreneur weiß, ist, dass man nicht mit der Technologie anfängt«, sagt Hill. »Man fängt mit dem an, was der Kunde braucht oder will. Der digitale Teil ist nur das Werkzeug, das einem dabei hilft.«

Ideen stammen von Menschen, nicht von der Technologie. Aber Hills Forschungsfokus über Leadership und Innovation hat sie überzeugt, dass es fast immer die »Kreuzbefruchtung« verschiedener Ideen in einem Team ist, die neue Paradigmen entstehen lässt und zu radikal neuen Angeboten führt. »Bei Innovationen geht es nicht um ein Sologenie«, sagt sie. »Es geht um Gruppengenies.«

Um diese Genialität zu entfesseln, muss man die richtigen Menschen zusammenbringen und in eine Umgebung setzen, die sie ermutigt, sich auszutauschen und ihre Talente und Leidenschaften gewinnbringend einzusetzen. Das bedeutet, die Mauern zwischen denjenigen einzureißen, die die Innovationen liefern sollen, und denjenigen, die sie umsetzen sollen. Das ist etwas, mit dem sich alteingesessene Unternehmen schwertun; für Tech-Entrepreneure ist es dagegen selbstverständlich. »In einem Entrepreneur-Setting gibt es diese Trennung nicht«, sagt sie. »Jeder liefert Innovationen und setzt sie um.«

Sich auf dieses neue Arbeitsumfeld des Entrepreneurs einzulassen erfordert eine andere Einstellung und einen neuen und subtileren Ansatz bei den Führungsaufgaben. Es geht nicht mehr darum, sich als Führungsperson zu positionieren und zu sagen: »Hey, Leute, folgt mir.« Die Verantwortung ist auf das ganze Team verteilt.

»Um gemeinsam die Zukunft zu erschaffen, die wir aufbauen wollen, hat jeder die Verantwortung, Werte zu schaffen und ein Gamechanger zu sein«, meint Hill. »Wir wissen alle, wie schwer Innovationen sind. Wenn Unternehmen Methoden einbringen wollen wie Lean Start-up oder Design Thinking, dann versuchen sie, die Leute dazu zu bringen, Muskeln einzusetzen, die sie vorher noch nicht genutzt haben, und auf neuartige Weise zu denken. Bei all diesen Ideen geht es darum, Menschen zu helfen, mehr wie Entrepreneure zu arbeiten.«

RAHMYN KRESS:
GUT INFORMIERTER AUSSENSEITER

Rahmyn Kress kombiniert viele Lebensläufe in einer Person. Er ist der Gründer von HumanCapitalNetwork, ein Serien-Entrepreneur, Investor und Technologieexperte. Er ist ein äußerst gefragter Vorreiter des Wandels mit der Visionskraft des Entrepreneurs, der Erfahrung als Geschäftsmann und dem sozialen Engagement, das man braucht, um am heutigen Markt zu bestehen. Als wir ihn für dieses Buch interviewten, war Rahmyn Chief Digital Officer (CDO) bei Henkel, einem Weltmarktführer für Wasch- und Reinigungsmittel, Schönheitspflegeprodukte und Klebstoffe. Das Unternehmen ist seit einhundertdreiundvierzig Jahren aktiv, und seine Marken – bekannte Namen wie Persil-Waschmittel, Schwarzkopf-Haarpflegeprodukte und Loctite-Kleber – machen einen weltweiten Umsatz von mehr als 22 Milliarden Dollar pro Jahr.

Aber Geschichte und Tradition allein garantieren nicht den Erfolg oder auch nur das Überleben im Bereich der Verbrauchsgüter, genauso wenig, wie sie das in auf den ersten Blick anfälligeren Industrien wie dem Einzelhandel oder im Medienbereich tun. Die Disruptoren lassen sich nicht aufhalten. Kress' Aufgabe war es, die Veränderungen voranzutreiben, um Henkel darauf vorzubereiten, seinen Platz in der digitalen Welt einzunehmen.

Darin war die Verbrauchsgüterindustrie im Allgemeinen nicht besonders gut. Unzählige große, seit Langem etablierte Unternehmen in dieser Branche sind dabei schlecht aus den Startblöcken gekommen. Und diejenigen, die sich auf den Weg zu einer digitalen Transformation gemacht haben, bewiesen darin nicht immer viel Talent.

»Ich kann mich an kein einziges Unternehmen im Bereich Verbrauchsgüter erinnern, das es richtig hinbekommen hat«, sagte Kress. »Viele von ihnen sind sehr verspätet auf der Party eingetroffen.«

Er war nur etwas über zwei Jahre bei Henkel, in einer Schlüsselposition, in der er mehr oder weniger durch Zufall gelandet war. Man hatte ihn dazugeholt, um das Unternehmen zu beraten, wie es auf der Suche nach einem CDO vorgehen sollte, eine Beratung, die er mit der unverblümten Offenheit eines gut informierten Außenseiters erteilte.

»Ich war da schonungslos. Ich habe sie gefragt: ›Wissen Sie, wieso Sie einen CDO wollen? Wissen Sie, was er für Sie leisten soll? Wollen Sie nur einen, weil alle anderen einen haben?‹

Ich habe ihnen gesagt, sie sollten eine klare Vorstellung vom Aufgabenbereich haben – was diese Person tun sollte und was nicht – und vor allem, dass der CDO direkt dem CEO unterstellt sein sollte und niemandem sonst. Und dann haben sie mich gebeten, den Job zu übernehmen.«

Kress glaubt, dass kein CDO mehr als drei Jahre in seiner Rolle bleiben sollte. Es muss ein gewisses Gefühl der Dringlichkeit geben, wenn man eine Agenda des radikalen Wandels vorantreiben will. In seinen zwei Jahren bei Henkel beeilte er sich, die erste Stufe der digitalen Transformation des Unternehmens anzustoßen. Er identifizierte die Grundlagen des digitalen Technologieökosystems der Firma und baute es auf. Außerdem stieß er neue Initiativen für elektronisches Kundenbeziehungsmanagement (eCRM) und für Performance Marketing an, bevor er diese Tools wieder zurück in die Obhut der traditionellen IT-Abteilung und des Marketingteams des Kernunternehmens gab.

Seine größte Initiative war jedoch die Lancierung von Henkel X, einer revolutionären Innovationsplattform, die auf der ganzen Welt Aufmerksamkeit erregt hat.

Henkel X wurde im Februar 2018 eingeführt. Ziel war ein aktives Kooperationsnetzwerk, das Henkels Geschäftspartner, große Unternehmen, erfolgreiche Entrepreneure, Venturekapitalfirmen und Start-ups zusammenbrachte. Es sollte genug Spielraum für Ideen und Diskussionen geben, aber Kress wollte, dass daraus auch Handlungsanstöße hervorgingen. Es gab sieben Präsentationsveranstaltungen von Henkel X, und die Ergebnisse waren äußerst vielversprechend.

»Achtzehn Machbarkeitsprojekte gingen aus diesen Aktivitäten hervor, und das hat bislang zu sechs langfristigen Partnerschaftsvereinbarungen geführt«, sagt er.

Kress hat seine eigenen Vorstellung davon, wie große Unternehmen sich den Herausforderungen stellen sollten, produktiv mit Entrepreneuren und Start-ups zusammenzuarbeiten. Er ist kein Fan von »Innovationstourismus« und den Versuchen, Kreativität anzustoßen, die wie Modetrends kommen und gehen und die er überall um sich herum sieht.

»Ich glaube nicht an Acceleratoren und Inkubatoren«, meint er verächtlich. »Ich habe zu viele gesehen, die gescheitert sind, und zu wenige, die erfolgreich waren.«

Seiner Überzeugung nach gehen große Unternehmen, die sich mit Start-ups zusammentun, das oft auf die falsche Weise an und schlachten die Gans, bevor sie das goldene Ei legen kann. Sie konzentrieren sich zu sehr darauf, die Kontrolle zu behalten, sind zu sehr darauf bedacht, Probleme alleine mit Geld lösen zu wollen, und sind zu zynisch, wenn es darum geht, ihre Juniorpartner auszunutzen und dann abzusägen.

»Man muss das richtig angehen«, sagt er. »Das bedeutet, sie mit Respekt zu behandeln. Das sind kleine Unternehmen. Man sollte sie nicht ausbeuten, als leicht durchgeknallte Berater an Bord holen und hinterher ausspucken. Man darf nicht zu viel investieren und sie damit ersticken. Und man muss ihnen die Freiheit lassen, das zu tun, wofür man sie überhaupt an Bord geholt hat. Unternehmen sind meist sehr schlecht in so etwas.

Man muss einen Rahmen finden, ein Betriebsmodell, das Raum lässt, damit sich diese kooperativen Aktivitäten voll entfalten können. Ich glaube keine Sekunde daran, dass man das alleine schaffen kann.«

Kress hat seine breite, industrieübergreifende Perspektive im Verlauf einer Karriere entwickelt, während der er Hightech-Unternehmen gründete, in der Musikindustrie für Universal Music Group arbeitete und bei Accenture die Strategie für Ökosysteme und Ventures entwickelte.

»Wir müssen uns wehren«, sagt er. »Aber nicht gegen die Disruption. Diese Veränderungen sind unerlässlich. Es ist ein Kampf gegen unsere eigenen Ängste und unsere Lähmung. Die Auswirkungen, die digitale Technologien und Plattformen in anderen Industriebereichen hatten, verraten Unternehmen wie unserem, dass sie sich neue Modelle und Dienstleistungen einfallen lassen müssen, wenn sie weiter relevant bleiben wollen. Und wenn man das tut und dabei erfolgreich ist, wird sich ein großer Teil ihres Geschäfts letztlich ins Digitale verlagern.«

ADA HEALTH:
CHATTEN MIT DEM HAUSARZT

Denken Sie an berühmte Duos, die eine ganze Industrie beeinflussten. Finanzdienstleister? Warren Buffett und Charlie Munger. Internet? Sergey Brin und Larry Page. Künstliche Intelligenz im Medizinbereich? Das könnten gut und gerne Claire und Daniel von Ada Health sein. Das sind Dr. Claire Novorol und Daniel Nathrath. Gemeinsam mit ihrem dritten Mitgründer, Professor Martin Hirsch, haben sie die weltweit am schnellsten wachsende medizinische App der Welt geschaffen. Sie gibt Menschen auf der ganzen Welt die Möglichkeit, auf Grundlage von mehr Informationen bessere Entscheidungen in Bezug auf ihre Gesundheit zu treffen. Über 10 Millionen Downloads und 18 Millionen Gesundheitschecks später scheint telehealth in guten Händen zu sein.

Um die Personalknappheit im Gesundheitswesen auszugleichen, setzt Ada Technologie ein. So wird medizinisches Wissen genutzt und lässt die Nutzer der App direkt davon profitieren. Das funktioniert etwa so, als hätten Sie rund um die Uhr Zugang zu Ihrem vertrauten Hausarzt und könnten ihn mitten in der Nacht wecken: »Ich würde gerne mal über WhatsApp mit Ihnen chatten.«

Sie können eine Nachricht schicken, die beschreibt, was Ihnen fehlt, und Ada wird Ihnen Fragen stellen, so wie es ein guter Arzt machen würde, wenn er sich die Krankengeschichte eines Patienten anhört. Zum Schluss sagt Ihnen die App, woran Sie leiden könnten, und empfiehlt, was Sie tun sollten. Das Ziel ist nicht, den Arzt zu ersetzen, sondern den User zu unterstützen, die richtige Entscheidung über die nächsten Schritte zu treffen. Er kann das Ergebnis dieser ersten Einschätzung dann den Fachkräften mitteilen. Auf diese Weise erhalten der Doktor oder die Krankenschwester, die der Patienten persönlich aufsucht, schon einige Vorabinformationen.

Die Gründer sind im Gesundheitswesen dafür bekannt, wie sehr sie sich für einen bedeutenden Wandel einsetzen. »Es gab und gibt immer noch ein paar falsch gesetzte Anreize im Gesundheitswesen«, sagt Novorol. »Manchmal ist es nicht unbedingt im Interesse des Patienten, wie die Dinge gehandhabt werden. Neue digitale Unternehmen im Gesundheitsbereich haben die Gelegenheit und die Verantwortung, sich dafür einzusetzen, dass sich manche Dinge zugunsten des Patienten ändern und dass Gesundheitsfürsorge leichter verfügbar und nachhaltiger gestaltet wird.«

Diese Mission ist lobenswert, aber es ist eine Herausforderung, eine solch transformative Technologie in ein komplexes und etabliertes System einzufügen.

Für Nathrath kam das überraschend. »Als wir damals anfingen, waren Ärzte nicht unbedingt als Early Adopters neuer Technologie bekannt. Ich wusste über einige der konservativen Kräfte im Gesundheitswesen Bescheid. Aber ich hatte bereits fünfzehn Jahre im Technologiesektor gearbeitet und war daran gewöhnt, schlanke Start-ups aufzubauen – also ein MVP (Minimum Viable Product) zu kreieren, zu verbessern, auf den Markt zu bringen und etwas Umsatz damit zu generieren. Insofern war ich etwas naiv, wie schnell sich im Gesundheitswesen etwas erreichen ließe. ›Schnell sein ohne Rücksicht auf Verluste‹ (›Move fast and break things‹ – der ursprüngliche Facebook-Firmenslogan, A.d.Ü.) funktioniert hier nicht wirklich.«

Novorol, eine Insiderin im Gesundheitswesen, war weniger überrascht. Als sie bei Ada anfing, hatten sie nicht vor, ein MVP aufzubauen. Stattdessen konzentrierten sie sich »wirklich sehr darauf, eine absolut klassenbeste, weltbeste Technologie zur Diagnoseerstellung aufzubauen, die auf Wahrscheinlichkeiten basiere«, sagt sie. »Und das dauerte Jahre.«

Aber rückblickend hätte sie dennoch einige Lektionen aus dem Handbuch für schlanke Start-ups beherzigen sollen. »Ich wünschte, wir hätten früher mit vermehrten ›Fail-fast‹-Experimenten angefangen, um eine Idee praktisch zu erproben. Und nicht nur Produktinnovationen, sondern auch Innovationen bei den Geschäftsmodellen. So hätten wir herausgefunden, was nicht funktioniert und was eher klappen könnte. Wir hätten dann umschwenken und wirklich alle Risiken eliminieren können, bevor eine Menge Ressourcen investiert werden.«

Ada begann als Werkzeug zur besseren Entscheidungsfindung, um Spezialisten beim automatischen Teil der Anamnese zu assistieren und ihnen zu helfen, schneller die richtige Diagnose zu stellen. Dann konzentrierte sich das Team darauf, die Wissensbasis für Allgemeinmedizin zu verbreitern, denn sie fanden Hinweise darauf, dass die Mehrzahl der verspäteten oder falschen Diagnosen bei den Patienten bereits viel früher auftraten, nämlich auf der Ebene der Allgemeinärzte. Also arbeiteten sie sich stromaufwärts vor, von den Spezialisten zu den Allgemeinärzten. Es stellte sich jedoch heraus, dass die Ärzte kaum geneigt waren, Ada bei ihrer alltäglichen Arbeit einzusetzen – vielleicht aus Angst, dass solche Apps sie irgendwann überflüssig machen würden, oder aufgrund von Problemen, Ada in die altbewährten Systeme einzubinden, die zur Rechnungserstellung genutzt wurden.

Gleichzeitig sahen Novorol und Nathrath ein steigendes Interesse der Patienten selbst und beschlossen, noch einen Schritt weiter flussaufwärts zu tun. Das bedeutete, die inzwischen umfangreiche medizinische Wissensdatenbank in eine patientenfreundliche Sprache zu übersetzen.

Nathrath bezieht sich gern auf eine Schlüssellektion, die sie vom mittlerweile verstorbenen renommierten Clayton Christensen von der Harvard Business School gelernt hatten. »Das Risiko für einen Neuling in einer Industrie, der mit den Platzhirschen kooperiert, besteht darin, dass sie für gewöhnlich den Großteil des Werts abschöpfen und gewinnen«, sagt er. »Wenn man jedoch nicht nur eine technologische Innovation hat, sondern auch ein disruptives Geschäftsmodell, dann hat man eine Chance, wirklich groß zu werden.

Doch das ist eine gewaltige Herausforderung im Gesundheitswesen. Denn einerseits ist der Druck der Investoren enorm – wobei wir viel Glück mit unseren hatten. Man muss Umsatz generieren, und das geht am besten, wenn man mit den Platzhirschen kooperiert. Auf der anderen Seite, wenn man wirklich einen Moonshot landen will, muss man versuchen, die Art und Weise zu verändern, wie die Platzhirsche das Spiel spielen, und eigene Regeln aufstellen. Ich glaube, dieser Herausforderung sehen sich eine Menge junger digitaler Unternehmen im Gesundheitswesen gegenüber, und das wird eine Weile so bleiben.«

Selbst mit einem starken Gründungsteam, das alle erforderlichen Fähigkeiten und Einstellungen mitbringt, wäre es nicht möglich gewesen, etwas wie Ada auf die Beine zu stellen ohne die anhaltende finanzielle Unterstützung einiger reicher deutscher Familien. »Sie waren sehr geduldig mit uns die ersten sieben Jahre«, sagt Nathrath. »Sie haben immer noch weitere Verwandte gefunden, die uns halfen, denn sie glaubten an die Mission des Unternehmens – und in gewisser Weise glaubten sie an uns. Das ist eine große Verantwortung für uns.«

TEIL 5:

CORPORATE VENTURE BUILDING

INNOVATION UND IMPACT

Stellen Sie sich eine einfache, beliebte App vor, die uns hilft, die Welt vor dem Klimawandel zu retten, indem sie es Millionen Menschen erleichtert, ihr persönliches Budget für Auswirkungen auf den Planeten festzulegen, einzuhalten und in Echtzeit zu überwachen: Laufe ich genug? Kann ich noch einen Flug nehmen? Benutze ich den Whirlpool zu häufig?

Stellen Sie sich eine umfassend regulierte und zugelassene App für Gesundheitsfürsorge vor, einen »Arzt in der Hosentasche«, der Ihnen sofortigen Zugang zur Online-Überwachung Ihrer Gesundheit bietet – Herzschlag, Blutdruck, Blutzuckerspiegel; vielleicht scannt die App auch Ihr Gesicht und die Augen nach Warnsignalen für Krankheiten.

Stellen Sie sich eine neue Assetklasse vor, die unsere besten und erfindungsreichsten Gehirne und die Macht und Ressourcen der großen Unternehmen, Regierungsbehörden, Universitäten und Gemeinden zusammenbringt, um erstaunliche neue Lösungen für die drängendsten Probleme der Welt zu schaffen.

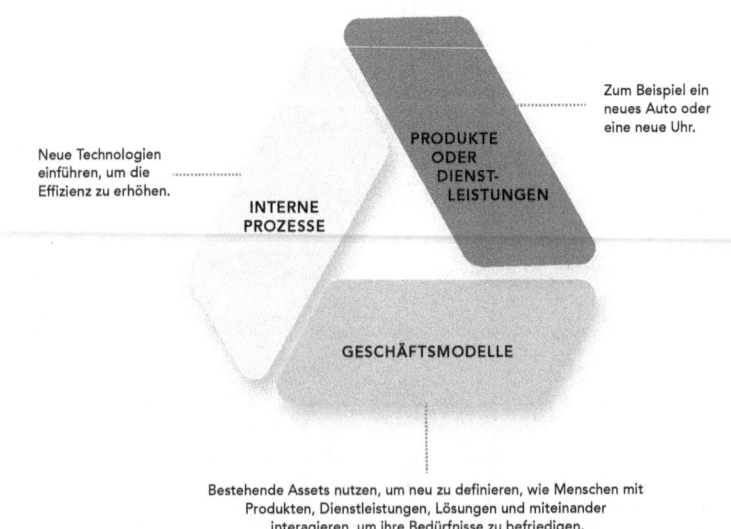

Innovation von Prozessen, Produkten und Geschäftsmodellen

Machen Sie sich nicht zu viele Gedanken wegen des Begriffs Assetklasse. Er hört sich technisch an, aber er bezieht sich nur darauf, dass man strukturiert Kapital, Zeit und andere Ressourcen wie Daten und intellektuelles Eigentum investiert, um neue Werte zu schaffen.

Die Innovationsindustrie hat bisher große Profite gemacht, allerdings nicht immer zum Nutzen ihrer Unternehmenskunden. Aber wenn Sie im neuen Normal zur Führungsperson aufsteigen – oder eine bleiben wollen –, dann ist es wichtig, dass Sie Ihre Zeit und Ressourcen nicht mit der Suche nach Einhörnern oder dem Goldtopf am Ende des Regenbogens verschwenden.

Wenn man sich die verschiedenen Innovationsansätze ansieht, dann beinhalten sie für gewöhnlich drei Elemente: Prozesse, Produkte und Geschäftsmodelle, wie in der obigen Grafik dargestellt.

1. INTERNE PROZESSE: Ihr Geschäftsprozess kann natürlich optimiert werden. Das kann man zum Beispiel erreichen, indem man neue Technologien installiert, um die Effizienz zu erhöhen. Maschinenlernen, KI und fortgeschrittene Robotik können in den nächsten Jahren dabei eine große Rolle spielen. Diese Optimierung ist von entscheidender Bedeutung, wenn man konkurrenzfähig bleiben will, aber sie führt typischerweise lediglich zu stufenweisen Innovationen. Das hätten Sie vermutlich so oder so tun sollen.

2. PRODUKTE ODER DIENSTLEISTUNGEN: Eigene Produkte zu entwickeln ist das Erste, woran die Leute denken, wenn es um Innovation geht. Ein Autohersteller bringt ein neues Auto auf den Markt, ein Uhrenhersteller eine neue Uhr. Diese Gegenstände schaffen neuen Wert, sind aber selten wirklich transformativ, solange sie nicht mit einer Transformation des Geschäftsmodells einhergehen.

3. GESCHÄFTSMODELLE: Die wahre transformative Macht liegt darin, über das Kreieren neuer Produkte hinauszugehen zur Nutzung bestehender Assets, um neu zu definieren, wie Menschen mit den Produkten, Dienstleistungen, Lösungen und miteinander umgehen, um ihre spezifischen Bedürfnisse zu befriedigen.

Das soll nicht die ersten beiden Typen von Innovation unterminieren. Eine Transformation des Geschäftsmodells kann nicht ohne die beiden anderen Elemente funktionieren. Aber wenn wir nicht darüber hinausgehen, werden wir nicht die Art und Weise verändern, wie wir operieren. Sie werden nicht in der Lage sein, die großen Themen Gesundheit und Klima anzugehen. Und Sie werden nicht zu jemandem werden, der dem neuen Normal seinen Stempel aufdrückt.

Angesichts der größten globalen Bedrohungen müssen wir alle unsere Assets auf unterschiedliche Weise einsetzen, von neuen Technologien und Echtzeitdaten bis zu Lieferantenbeziehungen, Vertriebskanälen und allem anderen, das uns zur Verfügung steht. Die erfinderischen Kräfte mithilfe koordinierter Anreize zu vereinen ist der Schlüssel, um unser Schicksal wieder in die eigenen Hände zu nehmen, und das in jedem Bereich. Es gilt, innovative Antworten auf die heutigen besorgniserregenden und manchmal überwältigenden Herausforderungen zu finden.

Was Problembereiche wie Klima, pandemische Krankheiten, Nahrungsmittelsicherheit und Abfallmanagement angeht, müssen wir sicherstellen, dass unsere besten Ideen, Technologien und die größte Expertise an den genau richtigen Stellen eingesetzt werden kann, wo sie am meisten bewirken können.

Wir haben Zugang zu all den Technologien, die wir brauchen. Das Problem ist, dass es nicht leicht ist, die bestehenden Assets von Unternehmen einzusetzen zum produktiven, zielgerichteten Aufbau und Wachstum neuer digitaler Unternehmen. Die Kultur, der Background und die Erfahrungen der Menschen unterscheiden sich. Diese Unterschiede hindern uns daran, unser Potenzial in Wirtschaft, Politik und Gesellschaft voll einzusetzen.

Das Ausmaß der menschlichen Tragödie wird der Abstand sein zwischen dem, was wir mit unseren Assets (Technologien, Verbindungen, Daten und so weiter) hätten tun können, und dem, was wir tatsächlich erreichen, um die Klimakatastrophe abzuwenden. Wer will unseren Kindern und Enkeln sagen, dass wir all die erforderlichen Technologien hatten, um das Klima zu kontrollieren und unsere Gesundheit zu erhalten, aber so beschäftigt damit waren, Post-its an Wände zu kleben und in politisierten Vorstandssitzungen herumzusitzen, dass wir darüber versäumt haben, die richtigen Anreize zu setzen, um die wirklich wichtigen Probleme zu lösen?

Auf den nächsten Seiten reden wir über das Corporate Venture Building – eine neue Assetklasse, die Sie in die Zukunft Ihres Unternehmens investieren lässt, damit Sie zur Bewältigung der gesellschaftlichen Herausforderungen beitragen können. In seinem Kern ist Corporate Venture Building (oft mit den Initialen CVB abgekürzt) eine Assetklasse – genauso wie Mergers & Acquisitions (als Ansatz, um Assetklassen zu konsolidieren) und Venturekapital. Sie ist darauf ausgelegt, Probleme in komplexen, wissenschaftsbasierten, regulierten und anderweitig schwierigen Märkten zu lösen.

Um alles im Zusammenhang zu betrachten, nehmen wir zunächst die Stärken und Schwächen der anderen allgemein gebräuchlichen Assetklassen und die Ansätze für Unternehmensinnovation genauer unter die Lupe.

	INVESTMENTTYPEN			INNOVATIONSWERKZEUGE	
	CVB	M & A	CVC	LABORE/ HUBS	ACCELERA-TOREN
KONTROLLE	●	●	◕	●	◕
STRATEGISCHE AUSRICHTUNG	●	●	◔	◔	◔
AUSWIRKUNGEN AUF BESCHAFFUNG UND LOGISTIK	●	●	◔	◔	○
MÖGLICHE AUSWIRKUNG AUF KLIMA UND GESUNDHEIT	●	●	●	○	○
REGULIERTE INDUSTRIEN	●	◔	○	◑	◔

Übersicht über Wachstumsinitiativen

Nur eines noch, bevor wir ins Thema eintauchen. Die folgende Illustration ist eine Erinnerung an die verschiedenen Stadien eines Ventures, von der Geburt bis zum ersten Wachstumsschub. Es wird hilfreich sein, dies im Hinterkopf zu behalten, während wir uns die Werkzeuge ansehen, die uns neue digitale Unternehmen zu schaffen helfen.

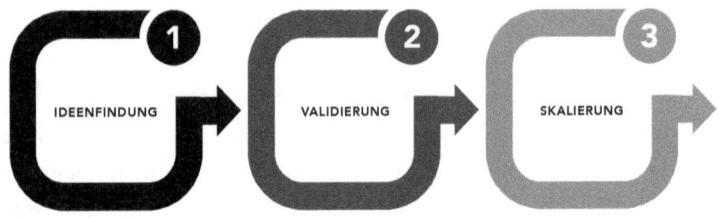

Innovation entwickelt sich in Phasen. Die Buzzwords jeder einzelnen Phase sind in das Mainstream-Wirtschaftsvokabular eingegangen. Zu Beginn gibt es den Glühbirnenmoment. Innovation beginnt normalerweise mit der Ideenfindung, mit grundlegenden Brainstorming-Sessions und kreativen Methoden wie Google Sprints oder dem Design Thinking inklusive der Herstellung und den ersten Tests grob entworfener simpler Prototypen. Darauf folgt die Phase der Validierung mit Elementen wie der Szenarioplanung und der Herstellung eines Minimum Viable Product. Wenn das genug Vertrauen schafft, um die Verkäufe anzukurbeln, dann ist die Phase der Skalierung erreicht, die normalerweise von verschiedenen Marktsimulationen und Vorhersagen begleitet wird.

Das Problem dabei ist, dass diese Aktivitäten oft auf chaotische Weise durchgeführt werden, in der falschen Reihenfolge oder als unsystematische Anstrengungen innerhalb eines Unternehmens. Was hier fehlt, ist ein konzertierter, fokussierter und systematischer Ansatz. Dazu kommen wir noch.

Die Erfolge von Venturekapitalprojekten sorgen vielleicht für einige beeindruckende Schlagzeilen, aber Venturekapitalmodelle eignen sich meist nicht dafür, einen fundamentalen Wandel in komplexen Bereichen wie Klima oder Gesundheit anzustoßen. Die Nachteile wurden ziemlich offensichtlich und führten zu gut gemeinten Initiativen wie Google X (heute nur als X bekannt) und den Breakthrough Energy Ventures von Bill Gates, die speziell darauf fokussiert sind, »den Klimawandel durch Investitionen in Innovationen im Bereich saubere Energie zu bekämpfen«. Diese Anstrengungen sind lobenswert, aber leider sind solche Beispiele in Wahrheit eher selten.

Tatsächlich zieht es Venturekapital typischerweise zu Geschäftsmodellen, die das Potenzial für schnelles exponentielles Wachstum haben. Und selbst dann erfüllen die Ergebnisse oft nicht die überspannten Erwartungen. Wie Jonathan Larsen von Ping An betont: »Die Gewinne durch Venturekapital der letzten fünfundzwanzig Jahre stammen von einer sehr kleinen Anzahl von Venturekapitalfirmen. Wenn Sie sich deren Portfolios ansehen, werden diese wiederum dominiert von einer sehr kleinen Zahl an Unternehmen – Google, Facebook, Netflix, PayPal und so weiter, und natürlich Airbnb und Uber. Aber wenn man diese Unternehmen weglässt, dann betragen die durchschnittlichen Erträge für die gesamte Welt des Venturekapitals ungefähr 2,6 Prozent.«

Außerdem schielen die Venturekapitalfirmen gerne auf die großen Gewinne, sind jedoch überraschend risikoscheu. Sie suchen sich mit Vorliebe Unternehmen, die das Potenzial haben, schnell einen Ertragsstrom zu produzieren, möglichst ohne weitere große Verpflichtungen. Ihre bevorzugten Ziele sind nicht umfangreich regulierte Märkte oder wissenschaftsbasierte, von einer unflexiblen Kultur dominierte Unternehmen und Industrien, auf die viele Stakeholder ein Auge haben mit ihren jeweils eigenen Interessen, die sie schützen wollen. Venturekapital fließt bevorzugt in Gebiete, in denen die herkömmlichen wirtschaftlichen Regeln gelten und Risiken gut kontrollierbar oder zumindest kalkulierbar sind.

Wie wir jedoch in Teil 3 erklärt haben, leiden die Industrien, die unsere größten Herausforderungen im Bereich Gesundheit und Klima angehen, typischerweise unter all diesen Nachteilen. Sie erinnern sich vielleicht an unsere Grafik über die limitierenden Schritte im Gesundheitswesen auf Seite 44.

Wir brauchen vielmehr etwas, das einen Teil der Dynamik des Venturekapitalansatzes einfängt, gleichzeitig aber mehr Industrien miteinbezieht und die Chance bietet, eine größere Zahl von Zielen ins Visier zu nehmen. Gerard Grech von Tech Nation, einer Wachstumsplattform für Tech-Unternehmen und Führungskräfte, drückt es so aus: »Das Venturekapitalmodell ist ein Ansatz mit hohen Risiken und hohen Einsätzen am einen Endes des wirtschaftlichen Spektrums. Am anderen Ende stehen die akademischen Institutionen, Nichtregierungsorganisationen und Stiftungen, die wenig Konkurrenz haben und begrenzte Werte liefern. Was ist das beste Modell für eine neue Art des Wachstums? Sind wir heute erwachsen genug, um zu wissen, dass es nicht nur schwarz oder weiß ist? Nicht nur das eine oder das andere? Können wir dafür sorgen, dass sich beide zusammentun, und dadurch extreme Werte generieren? Deswegen leben wir in einer sehr aufregenden Zeit – aufgrund der Veränderungen und der Chancen.«

Große, schon lange etablierte Organisationen, die darauf brennen, auf diesen Wandel zu reagieren und die Gelegenheit zu ergreifen, entscheiden sich vielleicht dazu, den Venturekapitalansatz in ihren eigenen Unternehmen nachzuahmen, und unterstützen ein Portfolio neuer eigener Start-up-Unternehmen. Diese Art von Vorhaben im Bereich des Corporate Venture Capital (CVC) können durch diverse Motive angetrieben werden. Es kann sein, dass neue frische Ertragsquellen für die Zukunft geschaffen werden sollen, um das eigene Territorium zu verteidigen, von nützlichem Wissen zu profitieren oder von einer kulturellen Befruchtung durch die Unternehmen in ihrem Portfolio. Irgendwann wird ihnen dann aufgehen, wie wenig Transfer tatsächlich stattfindet, egal in welcher Richtung.

Geschäftsvorschläge von Entrepreneuren anzuziehen, die gerade ins Geschäft einsteigen wollen, kann eine Art Innovationsradar liefern. Es kann sinnvoll sein, durch frühzeitiges Investment in schnell wachsende Unternehmen nach finanziellem Gewinn zu streben. Aber der Weg ist lang. Normalerweise dauert es sieben Jahre oder mehr, und einen guten Ertrag für sein Investment zu bekommen (selbst mit Expertenwissen und dem entsprechenden Zugang) ist schwer, wenn es starke Konkurrenz durch kommerzielle Venturekapitalfirmen gibt. Egal, wie groß die Hoffnungen waren, mit denen sich ein Unternehmen an die Arbeit gemacht hat – die meisten Investitionen scheitern unweigerlich.

Für Peter Borchers, Gründer von hub:raum, dem globalen Seed-Investor und »Sandbox«-Inkubator der Telekom, und ehemaliger CEO von Allianz X, dem 500 Millionen Dollar schweren Fonds der Allianz-Gruppe, ist das strategische Element wohl das wichtigste. Er sieht den hauptsächlichen Wert des Corporate Venture Capital in der Möglichkeit, sich strategisch gegen die

Risiken künftiger Disruption abzusichern, und nicht nur in der Kapazität, kurz- oder mittelfristige Geschäftsgelegenheiten zu generieren.

Aber es ist schwer, eine für den CVC-Ansatz passende Struktur und ein adäquates Format zu finden, vor allem wegen des zwangsläufigen Ungleichgewichts zwischen Größe und Einfluss des mächtigen Konzerns im Vergleich zum neuen Tochterunternehmen.

»Wenn man beschließt, etwas zu tun, was das eigene Kerngeschäft einmal ersetzen könnte«, so erzählt uns Alexander Wennergren Helm von Doktor24, »muss man das wirklich als eigenständiges Geschäft auslagern. Es ist sehr schwer, das intern hinzukriegen. Große Unternehmen sind so strukturiert, dass der Kern des Unternehmens weiter funktioniert. Das wird einen internen Konflikt auslösen, und Sie können die notwendige Kooperation nicht am Laufen halten.«

Unter dem Diktat der Wirklichkeit tendieren die Anforderungen, Vorannahmen und finanziellen Disziplinen des Kerngeschäfts stets dazu, die Bedürfnisse des Juniorpartners zu überschatten. Trotz allen guten Willens ist es fast unmöglich für ein großes Unternehmen, seinen festen Griff zu lockern, dem wachsenden kleineren Unternehmen geduldige, bedingungslose Unterstützung zukommen zu lassen und ihm die Freiheit zu geben, Fehler zu machen, die ihm das Notwendige zu tun erlauben.

Alex Manson sitzt auf der Unternehmensseite und bringt als Leiter von SC Ventures bei Standard Chartered neue Geschäftszweige auf den Weg. Er weiß um die Probleme, die durch eine solch asymmetrische Zusammenarbeit beim CVC oft entstehen. »Nicht jeder ist von seiner Unternehmenskultur her geeignet für die Art von Partnerschaften, die wir im Moment brauchen«, sagt er. »Eine gewisse Empathie ist erforderlich und ein wenig Bescheidenheit.«

Angesichts der offensichtlichen Schwierigkeiten, Projekte mit Corporate Venture Capital zum Laufen zu bringen, setzen viele Unternehmensführer lieber auf Mergers & Acquisitions in der Hoffnung, dass all ihre Probleme gelöst werden können, wenn man beim Schaffen neuer Unternehmen weiter unten ansetzt. Das erweist sich meist als Holzweg. Wenn es bereits im Venturekapitalsystem Vorbehalte gegenüber Start-ups gibt, die sich komplexe und abgeschottete Märkte vornehmen, wie wahrscheinlich ist es dann, dass dies auf einer tieferen Ebene anders aussieht?

Das große Problem bei Mergers & Acquisitions ist unserer Ansicht nach, dass Unternehmensführer denken, Übernahmen seien weniger riskant, weil die Start-ups, die sie kaufen, sich auf dem Markt bereits bewährt haben. Die Risiken, die beim Integrieren eines neues Unternehmens auftreten, werden gewaltig unterschätzt, wozu wir noch kommen werden, wenn wir über Phase 3 des Corporate-Venture-Building-Ansatzes sprechen.

Um das Problem zusammenzufassen: Wenn Sie die großen Herausforderungen der Gesellschaft angehen wollen, wen wollen Sie dann aufkaufen? Wer hilft Ihnen dabei, das zu erreichen?

Es gibt noch eine andere, sehr naheliegende Überlegung. Ein digitales Unternehmen aufzukaufen, verwandelt einen nicht in einen Experten für alles Digitale. Wer hingegen Fronterfahrungen aus erster Hand im eigenen Unternehmen gesammelt hat, dem ist es möglich, sich mit externen Start-ups zusammenzutun, und der weiß um ihre Stärken und Schwächen.

Das verweist natürlich zurück auf die andere Option, sein eigenes digitales Geschäft aufzubauen, statt eines zu kaufen. Markus Homann, der ein Corporate Venture für die italienische Generali leitet, einen von Europas größten Versicherern, erklärt unmissverständlich, wieso sein Unternehmen lieber selbst etwas aufbaut, statt es zu kaufen.

»Wenn man ein Start-up kauft, stehen die Chancen gut, dass es bereits eine starke Unternehmenskultur hat«, sagt er. »Entweder lässt man alles, wie es ist, oder man killt es – beide Optionen sind jedoch problematisch. Wenn man alles so belässt, wieso erwirbt man es überhaupt und kauft nicht lieber Software-as-a-Service? Es zu killen ist selbstredend auch keine gute Idee.

Ein bedeutender Faktor, wenn es um Innovation geht und darum, wie man das Gesundheitswesen verbessert, besteht darin, eine starke Unternehmenskultur selbst aufzubauen, indem man sein eigenes Unternehmen gründet. So hat man ein Vehikel, basierend auf dieser Kultur, mit dem Dinge möglich werden, die in einer auf Befehl und Kontrolle beruhenden Umgebung unmöglich sind.«

Die Start-ups, die irgendwann zum Verkauf stehen, haben wahrscheinlich mehrere Dinge gemeinsam. Bis sie auf dem Unternehmensradar auftauchen, haben sie vermutlich bereits genug Schwung und Selbstvertrauen, um einen zu hohen Preis zu garantieren. Die Entrepreneure haben ihre eigene Kultur geschaffen und ihre eigenen Ziele gesetzt und sind überzeugt, bereits ihre Kundenbasis gefunden zu haben. Start-up-Gründer zielen normalerweise zunächst auf Wachstum, um Investoren für die nächste Finanzierungsrunde anzuziehen. Sie haben sich bereits auf ihren Weg begeben, träumen von Ruhm und Reichtum und davon, etwas zu bewirken. Was wird es Ihnen also im Hinblick auf Ihre Gewinne und Verluste oder Ihre künftigen Strategieoptionen bringen, wenn Sie diese externen Start-ups kaufen?

Es ist unbestritten, dass einige unabhängige Start-ups aus eigenem Antrieb wachsen und später ein noch größeres Wertversprechen abliefern und sich um Zulassungen der Regulierungsbehörden bemühen. Aber sie müssen alle derselben Marktlogik folgen, nur um zu überleben. Wenn Sie eine Finanzierungsrunde für Venturekapital auf die Beine stellen können, bekommen Sie vielleicht das Geld, aber Sie werden immer unter Druck stehen, denn Sie bestreiten ein Rennen gegen die Zeit. Das bedeutet, dass Sie so schnell wie möglich eine Menge Kunden finden müssen, um zu beweisen, dass Sie ein wichtiges Problem gelöst haben und etwas anbieten, was die Leute tatsächlich haben wollen. In dieser Situation wollen Sie als Allerletztes von Regulierungsbehörden aufgehalten werden.

Für Leute wie Ada Health und Clue, die erfolgreiche, selbstständig agierende Start-ups im Gesundheitswesen gegründet und für deren Wachstum gesorgt haben, ist es oft ein langer, beschwerlicher und frustrierender Weg, die nötigen Zulassungen von Regulierungsbehörden wie der amerikanischen FDA, der europäischen Arzneimittelagentur, der britischen MHRA oder der indischen CDSCO zu bekommen. Mit einem etablierten Unternehmen im Gesundheitswesen zusammenzuarbeiten kann sicher helfen, wenn es darum geht, die bürokratischen Hürden zu überwinden, aber es gibt noch viele andere Faktoren, die eine konventionelle Partnerschaft weniger attraktiv machen können.

Missverständnisse über Schlüsselthemen wie Anreize, Markenwert, Rechte, Verantwortlichkeiten und Entscheidungsfindungsprozesse unterminieren das erforderliche wechselseitige Vertrauen, um eine Partnerschaft zwischen einem großen Unternehmen und einem innovativen Start-up reibungslos zu gestalten. Beide Seiten müssen sich über die Regeln der Partnerschaft im Klaren sein – kulturelle Differenzen, persönliche Konflikte und Streitigkeiten über unmittelbare und langfristige Ziele können sich dabei als tödlich erweisen. Was auf dem Papier gut aussieht, wird schnell zu einem Albtraum.

Bevor wir uns mit Alternativen zu den Optionen Venturekapital (VC), Corporate Venture Capital (CVC) und Mergers & Acquisitions (M&A) befassen, lassen Sie uns noch ein paar Ansätze besprechen, auf die Unternehmensleitungen oft ihre Ressourcen verschwenden. Es sind keine Assetklassen oder Investmentansätze wie Fusionen und Übernahmen, sondern eine Reihe von angesagten und gehypten Arten, wie man seine Zeit in der Innovations-Vorhölle verbringen kann.

Das erste Beispiel ist der Start-up-Accelerator, der darauf abzielt, junge, von Wachstum getriebene Unternehmen durch Bildungsprogramme, Mentoren und Finanzierung zu unterstützen. Start-ups nutzen einen Accelerator für eine bestimmte Zeitspanne und als Teil einer Gruppe anderer Unternehmen. Die heutigen firmeneigenen Acceleratoren wurden durch die besten Beispiele auf dem freien Markt inspiriert, wie Y Combinator (das am Launch von Airbnb und Dropbox beteiligt war) und Techstars. Beide haben einige bemerkenswerte Resultate erzielt. Aber unseres Wissens gibt es keinen einzigen firmeneigenen Accelerator, der Ergebnisse geliefert hat, die auch nur in die Nähe der Erfolge dieser Rockstars kommen. Soweit wir wissen, hat lediglich ein Start-up, das von einem firmeneigenen Accelerator hervorgebracht wurde – die in Berlin ansässige Bank N26 –, eine Bewertung von mehr als 1 Milliarde Dollar und damit Einhorn-Status erreicht.

Dann gibt es noch die schicken Innovationslabore und Inkubatoren. Die sind prima, wenn man ein wenig Spaß haben und eine Unmenge Ideen generieren will, während man sich gerade mal nicht mit dem Alltagsgeschäft abgibt und das Einkommen für die Firma erwirtschaftet. Aber für gewöhnlich passiert dann Folgendes: Die Angestellten kehren in ihre Alltagsjobs zurück und sehen zu, wie ihre funkelnden, transformativen neuen Ideen einen langsamen Tod sterben.

Was in den Innovationslaboren vor sich geht, mag wichtig sein. Doch den Aktivitäten dieses Labors fehlen oft die strategische Relevanz, angemessene Kennzahlen, um den Erfolg zu messen, die Unterstützung der Führungsebene und die Akzeptanz innerhalb des Ökosystems des Unternehmens. In vielen Fällen sind die am Innovationslabor Beteiligten unsicher, ob sie damit dem Kerngeschäft helfen sollen oder es disruptieren. Und wenn der Prozess nicht auch gründliche Marktforschung beinhaltet, ein genaues Ergründen der Kundenwünsche und systematische Tests, wird es wenig Übereinstimmung mit den Bedürfnissen der Kunden geben. Was jedoch am wichtigsten ist: Ohne einen klaren, strukturierten, systematischen Prozess und speziell dafür bereitstehende Ressourcen, um diese Ideen weiterzuentwickeln, ist dieses ganze Unterfangen kaum mehr als Innovationstheater. Die dafür erforderlichen Ressourcen beinhalten mindestens die Beteiligung und das Engagement der Firmenleitung, Zugang zu Kapital und ein realitätsbezogenes und strukturiertes Entrepreneur-Operationsmodell, wie wir es weiter unten beschreiben werden.

Als Nächstes werden zwei Innovationsansätze vorgestellt, die weder Assetklassen noch Werkzeuge sind. Man sollte sie an dieser Stelle aber erwähnen, weil diese Konzepte vielen Unternehmensleitern als Erstes einfallen.

Da sind zum einen die konventionellen Partnerschaften, die viele als wirkungsvolle Methode betrachten, um Assets nutzbringend einzusetzen und etwas zu lernen. Aber was erwarten Sie zu lernen? Oft bleiben Partnerschaften zu informell, es herrscht wenig Engagement, und angemessene Erfolgsanreize fehlen.

Partnerschaften können hilfreich sein, wenn man sie strategisch mit Corporate Venture Building oder anderen Assetklassen kombiniert, um ein bestimmtes Ziel zu erreichen. Aber selbst dann braucht es aktive Arbeit und

Engagement. Viele Partnerschaften sind zumindest theoretisch gleichbe-rechtigt, aber wenige bleiben das lange. Außerdem sollte man nicht zu opti-mistisch sein angesichts der sich daraus ergebenden Lernmöglichkeiten. Es ist immer noch eine »Wir-und-die«-Situation. Die Unternehmen, mit denen man sich über die Fortschritte unterhält, gehören nicht zur eigenen Firma und werden Ihnen nicht alle Geheimnisse verraten. Sie erfahren nicht viel über die Einzelheiten des geschäftlichen Auf und Ab, über die Konflikte in ihrem Team und ihre geheimen Probleme und Ängste.

Und dann gibt es natürlich noch die interne Transformation, die offensicht-lich wichtig ist für den Übergang zu digital gestützten Arbeitsmodellen und Nutzenversprechen. Aber dieser Begriff deckt eine solche Vielzahl an Ansät-zen ab – inklusive Prozessautomatisierung, Förderung von Binnenunter-nehmertum und Programmen zur Veränderung der Unternehmenskultur –, dass er einem nicht viel sagt.

Das Hauptproblem besteht darin, dass die Transformation sich nicht darin erschöpft, digitale Technologien in ein Unternehmen zu injizieren. Sie hat viele Facetten, ist diffus und dreht sich nicht nur um Technologie. Sie erfor-dert eine Veränderung der Mitarbeiter, von Maschinen und Geschäftspro-zessen inklusive all des daraus entstehenden Chaos, anhaltendes Monito-ring und Interventionen von oben, um sicherzustellen, dass die richtigen Entscheidungen getroffen werden. Das ist ein mühsamer Prozess, der wich-tig sein kann, aber es ist unwahrscheinlich, dass er zu einer massiven Trans-formation führt. Und in Krisenzeiten, wenn Unternehmen in den Überle-bensmodus schalten, sind Hightech-Initiativen oft die ersten Projekte, die auf Eis gelegt werden, auch wenn sie potenziell wertvoll sind. Stellt man es jedoch richtig an, so können die internen Transformationsprogramme eine befruchtende Kultur für neue digitale Geschäftsmodelle schaffen und Ihnen helfen, die Assets des Kerngeschäfts auf den Erfolg in neuen Märkten vorzu-bereiten.

Wenn Sie innerhalb Ihres Einflussbereichs das neue Normal schaffen wol-len, helfen Ihnen Innovationslabore, Acceleratoren in Unternehmen, Inku-batoren und Corporate Venture Capital nicht weiter. Das haben sie auch in den letzten zehn Jahren nicht geschafft, nicht einmal ansatzweise, und wir können uns in Momenten existenzieller Bedrohung wie in der aktuellen Lage nicht darauf verlassen. Mit den gängigen Innovationsvehikeln kommen Sie nicht weit, denn das latente Potenzial Ihrer Kernassets bleibt weitgehend ungenutzt, während Sie die Energie Ihres Unternehmens auf eine Art und Weise verschwenden, die letztlich überhaupt nichts verändern wird. Es mag sich vielleicht angenehm anfühlen, und Sie erhaschen möglicherweise einen Blick auf attraktive, hoffnungsvolle Ideen, aber das ist auch schon alles.

Die entscheidende Frage ist daher: Was sind die wichtigsten Dinge, die Sie bis zum Ende dieses Jahrzehnts erreicht haben wollen, und wie können Sie Ihre Bemühungen auf dieses Ziel hin ausrichten? Und die Folgefrage daraus: Wie können wir all unsere bestehenden Assets, von Daten über Technologie bis hin zu Netzwerken und sämtlichen anderen möglichen unfairen Vorteilen, innovativ nutzen und damit bahnbrechende neue digitale Unternehmen mit einem klaren wirtschaftlichen und gesellschaftlichen Zweck vorantreiben? Wie können wir das neue Normal gestalten, ohne unser Kerngeschäft zu riskieren?

Wie immer Ihre Antwort aussehen mag: Unternehmen werden stufenweise aufgebaut, und jede Phase hat ihre eigenen einzigartigen Herausforderungen und Anforderungen. Auch wenn es kein Patentrezept dafür gibt, wie man etwas völlig Neues erschaffen soll, können und müssen Sie diesem Prozess eine Struktur geben und ein förderliches Regelsystem, das die richtigen Anreize setzt, das richtige Ausmaß an kultureller und operationeller Unabhängigkeit für das Team bietet, Ihnen gleichzeitig die Kontrolle lässt und systematisch Ihr unternehmerisches Risiko minimiert.

Lassen Sie uns also nun ganz konkret darüber reden, wie Sie den Übergang zum neuen Normal einleiten können.

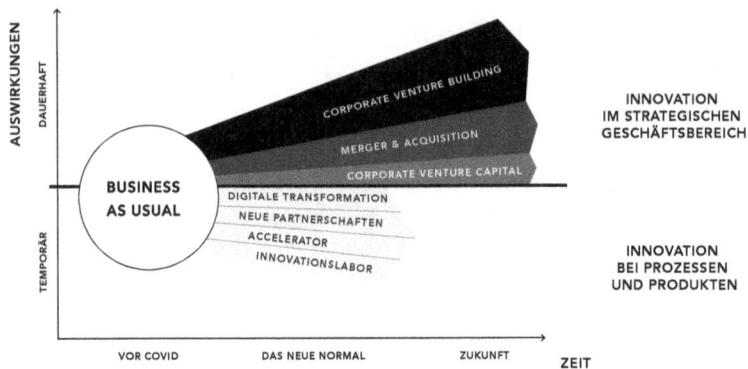

Maßnahmen, um das neue Normal zu schaffen

Hier ist unsere Sicht darauf, wie Führungspersonen ihre Institutionen neu erfinden werden.

CORPORATE VENTURE BUILDING (CVB)

Im Zuge von COVID-19 wird gern darauf hingewiesen, dass nichts wieder ganz so sein wird wie vorher. Das neue Normal, wie immer es aussehen mag, wird auf jeden Fall anders sein.

Volkswirtschaften werden sich letztlich von der Corona-Pandemie erholen und das soziale Leben vielleicht wieder so locker und unbeschwert, wie es früher einmal war. Aber die sich beschleunigenden Auswirkungen des Klimawandels zwingen uns zu einer Änderung unserer Lebens- und Arbeitsweise, selbst wenn die nächste Pandemie nicht vor der Tür steht. Es wird politische Umwälzungen und Verhaltensänderungen geben. Zudem verschieben sich vermutlich gesellschaftliche Werte und Prioritäten.

Das ist es, was Sie in unserer Grafik oben sehen können. Auf diese Weise werden Unternehmen, Entrepreneure und Märkte interagieren während der kurzen Zeit, die wir als unmittelbare Zukunft betrachten. Es ist die neue Realität, die Realität in diesem Augenblick, das neue Normal.

Der Kreislauf des Corporate Venture Building

Diese Illustration betont die Kernzutat für Innovation im neuen Normal – das, worauf wir achten müssen, während wir uns den großen Herausforderungen wie Gesundheit und Klima widmen.

Unternehmensführer und politische Führungspersonen müssen sich darauf konzentrieren, was es für Unternehmen bedeutet und wie sie im Zuge dieser tektonischen Verschiebungen etwas zur Gesellschaft beitragen können. Während viele Teile der Welt sicher auf eine Wirtschaftskrise zusteuern, hängt das Überleben der meisten Unternehmen von ihrer Fähigkeit ab, sich an eine Realität anzupassen, die bis in ihre Grundfesten erschüttert wurde. Wenn man die positive Seite sehen will, so werden etablierte Unternehmen feststellen, dass sie in Form ihrer bestehenden Assets einige bedeutende Vorteile haben, die sie nun in die Waagschale werfen können.

Corporate Venture Building als eine neue Assetklasse ist die Lösung, mit der Unternehmen in die Nutzung dieser bestehenden Assets investieren können, um Vorteile zu schaffen, die sie aus der Masse herausheben, und neue hybride Geschäftsmodelle zu entwickeln. Aber weil CVB jede Stufe des Venture-Building-Prozesses abdeckt inklusive der Modelle, auf welche Weise das Geld eingesetzt wird, muss eine spezielle Führungsstruktur etabliert werden.

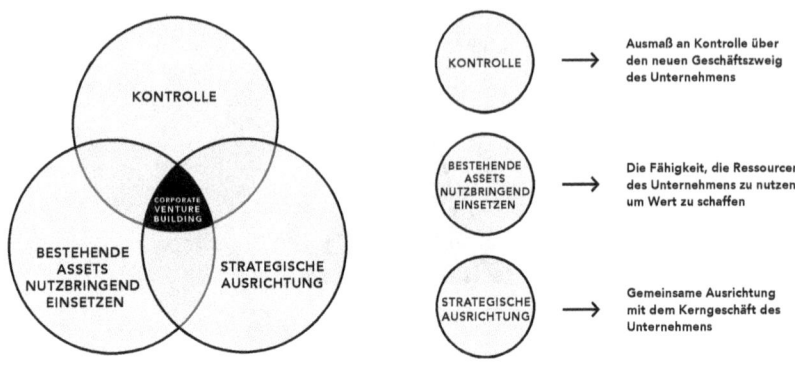

**Corporate Venture Building
repräsentiert eine neue Assetklasse**

Der Hauptvorteil des CVB für Unternehmen ist, dass sie die Eintrittsbarrieren überspringen können, um in attraktive, aber schwierige und daher oft unterversorgte Märkte eintreten zu können. Wenn Sie sich jedoch mit CVB beschäftigen, bereiten Sie sich auf eine enge Beziehung voller Herausforderungen vor, die entstehen, wenn man unterschiedlichste Denkarten und Teamkulturen unter einen Hut bekommen will. Sie werden mehr herausbekommen und mehr hineinstecken. Es ist eine gute Übung in Co-Creation und erfordert Zeit, Sorgfalt und Aufmerksamkeit für diese gemeinsame Reise.

CVB hat sich als besonders geeignet erwiesen für komplexe und regulierte Märkte. In diesem Bereich muss man seine Vorannahmen über das Geschäft auf andere Weise validieren und auch anders seinen ersten Schwung aufbauen. Kleidung, Bücher oder Elektronikartikel online zu verkaufen ist schon eine beachtliche Herausforderung, aber zumindest sind die Datenmodelle ziemlich geradlinig, es gibt wenig Intervention von Regulierungsbehörden, und Sie wissen, dass es eine Nachfrage beim Kunden gibt, an der Sie Ihren Erfolg messen können.

Wie mittlerweile klar geworden sein sollte, ist CVB besonders gut für Industrien wie Gesundheitswesen, Klima und Finanzen geeignet, wo komplexe wirtschaftliche Kräfte und Faktoren berücksichtigt werden müssen.

Alex Manson, der Innovationsexperte von SC Ventures, lässt keinen Zweifel daran, dass die verschiedenen Bestimmungen in den hochgradig regulierten Industrien es schwer machen, neue Ideen zu entwickeln. »Das ist der Punkt, wenn man Geschäftsmodelle außerhalb eines Unternehmens-Settings aufbaut, die sich vom normalen Geschäftsmodell unterscheiden«, sagt er. »Sie nur intern auszuprobieren wäre schwierig und widerspräche zu sehr der Natur der Organisation – nicht nur aufgrund der Immunabwehr im Unternehmen, sondern weil es nicht darauf ausgerichtet ist, so etwas zu tun. Deswegen muss man sie außerhalb des Unternehmens entwickeln. Wenn das passiert ist, kann man sie sich entfalten und skalieren lassen und erhält neue Optionen für das Unternehmen. Aber das Erschaffen, die Inkubation, die Skalierung, etwas beweisen zu müssen – all das muss draußen passieren, denn es ist ein anderes Set-up.«

Draußen zu sein bedeutet jedoch nicht, dass man nicht vernetzt ist. Ganz im Gegenteil. Wie wir später sehen werden, ist die Kernzutat für den Erfolg eine klare strategische Leitungsstruktur, die hilft, das neue Geschäft mit dem Kernunternehmen zu verbinden und auf eine Linie zu bringen. Markus Homann von Generali Health Solutions sieht die Leitungsstrukturen und die Unternehmenskultur als ein zusammenhängendes Paar von Schlüsselfaktoren für den Erfolg.

»Um auf einem Gebiet erfolgreich zu sein, auf dem man nicht über alle Bedingungen Bescheid weiß, auf die man stoßen wird, das also unsicher ist – und das wird notwendigerweise so sein, wenn man innovativ ist –, braucht man eine starke Kultur, um das Projekt und die Menschen zusammenzuhalten und eine Motivation zu schaffen, die in eine bestimmte Richtung zielt.«

Übernimmt das Venture zu viel der Kultur des Hauptunternehmens, gefährdet dies den Erfolg.

»Wer eine starke Kultur will, muss auch in der Lage sein, diese Kultur zu formen«, sagt Homann. »Springt man von einem Projekt zum nächsten, unterliegt die Kultur des Projekts dem Zufall. Es hängt von den Leuten ab, die daran beteiligt sind. Und es hat vielleicht keine eigene separate Kultur, weil es der eines größeren Unternehmens folgt. Aber Sie können sie nicht formen, Sie können sie nicht entwickeln, und Sie können sie nicht erschaffen.«

Daher ist es wichtig, sehr sorgfältig die richtigen Leute auszuwählen und sicherzustellen, dass sie auch selbst an der langfristigen Lebensfähigkeit des Ventures interessiert sind und damit die Kultur gegen den Sog der Schwerkraft des Mutterschiffs verteidigen können.

Gebraucht werden das richtige Set-up, eine vernünftige Leitungsstruktur und natürlich ein Gefühl dafür, in welche Richtung man steuert. Sie fangen per Definition etwas völlig Neues an. Es gibt keine Abkürzungen oder Patentrezepte, um erfolgreiche neue Unternehmen aufzubauen. Mit den richtigen Anfangsvoraussetzungen sollte man das nötige Vertrauen haben, um mutige Schritte zu wagen. Boris Marte, stellvertretender CEO der ERSTE Foundation und Leiter des Innovationszentrums der Bank, sieht das angesichts seiner jüngsten Erfahrungen genauso.

»Im Grunde haben wir einen CEO, der fünfundzwanzig Menschen sein Vertrauen schenkte, die er nicht kannte und die alle aus unterschiedlichen Industrien stammten, ohne Bankenhintergrund. Aber er gab uns 15 Millionen Dollar und drei Jahre Zeit – und wenn man drei Jahre und 15 Millionen Dollar hat und mit ein paar guten Ideen aufwarten kann, dann wird man sie auch umsetzen können. Ich glaube, das ist die richtige Art, das anzupacken. Kreative Menschen brauchen eine andere Arbeitsumgebung«, sagt er. »Kreative Menschen funktionieren anders. Man muss ihnen vertrauen, muss der Kreativität vertrauen.«

Damit dieser systematische Ansatz funktioniert, braucht man unserer Erfahrung nach die Schlüsselzutaten Anreize, Kultur, Verbindungen, Regeln und Compliance, und man muss etwas bewirken. Und alle diese Punkte haben drei Dimensionen: die des Unternehmens, die des Marktes und die des Entrepreneurs. Wir haben schon ausgiebig von den Wirkungen geredet, die man erzielen will. Lassen Sie uns nun also einen Blick auf die anderen Zutaten werfen.

»Corporate Venture Building braucht ein klares Regelwerk, wenn die Zusammenarbeit erfolgreich sein soll. Es ist essenziell, die richtigen Strukturen für die Eigentümerschaft des Unternehmens zu finden und zu definieren, welche Anreize für Leute in Schlüsselpositionen gesetzt werden, welche gemeinsame Vision und welche Erwartungen der Entrepreneure und des Partnerunternehmens dahinterstehen.«

SEBASTIAN BOREK

CEO UND MITGRÜNDER VON FOUNDERS FOUNDATION

ANREIZE

Man muss die richtigen Anreize für die Leute setzen, die das neue Unternehmen führen. Der Schlüssel ist jedoch, dass Ihre wichtigsten Leute die richtigen Anreize bekommen, die strikt auf einer Linie mit der Hauptmission liegen. Wenn Sie die richtigen Leute haben wollen, dann stellen Sie sicher, dass sie ausreichend beteiligt werden, wenn das Unternehmen erfolgreich ist. Tun Sie das nicht, dann bekommen Sie nicht die richtigen Individuen, die den entsprechenden Entrepreneursgeist mitbringen. Ihre Opportunitätskosten sind einfach zu hoch, und sie haben das Gefühl, sie könnten genauso gut ein eigenes Start-up ohne Sie gründen – in einer anderen, weniger schwierigen Industrie. Wenn Sie ein gutes, festes Gehalt zahlen, aber sonst nichts, werden Sie vermutlich nur Verwaltungstypen anziehen, die sich kleinlaut weigern, Ihnen eine Herausforderung zu bieten, solange sie ihr Geld bekommen.

Sie müssen auch über die Anreize für Ihr Kernunternehmen nachdenken. Sie können einem jungen Venture nichts Schlimmeres antun als zuzulassen, dass es von den Interessen bestimmter Geschäftseinheiten innerhalb Ihres Unternehmens gekapert wird. Sie sind nicht damit beschäftigt, eine interne digitale Agentur aufzubauen. Stellen Sie sicher, dass die Führungspersonen innerhalb des Unternehmens ebenfalls einen Anreiz haben, wenigstens teilweise, zum alleinigen Erfolg des digitalen Tochterunternehmens beizutragen, statt ihre Belohnungen an die Erfolgskennzahlen anderer Unternehmensbereiche zu knüpfen.

Und schließlich müssen Sie sicherstellen, dass Sie die richtigen Anreize gesetzt haben, damit die Marktteilnehmer auch mitspielen. Sie werden vermutlich massiven Gegenwind von den Platzhirschen auf dem Markt erhalten. Stellen Sie sicher, dass Sie ein verlockendes Nutzenversprechen zumindest für einige der existierenden Stakeholder haben, um sich deren Unterstützung zu sichern.

KULTUR

Die Kultur frisst die Strategie zum Frühstück, so sagt man. Passen Sie auf, welche Kultur Sie für Ihre Ventures aufbauen. Das Entscheidende ist, dass die neuen digitalen Geschäftsbereiche nicht von einer Unternehmenskultur kontaminiert werden, die vielleicht in ihrem gegenwärtigen Umfeld funktioniert, aber absolut toxisch für das neue Start-up sein kann. Wie wir ausführlich in Teil 4 besprochen haben, als wir über die Zutaten für gutes Entrepreneurship redeten, müssen Sie verschiedene Denkansätze willkommen heißen.

Es gibt jedoch einen Haken an der Sache. Die Kulturen auf beiden Seiten müssen kompatibel sein. Wir haben mit Grauen miterlebt, wie ein großer multinationaler Gesundheitskonzern ein neues digitales Unternehmen aufbaute mit Leuten, deren E-Commerce-Hintergrund einen starken Einfluss hatte. Sie hielten es für Zeitverschwendung, die Zustimmung eines Ethikrats einzuholen, um mit Krebspatienten in Krankenhäusern zu reden, den potenziellen Kunden. Ein von Rechts wegen erforderliches Qualitätsmanagementsystem aufzubauen, um Software für medizinische Zwecke zu programmieren, wurde als zu »langwierig« betrachtet. In diesem Fall mussten die Manager einschreiten, um sowohl die Gesundheit der Nutzer als auch die Integrität und den Ruf des weltweit respektierten Mutterkonzerns zu schützen.

Das war glücklicherweise ein seltener Extremfall. Ähnliche Herausforderungen stellen sich bisweilen jedoch auch, wenn man sich streng an alle gesetzlichen Vorschriften hält. Erfolgreiche Corporate Ventures werden sich mit den verschiedenen Einstellungen anfreunden, den Denkweisen und den unterschiedlichen Abwägungen, die Entrepreneure von Unternehmensführern unterscheiden. Diese Unterschiede kann man nicht einfach ignorieren, also müssen Kompromisse gefunden werden, müssen Dinge auf verständliche Weise erklärt und die Leute, mit denen man zusammenarbeitet, überzeugt werden – auf ihrem eigenen Fachgebiet. Sie müssen die Implikationen dessen, was Sie tun, aus einer finanziellen Perspektive erläutern, aus der Risikoperspektive und rein sachlich. Diesen Übersetzungsprozess auszulassen führt nie ans Ziel. Nehmen Sie alle mit ins Boot, erläutern Sie alles Schritt für Schritt, bringen Sie überzeugende Argumente vor – und Sie werden feststellen, dass Sie alle eine lange Strecke des Wegs gemeinsam zurücklegen können.

Wie wir noch in unserer Fallstudie über die App alley.de für Patienten mit Hüftproblemen sehen werden, braucht man für diesen Übersetzungsprozess eine vielseitig begabte Person wie Manuel Mandler, der sowohl die Sprache des Entrepreneurs als auch die Referenzbegriffe eines großen Versicherungsunternehmens versteht. Der nützliche Nebeneffekt ist, dass die Mandlers dieser Welt auch eine Verbindung zu der Kultur des Marktes knüpfen können, auf dem sie agieren (das dritte Element in unserem CVB-Dreigestirn). Sehr wenige Start-ups im Gesundheitswesen können von sich behaupten, wirklich Ahnung von Unternehmen in der Versicherungsindustrie zu haben, selbst wenn sie eine so wichtige Rolle in diesem Sektor spielen. Ein Hoch auf die Assets, die man nicht in Cent und Euro beziffern kann!

VERBINDUNGEN

Ein weiterer entscheidender Punkt ist das Netz an Verbindungen, das sich zwischen dem Unternehmen, seinem aufstrebenden digitalen Geschäftszweig, den Leuten im externen Geschäftsumfeld und der Belegschaft des neuen Ventures bilden muss.

Das digitale Tochterunternehmen muss, was die Strategie und Vision angeht, mit dem Mutterkonzern verbunden sein und außerdem Verbindungen zu dessen Kernassets haben. Wie leicht ist es für das Team des neuen Unternehmens, auf Expertise, Daten, Patente und Kundenberührungspunkte zu-zugreifen? Wie nützlich ist der Mutterkonzern tatsächlich, wenn es darum geht, dem frisch gebackenen Tochterunternehmen zu helfen, all diese massiven Eingangsbarrieren zu überspringen, die Konkurrenten vom Markteintritt abhalten (besonders in hochregulierten und komplexen Märkten)? Mit anderen Worten, setzen Sie wirklich Ihre unfairen Vorteile mithilfe reibungsloser Geschäftsverbindungen zum eigenen Vorteil ein?

Das zweite Element ist die Verbindung zum Markt, wobei erneut das Mutterunternehmen die entscheidende Rolle spielt. Wie leicht ist der Zugang zu Schlüssel-Stakeholdern auf dem Markt? Wie stark ist die Marke, wenn es darum geht, innerhalb der Industrie ein Engagement zu ermöglichen oder zu verhindern? Wie einfach ist es für das aufstrebende digitale Unternehmen, mit potenziellen Nutzern zu kommunizieren? Der letzte Punkt ist im Gesundheitswesen oft besonders problematisch, weil Ärzte teilweise schwer zu erreichen sind und Patienten oft zu Recht davor geschützt werden, dass profitorientierte Unternehmen an sie herantreten. Eine vertrauensvolle Position oder direkter Kontakt zu den Schlüssel-Stakeholdern in einer Industrie können einen privilegierten Zugang zu wertvollen Informationen bedeuten.

Das dritte Element der Verbindung ist das, was innerhalb des entstehenden Unternehmens vor sich geht. Weil man oft sehr divers zusammengesetzte Teams braucht, um in komplexen Industriezweigen erfolgreich zu sein, wird man vermutlich innerhalb des eigenen Teams die Herausforderungen dieser Diversität ebenso zu spüren bekommen. Diversität ist nur dann ein Vorteil, wenn man sie gekonnt einsetzt und die Mitglieder des Teams alles tun, um die Sichtweisen des anderen zu verstehen, statt ihnen die eigene Denkweise aufzuzwingen.

REGULIERUNG

Als großes Unternehmen in einer hochregulierten Industrie wie dem Gesundheitswesen, der Energieversorgung oder dem Finanzwesen sind Sie mit massiven Einschränkungen Ihrer Handlungsfreiheit konfrontiert, die oft von Wettbewerbshütern durchgesetzt werden. Stellen Sie sicher, dass es kein übereifriges Übergreifen dieser Regeln auf Ihr neues Unternehmen gibt. Es hätte vermutlich mit weniger Vorschriften zu tun, wenn die beiden Unternehmen völlig unabhängig voneinander wären. Setzen Sie in jedem Fall klare Grenzen. Versuchen Sie dann, so großzügig wie möglich mit ihren bestehenden Verbindungen und der Expertise zu sein, die innerhalb Ihrer Kernbelegschaft besteht. Die Zeiten der Geschäftsmodelle nach Schema F sind lange vorbei. Den Regulierungsbehörden ist die wachsende Macht der großen Tech-Unternehmen zunehmend bewusst, und sie haben begonnen, neue Regeln festzulegen. Außerdem sehen sie Chancen, das Gemeinwohl damit zu mehren, und wollen diese ausbauen.

Eva Kaili, Abgeordnete des Europäischen Parlaments, ist der Meinung, die Regierungen spielen eine Schlüsselrolle als Treiber bedeutender Innovationen. »Den Werten der EU zu folgen und dem Pfad des Respekts für fundamentale Menschenrechte in der digitalen Ära, die nötigen Werkzeuge dafür bereitzustellen und sicherzugehen, dass die Menschen die Zeit und die Möglichkeit haben, sich digitale Fähigkeiten anzueignen, und globale Qualitätsstandards für den Umgang mit Daten festzulegen – das ist vielleicht die letzte Chance, das richtig hinzubekommen«, sagt sie. »Wir üben auch einen positiven Einfluss auf den Rest der Welt aus, und diese Pandemie war ein Katalysator dafür, weil sie ein Schlaglicht darauf geworfen hat, dass wir alle miteinander verbunden und voneinander abhängig sind.«

Die wachsende gegenseitige Abhängigkeit, die Kaili benennt, hat auch einen Einfluss darauf, wie wir mit anderen großen Unternehmen und Plattformen interagieren. Wer mehr investiert, um die eigenen Ventures aufzubauen, die bereits in einer Industrie verwurzelt sind und von den bedeutenden Akteuren unterstützt werden, hat bessere Chance, in die herrschende Kultur der dominierenden Unternehmen und Organisationen eingebunden zu werden, ohne seine »Wir schaffen das«-Mentalität des Wachstums zu verlieren.

A1:
»NICHT SCHNELLER, SONDERN ANDERS«

Alejandro Plater, Chief Operating Officer der A1 Telekom Austria Group, ist bekennender Vielleser und Fan der Philosophie. Der gebürtige Argentinier ist Betriebswirt mit internationaler Ausbildung zwischen der University of Buenos Aires, Columbia University, Wharton School und London Business School. Er arbeitete in verschiedenen Ländern Südamerikas und in Schweden, bevor er seine Position bei A1 in Österreich übernahm. Was ihn als Führungskraft von rund 20.000 Mitarbeitern von anderen unterscheidet, ist sein Fokus auf Psychologie und Philosophie – Disziplinen, die aus seiner Sicht in unserer Bildung im Vergleich zu Mathematik, Finanzen und Strategie zu kurz kommen.

»Welche Innovation löste größere Veränderung aus: Internet oder Elektrizität?« Alejandro fordert uns gleich zu Beginn unseres Interviews heraus, als wir ihn fragen, wie er mit den überwältigend schnell wechselnden Entwicklungen der heutigen Zeit Schritt hält. »Wenn wir in der Geschichte zurückgehen, finden wir viele Epochen, in denen bereits festgestellt wurde, wie überwältigend schnell die technologische Entwicklung verläuft. ›Das wird die Arbeiter entfremden‹, sagte Marx. ›Das wird die Umwelt zerstören‹, warnte Heidegger«, erklärt Alejandro und belegt dies am Beispiel der Elektrizität.

»Dunkelheit ist negativ belegt«, so Alejandro. »Das liegt daran, dass die Menschheit lange in einer Zeit lebte, in der Dunkelheit Risiko bedeutete. Als die Elektrizität kam, war die Gefahr durch die Dunkelheit gebannt. Ich bezweifle, dass unsere Zeit so einzigartig ist und dass die Veränderung heute wirklich schneller als früher vonstattengeht. Aber es ist ein anderer Wandel. Wir können heute über das Internet viel effektiver an Informationen kommen, wir brauchen beispielsweise keine Bibliotheken mehr. Aber wenn man sich vorstellt, wie das Leben vor der Elektrizität war und danach, war diese Veränderung auch einschneidend.«

A1 gestaltet den gegenwärtigen Wandel aktiv mit. Das Unternehmen gewinnt seit Jahren Preise für das beste Mobilfunknetz, ist Vorreiter beim Ausrollen des 5G-Netzwerks und entwickelt neue digitale Ventures auf Basis ihrer Assets. Die Stärkung des Kerngeschäfts, also die Konnektivität, ist dabei Priorität Nummer eins. Hier liegt der Fokus der Innovationstätigkeit von A1. Doch die Innovationen enden nicht an dieser Stelle, sie bilden die Basis für mehr.

»Sobald du diese solide Grundlage hast, fängst du an, die Assets für weitere Innovationen zu nutzen«, erklärt Alejandro. So entstand auch die Zusammenarbeit mit dem Corporate Venture Invenium, das anonymisierte Mobilitätsdaten nutzt, um neue Produkte zu entwickeln. Da für solch ein datengetriebenes Start-up Kompetenzen notwendig waren, wurde die Firma, zuerst Partner im A1-Start-up-Campus, nun mehrheitlich gekauft. Invenium kann analysieren und modellieren, wie sich Besucherzahlen in einem Shop nach einer TV-Werbeausstrahlung verändern, wie man den Bewegungsfluss in Geschäften oder die Auslastung des öffentlichen Nahverkehrs optimieren kann.

Invenium ist nicht das einzige Start-up von A1. Das Penetration-Testing-Unternehmen Offensity ist ein weiteres erfolgreiches Beispiel. Es ist sogar aus einer rein internen Initiative entstanden. »Interne Innovationen müssen mit System gefördert werden, von selbst kommt das nicht«, sagt Alejandro. »Aber gerade in so großen Unternehmen wie A1 steckt enormes Potenzial für Ideen, und die muss man finden, vor den Vorhang holen und den unternehmerischen Spirit unterstützen.«

A1 hat verstanden, dass Freiraum für die Innovatoren und Early Adopters im Unternehmen geschaffen werden muss. Dafür wurde das Intrapreneurship-Programm Empowering Ideas ins Leben gerufen, für das sich Mitarbeiter mit innovativen Ideen bewerben können. Die Teams ausgewählter Projekte können ein Jahr lang mithilfe von Fördermitteln, Ressourcen und Unabhängigkeit vom Kerngeschäft an ihrem Vorschlag arbeiten.

A1 hat mit fast allen Innovationskonzepten auf unterschiedliche Art und Weise experimentiert, inklusive Inkubatoren und Acceleratoren. Sie stellten auch externen Start-ups ihre Infrastruktur, Zugang zu Kunden und Technologien zur Verfügung. »Die größte Herausforderung ist nicht, die Idee zu entwickeln, sondern die Möglichkeit zu bekommen, sie den Kunden zu präsentieren. Hier können erfahrene Konzerne wie A1 jungen Start-ups wahre Quantensprünge ermöglichen. »Ein etablierter Name ist gerade bei großen Unternehmen wichtig, die ungern Risiken eingehen, was ihre Auftragnehmer angeht.«

Alejandro warnt allerdings auch vor einem Spannungsfeld bei unabhängigen Innovationsvorhaben: Während Freiraum und Unabhängigkeit von der Mutterorganisation wichtig sind, ist zu viel Isolation schädlich. »Wenn man einem neuen Team Unabhängigkeit gibt, es nach ›draußen‹ schickt und schnell laufen lässt, muss man darauf achten, dass es kompatibel mit der Kernorganisation bleibt.« Denn wenn sich in der neuen Organisation eine unterschiedliche Kultur, Sprache und ein eigener Wissensstand gebildet haben, fällt es schwer, die Synergien zu den Assets der Kernorganisation weiter zu nutzen.

Und auch hier kommt Alejandros Führungsstil erneut zur Geltung, der im Kern verstanden hat, dass Innovation immer ein Dialog ist zwischen Alt und Neu, dass man verschiedene Persönlichkeitstypen in Einklang bringen muss und dass es ebenso um Wissenschaft und Zahlen wie auch um Psychologie und Kultur geht.

ZUM TEIL WISSENSCHAFT, ZUM TEIL KUNST

Nun, da Sie die Zutaten kennen, werden wir Ihnen sagen, wie man sie zusammenmischt. Es gibt kein einfaches Rezept, keine Schritt-für-Schritt-Anleitung dafür. Ehrlich gesagt, unserer eigenen Erfahrung nach gab es keinen einzigen Fall, bei dem wir uns an diesen Pfad gehalten haben, als wäre er eine Religion. Die Umstände sind jedes Mal anders, denn wie ausgereift die Ideen sind, wie das Setup aussieht und welche Assets verfügbar sind, ist von Fall zu Fall verschieden – und die beteiligten Persönlichkeiten und Kulturen sind ebenfalls immer anders.

Was wir jedoch anbieten können, ist ein fundiertes und praktisches Rahmenwerk, das wertvolle Anleitung und Orientierung bietet. Indem man all die notwendigen Zutaten zusammenbringt, wird Corporate Venture Building zu einer neuartigen Assetklasse, die es Unternehmen ermöglicht, schneller Wert aufzubauen und Wirkung zu entfalten, noch dazu mit weniger Risiko, was zu einem entscheidenden – vielleicht sogar unfairen – Vorteil führt.

Doch vorab eine kleine Warnung.

Boris Marte, die treibende Kraft hinter der Online-Plattform George von Erste Bank und stellvertretender CEO der ERSTE Foundation, hat eine interessante Metapher für das Corporate Venture Building parat: »Wenn man ein Haus baut, dann gräbt man zuerst ein Loch für das Fundament. Man fängt nicht mit dem Dach an. Die Leute, die nicht bereit sind, den Aufwand zu treiben, ein Loch zu graben, werden nie ein stabiles Haus bauen.«

Während unserer Interviews für dieses Buch fragten wir erfolgreiche Entrepreneure und Personen, die Corporate Ventures aufgebaut haben, was sie gerne gewusst hätten, bevor sie ein neues digitales Unternehmen schufen. Eine überraschend häufige Antwort war: »Tausende Dinge! Aber ich bin froh, dass ich es nicht wusste, denn dann hätte ich es vermutlich nicht getan.«

Ein neues Unternehmen aufzubauen ist unglaublich schwer. Es gibt so viele Faktoren, die man berücksichtigen muss. Die meisten davon sind unmöglich vorherzusagen. Deswegen sind erfahrene Entrepreneure und Investoren oft wenig beeindruckt von »cleveren Ideen« – für sie sind großartige Ideen Alltag. Was zählt, ist die Durchführung, getrieben vom Willen, die unangenehmen, sogar schmerzlichen Momente zu ertragen, die alles andere als glorreich sind. Hinter den großen Erfolgsgeschichten der funkelnden Start-ups liegen lange Perioden voller Zweifel, zu wenig Schlaf, ständiger Zurückweisung, großen Drucks und einiger Opfer.

Man sagt, ein Entrepreneur ist eine Person, die bereit ist, ein Leben zu führen, das keiner für lebenswert hält, um das Leben zu führen, von dem jeder träumt. Was auf diesen folgenden Seiten leicht erscheint, ist es in Wahrheit nicht. Aber es kann so unglaublich befriedigend sein, dass viele Menschen es wieder und wieder tun, und das oft ihr Leben lang.

Manager sollten verstehen, dass Ausdauer das Entscheidende ist. Sie müssen das Bedürfnis überwinden, alles in Zweifel zu ziehen, was nicht innerhalb von sechs bis zwölf Monaten Traumergebnisse liefert.

Lassen Sie uns nun die drei wichtigsten Phasen des Corporate Venture Building durchgehen. Die folgende Grafik fasst sie kurz zusammen.

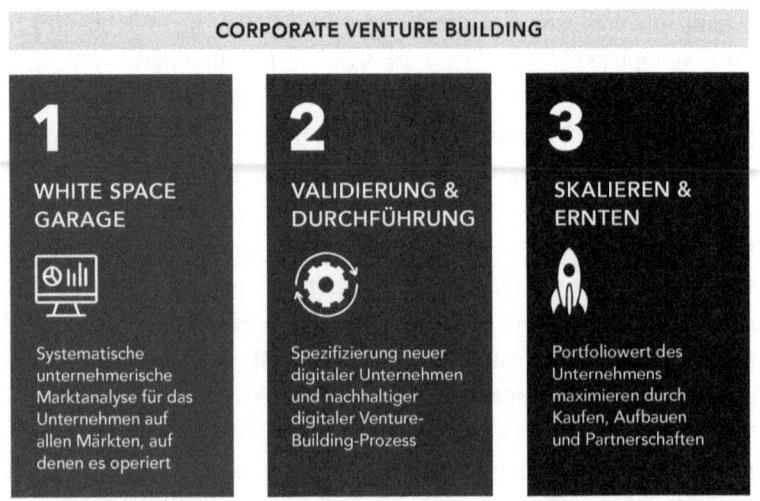

CORPORATE VENTURE BUILDING

1
WHITE SPACE GARAGE

Systematische unternehmerische Marktanalyse für das Unternehmen auf allen Märkten, auf denen es operiert

2
VALIDIERUNG & DURCHFÜHRUNG

Spezifizierung neuer digitaler Unternehmen und nachhaltiger digitaler Venture-Building-Prozess

3
SKALIEREN & ERNTEN

Portfoliowert des Unternehmens maximieren durch Kaufen, Aufbauen und Partnerschaften

PHASE 1: FINDEN SIE IHREN WHITE SPACE

SCHLÜSSELKONZEPTE

BAUEN SIE KEINE BRÜCKEN IN DER WÜSTE: Wenn Sie eine Menge Assets haben, ist es immer verlockend, sie auch einzusetzen – »für einen Mann mit einem Hammer sieht alles wie ein Nagel aus«. Konzentrieren Sie sich stattdessen zuerst auf Ihre Kunden und finden Sie heraus, wie Sie ihnen helfen können. Machen Sie das Problem zu Ihrem Ausgangspunkt.

KÄMPFE SORGFÄLTIG WÄHLEN: Es gibt eine Million Probleme da draußen, die gelöst werden wollen. Einige sind nicht so dringlich. Für andere gibt es schon eine Lösung, oder man kann sie auf eine Weise umgehen, an die sich die Leute schon gewöhnt haben. Ein Schlüsselfaktor für den Erfolg in der White Space Garage ist es, die Probleme der Kunden ernst zu nehmen und die größten davon zuerst zu lösen.

DEN SWEETSPOT SUCHEN: Jetzt ist Schluss mit vagen Andeutungen. All diese verrückten, großen Ideen, die Sie so schlau klingen lassen, müssen in der Schublade bleiben. Finden Sie ein sehr konkretes Problem, das Sie lösen wollen. Es kann klein sein, sogar langweilig, aber Sie werden sich mit jedem Detail auseinandersetzen müssen.

Corporate Venture Building ist ein Schaffens-, aber nicht per se ein kreativer Prozess. Es ist eine Kombination von Faktoren, die Strategie umfasst, ein unternehmerisches Verständnis des Marktes und der Kernassets des Unternehmens, das Verständnis der Investoren für die breiten tektonischen Verschiebungen in der Umwelt und die essenzielle Kreativität, um lösenswerte Probleme zu finden und systematisch potenzielle Lösungen dafür zu entwickeln und zu testen.

White Spaces sind eine Metapher für Bereiche mit enormen Chancen. Sie helfen Unternehmen, neue Gelegenheiten zu kartografieren, wie man die drängendsten gesellschaftlichen Probleme angeht und sie vom strategischen Standpunkt und von der Wirkung her betrachtet. Die genauso metaphorische White Space Garage ist der Ort – oder der Prozess –, an dem diese Suche beginnt. Wir benutzen diesen Begriff als Hommage an die legendären Garagen, in denen so viele erfolgreiche Unternehmen aus dem Silicon Valley angeblich ihre ersten Babyschritte gemacht haben.

Aber was genau sind diese »Spaces«?

Es sind Räume in neuen und bestehenden Märkten, die großes Potenzial haben, neue Werte zu schaffen und etwas zu bewirken, indem man neue Geschäftsmodelle und Technologien nutzbringend einsetzt. Sie werden drei Typen dieser Räume finden, wie die folgende Grafik zeigt:

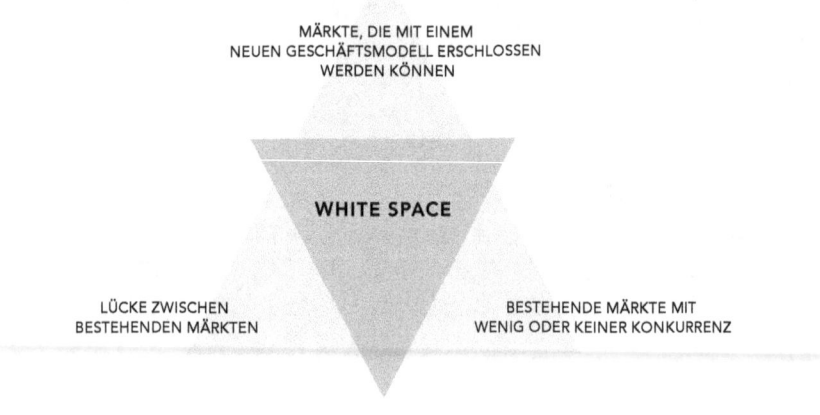

Wo finden wir »White Spaces«?

Jedes neue digitale Unternehmen beginnt mit einer Explorationsphase. Das kann ziemlich frustrierend sein, denn je tiefer man gräbt, desto verwirrender werden die komplexen Sachverhalte. Man kann leicht die Orientierung verlieren. Wenn man es aber richtig macht, dann ersparen einem die vielen Tage solider, gründlicher Forschung im weiteren Verlauf sehr viel Geld und Ärger.

White Spaces zu finden und auszuloten wirft dieselben Probleme auf, die man in der Frühphase von Start-ups findet. Es erfordert sowohl Erfahrung als auch in gewissem Maße die Einstellung eines Entrepreneurs. Das Vorgehen lässt sich in fünf Phasen aufteilen, wie die Grafik zeigt:

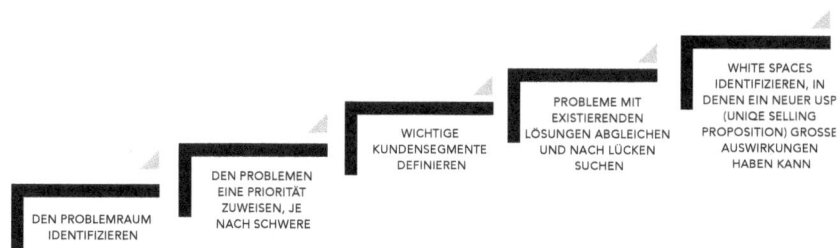

Fünf Schritte, um Whites Spaces zu finden

Das legt im Wesentlichen nahe, dass man einen gestaffelten Ansatz verwenden sollte. Man muss zuerst den Problemraum identifizieren und sich dann an die Priorisierung der Probleme machen, geordnet nach ihrem Schweregrad. Als Nächstes definiert man ein wichtiges Kundensegment und gleicht dessen Probleme auf der Suche nach Lücken mit bestehenden Lösungen ab. Dadurch entdeckt man die White Spaces, in denen ein einzigartiges Verkaufsversprechen (Unique Selling Point) einen großen Effekt erzielen kann.

White Spaces, in denen man diese großen Auswirkungen erzielen kann, sind schwer durch konventionelle Marktforschung und -analyse zu entdecken, da all die offensichtlichen Lösungen vermutlich bereits ausgeschöpft wurden. Um das nicht Offensichtliche zu finden, also die White Spaces, mit denen man die größten Wirkungen erzielen kann, braucht man die Einstellung eines Entrepreneurs und auch seine Neugier, gepaart mit der Sicht eines Investors auf das vorhandene Potenzial (idealerweise den Blickwinkel des »Impact-Investors«).

Die Jagd nach den White Spaces ist herausfordernd und unbequem. Wenn man die Sache nicht wie ein Entrepreneur angeht, kann man sein Glück gern versuchen, aber es wird vergeblich sein. Es gibt zu viele Risiken und zu viele

plausible Entschuldigungen, nach der Hälfte der Exploration wieder aufzu-
hören oder – was genauso schlimm ist – sich vor der Herausforderung zu
drücken und sich für ein weniger ehrgeiziges Geschäftsmodell zu entscheiden. Das ist vermutlich das denkbar schlechteste Szenario – halb drinnen
und halb draußen. Wir nennen es »Innovations-Vorhölle«, und dahin wollen
Sie sich nicht begeben.

Das Entscheidende an der White Space Garage ist, dass es sich um einen
tiefgehenden Entdeckungsprozess handelt. Dafür müssen wir die Dinge vor-
urteilsfrei mit neuen Augen betrachten. So kindisch sich das anhören mag,
aber Sie müssen sich selbst und den Leuten, die Sie interviewen, immer wieder die Frage »Wie?« stellen – bis Sie zu einem Punkt kommen, an dem sich
ein Muster abzeichnet, Sie genug Einsichten gewinnen und nicht länger von
dem Ergebnis überrascht sind.

Aufwendige PowerPoint-Präsentationen mit griffigen Titeln und wenigen
Stichpunkten, die Hausmannskost der Berater, sind etwas, das wahre Entrepreneure verabscheuen. Das Zeitalter der ungeordneten, typisierten Ideenfindung ist vorbei. Heute muss man oft innerhalb eines engen regulatorischen Korsetts erfinderisch sein – und das bedeutet, die Regeln der eigenen
Industrie sehr gut zu kennen. Doch keine Angst vor Grenzen: Das ist eine
gute geistige Übung. Etwas Widerstand wird Ihnen helfen, Ihr volles kreatives Potenzial zu entfalten.

Lassen Sie uns nun einen genaueren Blick auf diesen Prozess werfen. Wenn
Sie ein neues Unternehmen aufbauen, haben Sie vermutlich eine klare Vorstellung von dem, was Sie erschaffen wollen. Vielleicht haben Sie vorher sogar gründliche Marktforschung betrieben. Der Schlüssel ist, bescheiden zu
bleiben und alles, was Sie für selbstverständlich halten, als eine Hypothese
anzusehen, die in der realen Welt geprüft werden muss.

Bei Unternehmensleitern erleben wir oft, dass sie den Markt durch die
Brille ihres Unternehmens sehen. Ein pharmazeutisches Unternehmen,
das digitale Technik nutzen will, um Patienten mit Rückenschmerzen zu
helfen, wirft vielleicht einen genauen Blick auf Technologien, die ihnen
helfen, ihre Medikamente im richtigen Moment einzunehmen. Aber die-

sen Patienten kann man möglicherweise besser mit einer Sport-App helfen, die den Schmerz völlig beseitigt und den Bedarf an Medikamenten eliminiert.

Bei FoundersLane hört man öfter: »Wir sollten keine Brücken in der Wüste bauen.« Wenn man sich daran hält, kann man die perfekte Lösung entwerfen – und für die meisten Unternehmensleiter ist das vermutlich die leichteste Übung. Aber sie unterschätzen, wie wichtig es ist, wirklich eine Ahnung von den Problemen zu haben, die man lösen will. Wissen Sie tatsächlich genau, was die größten und drängendsten Bedürfnisse in Ihrem Markt sind? Sind es vielleicht welche, die Sie noch gar nicht auf dem Schirm haben?

Gehen Sie nicht davon aus, dass Sie das alles durch schiere Genialität in Ihrem gemütlichen Büro lösen können. In dieser Phase ist das größte Hindernis zwischen Ihnen und dem Geschäftserfolg Ihr eigenes Ego.

Was wir hier brauchen, ist eine sorgfältige Beobachtung der Nutzer, Interviews, Analyse von Kommentaren in den sozialen Medien sowie eine Prüfung der formellen wissenschaftlichen Literatur und all der anderen Formen qualitativer Forschung, um sowohl die expliziten als auch impliziten Bedürfnisse zu ermitteln. Vermischen Sie das alles mit quantitativer Forschung inklusive Umfragen und Landing-Page-Analyse sowie Online-Marketing-Analyse, um eine detaillierte Sicht darauf zu erhalten, wer Ihre Kunden sind und welche ihrer Probleme Ihrer Aufmerksamkeit bedürfen. Falsifizieren Sie so umfangreich wie möglich Ihre eigenen Annahmen. Das wird Ihr Leben später sehr viel einfacher machen.

Das zweite große Mantra dieser Phase ist: Wählen Sie Ihre Kämpfe sorgfältig. Ein messerscharfer Fokus auf die wichtigsten Aspekte ist ein weiterer Schlüssel zum Erfolg. Start-ups sterben nicht an Hunger, sie sterben an Verdauungsstörungen. Wie oft haben wir besonders bei Venture-Teams mit solider Finanzierung miterlebt, dass die Leute zu viele Probleme auf einmal angehen wollen. Wie sich später zeigen wird, ist das immer die Folge, wenn man die Komplexität hinter einem Problem und seiner möglichen Lösungen unterschätzt. Sie müssen sich wieder und wieder auf das *Wer*, *Was*, *Wo* und *Wann* konzentrieren.

Zuerst kommt das *Wer*. Wenn Sie sich die Fallstudie über Ada Health ansehen, werden Sie sehen, dass die Gründer zuerst darauf abzielten, ein Problem für Fachärzte zu lösen, dann glaubten, die idealen Kunden wären die Allgemeinärzte, und schließlich feststellten, dass ihre Lösung am besten geeignet war, ein verbreitetes Problem zu lösen, das Tausende Patienten haben.

Dabei ist es nützlich, über viele Details zu verfügen. Vergessen Sie das schematisierte Design Thinking, das sich eher liest wie eine Liste an Stereotypen. Wenn Sie zum Beispiel eine App für Krebspatienten aufbauen wollen, stellen Sie vermutlich schnell fest, dass niemand gerne allein auf diese Krankheit reduziert wird. Streben Sie nach einem Verständnis dessen, was die Leute wirklich motiviert und verärgert, und bauen Sie eine Persona auf, die verschiedene für Ihr Nutzenversprechen relevante Verhaltenstypen und Denkmuster abdeckt.

Dann wäre da das *Was*. Um herauszufinden, welche Probleme Sie lösen sollten, müssen Sie wissen, wie wichtig jedes einzelne ist und für welche Probleme auf dem Markt derzeit kaum Lösungen angeboten werden. Sie werden vermutlich in der Lage sein, das auf etwa ein Dutzend Schlüsselprobleme einzugrenzen, mit denen Sie umgehen können.

Das *Wo* und *Wann* scheint trivialer, aber beide können ebenfalls entscheidend sein. Sie müssen erst einmal Fuß fassen. Manchmal bedeutet das, an einem Punkt der Reise des Patienten anzusetzen, an dem Sie nicht unbedingt auf die interessantesten Märkte stoßen werden. Aber es kann am einfachsten sein, klein zu beginnen, denn so haben Sie die Chance auf erste Erträge. Das verleiht Ihnen erste Glaubwürdigkeit und schafft Berührungspunkte zu Kunden, von denen Sie lernen können.

Sie müssen sich klar darüber sein, dass Sie es selten nur mit einem einzigen Stakeholder zu tun bekommen. Vor allem wenn Sie mit Plattformen mit vielen verschiedenen Nutzergruppen (sogenannten »Multi-sided Platforms«) arbeiten wollen, sollte es offensichtlich sein, dass Sie alle Teilnehmer der Transaktionen überzeugen müssen, die Sie mit Ihrer Technologie beeinflussen.

In der White Space Garage müssen Sie über das Offensichtliche hinausgehen. In unserer alley.de-Fallstudie sieht man zum Beispiel, dass ein Großteil der ersten Recherche ohne Kontakt zu den Nutzergruppen stattfand. Das Forschungsteam durchforstete die wissenschaftliche Literatur, um mehr über Gesundheitsrisiken herauszufinden, die den meisten Patienten nicht bewusst sind. Sie fragten Anbieter im Gesundheitswesen nach den meistverbreiteten Fehleinschätzungen, wenn diese mit ihren Patienten sprachen. Wenn Sie über solche Sachen Bescheid wissen, schaffen Sie bei Ihren Kunden Aha-Erlebnisse, für die sie Ihnen dankbar sein werden. Damit bleiben Sie ihnen im Gedächtnis. Suchen Sie also den besten Ansatzpunkt.

Wir haben es bereits erwähnt: Nur weil Sie ein eindeutiges Problem gefunden haben, das Sie für eine klar umrissene Zielgruppe lösen wollen, und den richtigen Startpunkt identifiziert haben, bedeutet das nicht, dass Sie erfolgreich sein werden. Die Eintrittsbarrieren – regulatorische, kulturelle, technologische oder eine Kombination daraus, kombiniert mit zahlreichen anderen Herausforderungen – können unüberwindlich erscheinen. An dieser Stelle kommt das C (Corporate) aus dem CVB ins Spiel.

Nun geht es um die Frage, wie Sie Ihre bedeutenden Erkenntnisse über den Markt kombinieren können mit einem neuen Blick auf die unfairen Vorteile, die Sie durch den Einsatz Ihrer bestehenden Assets erlangen. Das erfordert wieder eine bescheidene Herangehensweise, und man muss darauf vorbereitet sein, dass sich die eigenen Annahmen als falsch erweisen. Viele Unternehmensführer überschätzen den Wert einiger ihrer Assets, etwa den Zugriff auf Daten oder Kundenkontakte. Sie unterschätzen allerdings vielleicht auch den Wert anderer Assets, die bislang unwichtig waren, aber im Kontext dieses neuen White Space möglicherweise extrem nützlich sein können.

Wie durch die alley.de-Fallstudie illustriert, kann Ihnen das sowohl die Chance geben, neue Werte zu schaffen, als auch die Möglichkeit, Ihr System auf neue Ziele auszurichten wie etwa wertorientierte Gesundheitsfürsorge, und damit das neue Normal für diesen Sektor zu definieren.

Was kommt also bei alldem heraus? Die White Space Garage generiert eine Reihe an Geschäftsmöglichkeiten mit einer ersten Validierung, die auf der Ebene der Unternehmensleitung präsentiert werden können und dann hoffentlich zu einem Venture-Building-Prozess führen.

Das ist alles harte, anstrengende Arbeit, aber sie geht schnell voran. Unserer Erfahrung nach dauert der Prozess, der Ihnen diese Ergebnisse liefert, um die acht Wochen und erfordert für gewöhnlich etwa 80 Rechercheinterviews. Es ist physisch und mental unmöglich, das alles in weniger als vier Wochen erreichen zu wollen – und wir wollen vermeiden, Unmögliches zu empfehlen.

Der wahre Ertrag des White-Space-Garage-Prozesses ist eine enorme Reduktion der Unsicherheit. Sie werden hinterher ein tieferes Verständnis davon haben, um welche Probleme man sich bislang am wenigsten gekümmert hat. Sie haben eine klarere Vorstellung von den Lösungen, die diesen Bedürfnissen am ehesten entsprechen, im Licht all der regulatorischen, technologischen, kulturellen und marktbedingten Einschränkungen, mit denen Sie es zu tun haben. Und Sie werden Klarheit darüber gewonnen haben, an welcher Stelle Ihre Kernassets die größte Rolle spielen können, um einen unfairen Vorteil zu erlangen.

In der Praxis haben wir oft miterlebt, wie Unternehmensleiter zu einem völlig neuen Verständnis ihrer wichtigsten Assets gelangt sind. Einige unfaire Vorteile erweisen sich vielleicht als völlig überschätzt und haben nahezu keinen intrinsischen Wert in einem neuen Kontext oder sind schwer zu mobilisieren. Andererseits stößt man vielleicht auf ein paar völlig neue, die bislang gar nicht erkannt wurden.

Die Illustration benennt die wichtigsten Bereiche, die beim CVB einer eingehenden Analyse unterzogen werden. Neben der bereits erwähnten Nutzeranalyse gehören dazu auch eine Analyse des Ökosystems inklusive seiner spezifischen wirtschaftlichen Logik wie intrinsisches Marktversagen, eine systematische Marktanalyse, die die Konkurrenzsituation im Blick hat, und der wissenschaftliche Wissensgrad in diesem Bereich. Der oberste Kreis steht für die Roadmap, die man braucht, um ein Projekt entsprechend den geltenden gesetzlichen Regularien durchzuführen. In komplexen Industriezweigen geht das weit über andere Strategiedokumente hinaus. Sie enthält normalerweise eine detaillierte Analyse der verschiedenen Auswirkungen der regulatorischen Bestimmungen auf die potenzielle Launch-Strategie eines Unternehmens.

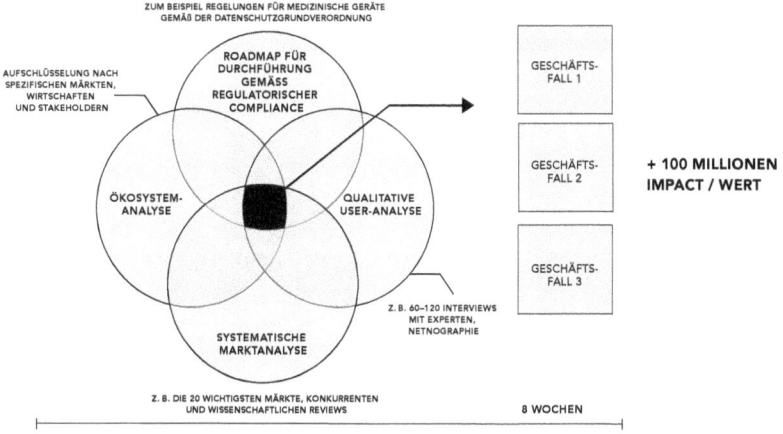

Was die White Space Garage liefern kann

Wir haben alle begrenzte Ressourcen, und die Opportunitätskosten sind hoch. Also ist es sinnvoll, sich auf das zu konzentrieren, was die vermutlich größten positiven Auswirkungen hat.

Wenn Sie sich alle zehn Monate ein High-Impact-Venture vornehmen, stehen die Chancen gut, innerhalb von fünf Jahren einen Wert von 100 Millionen Dollar zu erreichen. Natürlich nur, wenn Sie die nächsten Schritte auch richtig hinbekommen. In nur acht Wochen ermöglicht Ihnen die White Space Garage, die Chancen zu identifizieren, die massiven Wert durch detaillierte, risikoreduzierte Geschäftsmodelle generieren.

Aber nur zu wissen, was gut genug ist, ist keine präzise Wissenschaft. Es ist eher wie ein Autorennen. Dem Fahrer stehen sämtliche Leistungsdaten und sämtlicher Input der Mechaniker in der Boxencrew zur Verfügung, dennoch sagt ihm seine Erfahrung, dass der Wagen sich nicht ganz so verhält, wie er sollte, egal was die Zahlen sagen.

Wären Sie ein Investor, der kein Gespür für die Zahlen hat und von Natur aus risikoscheu ist, dann hätten Sie vermutlich zu jeder der Start-up-Ideen und Geschäftsmodelle Nein gesagt, die heute ihren Platz unter den bekanntesten, über 1 Milliarde Dollar schweren Einhörnern eingenommen haben.

Keines davon wurde von einem Unternehmen finanziert – wohl fast sicher aufgrund der vielen Möglichkeiten, wie sie hätten scheitern können, bevor sie dann doch erfolgreich waren.

PHASE 2: VALIDIERUNG UND UMSETZUNG

SCHLÜSSELKONZEPTE

TÖTEN SIE IHRE LIEBLINGE: Phase 2 ist der Zeitpunkt, all Ihre Eitelkeiten beiseitezulassen und nach Problemen zu suchen. Unterziehen Sie Ihre Vorannahmen der Feuerprobe. Das ist das wirtschaftliche Äquivalent zum Wissenschaftler, der systematisch experimentiert auf der Suche nach Wahrheit.

SPIELEN SIE KEIN INNOVATIONSTHEATER: Geben Sie sich nicht mit einem Machbarkeitsnachweis zufrieden. Beim Corporate Venture Building geht es darum, ein Produkt anzubieten, das die Leute haben wollen, und das im großen Maßstab. Es genügt nicht, nur zu beweisen, dass Ihre Idee ein paar Käufer finden könnte. Es kommt darauf an, das tatsächlich durchzuziehen und dem neuen Normal seinen Stempel aufzudrücken.

AN IHREN FRÜCHTEN SOLLT IHR SIE ERKENNEN: Das wird wehtun. Das Team, das Sie in der Anfangszeit zusammenstellen, legt das entscheidende Fundament für Ihre Mission. Vermutlich werden Sie jedoch feststellen, dass einige der Leute, von denen Sie gehofft hatten, sie würden enorme Leistungen bringen, die falschen Fertigkeiten mitbringen oder die falsche Einstellung. Sie müssen bereit sein, schwere Entscheidungen zu treffen.

DIE RICHTIGEN ANREIZE SETZEN: Jeder muss auf Linie gebracht und mit den richtigen Anreizen motiviert werden: das Gründungsteam des neuen wertschöpfenden Unternehmens, das Schlüsselteam des Kernunternehmens und das Team, das die relevanten Assets zur Verfügung stellt.

Gute Arbeit! Sie haben gezeigt, dass Sie bescheiden genug sind, sich Hunderte Male einen Irrtum beweisen und von vielen potenziellen Kunden abweisen zu lassen, bis Sie jemanden finden, der bereit ist, mit Ihnen zu reden. Gratulation zu vielen langen Nächten, in denen Sie wieder und wieder Ihre Analysen durchgegangen sind und mit anhaltender Verwirrung und dauernden Diskussionen zu kämpfen hatten. Sie haben Ihr Bestes getan, alle verfügbaren Informationen zu sammeln, haben sie sorgfältig zusammengefügt und dann ein durchdachtes Programm entworfen, wie alles durchzuführen ist. Also haben Sie jetzt Ihren bombensicheren Plan.

Nun ja ... nicht wirklich.

Jetzt ist die Zeit gekommen, Ihre Lieblinge zu töten. Sagen Sie in dieser Phase unter keinen Umständen: »Ich habe meine Recherchearbeit geleistet. Jetzt muss ich nur noch die dabei ermittelten Anforderungen in ein Gantt-Diagramm eintragen und warten, bis das perfekte Produkt fertig ist.« Wir haben oft miterlebt, dass Unternehmen ein zu großes Team engagierten, um die antizipierte Nachfrage zu befriedigen, bevor noch ein Beweis vorlag, dass diese Nachfrage tatsächlich existiert. Das ist gefährlich. So wertvoll Ihre bisherige Arbeit auch war – Sie haben noch einen langen Weg vor sich, um sich als Unternehmen zu etablieren. Es gibt nach wie vor Risiken.

Was wie eine gute Idee aussah, hält vielleicht der Marktrealität nicht stand – oder zumindest bestimmten Aspekten davon. Sie sind vielleicht zu teuer, oder es ist zu riskant, Ihre Idee auf den ganzen Markt zu übertragen. Also müssen Sie möglicherweise klein anfangen oder in einem sehr spezifischen Kundensegment, um dann zu skalieren und sich auf andere Kundensegmente auszudehnen. Sie müssen den richtigen Zeitpunkt finden. An welcher Stelle können Sie Ihre theoretischen Ideen implementieren und zum Leben erwecken? In dieser Phase kann man nicht wissen, welche Talente man letztlich brauchen wird, abgesehen von Ihrem Kernteam an Führungspersonen mit der entsprechenden Einstellung des Entrepreneurs, die also durch und durch dem in Sektion 4 erläuterten Mindset entsprechen.

Sie müssen ihnen die entsprechenden Anreize bieten, damit sie ein echtes Interesse daran haben, Ihrem Unternehmen in den nächsten paar

Jahren beim Wachsen zu helfen, statt nur die angeforderten Berichte zu liefern.

Vieles von dem, was Sie in dieser Phase tun, wird Sie an das erinnern, was Sie in der White Space Garage getan haben. Aber wo Sie vorher nur primitive Prototypen und Modelle vorzuweisen hatten, arbeiten Sie nun mit immer ausgereifteren Produkten. Vorher sind Sie losgezogen und haben 80 Menschen wegen Ihrer neuen Idee interviewt, jetzt tun Sie es wieder, um herauszufinden, ob sie bereit sind, dafür zu zahlen.

Alles wird ernster, aber Sie behalten Ihren iterativen Ansatz bei und bewegen sich Schritt für Schritt vorwärts. Mit jeder Entdeckung passen Sie die Spezifikationen Ihrer ursprünglichen Idee ein wenig an. Vielleicht vollziehen Sie sogar eine bedeutende Kehrtwende, wenn die Hinweise nahelegen, dass Sie das tun sollten.

Das Ziel sollte sein, ausreichendes Vertrauen in jedem dieser Bereiche zu erreichen. Aber es ist unwahrscheinlich, dass Sie 100 Prozent Sicherheit gewinnen. Restrisiken bleiben, und andere zeigen sich erst später. Sie können nicht darauf hoffen, jedes einzelne Problem zu lösen oder jedes Risiko zu diesem Zeitpunkt zu vermeiden. Was das in der Praxis bedeutet, hängt von den besonderen Umständen ab. In bestimmten Fällen – zum Beispiel im medizinischen Bereich – mag es ausreichen, eine einzige Klinik als ersten Partner zu gewinnen. In einem anderen Fall müssen Sie vielleicht mit Hunderten Endnutzern kommunizieren, bis Sie ein skalierbares Konsumentenmodell haben.

Der springende Punkt ist, das Lernen und das Verkaufen auszubalancieren. In der Phase der White Space Garage war es entscheidend, den Lernprozess zu maximieren. Jetzt müssen Sie auch Menschen überzeugen, Ihrer Vision Glauben zu schenken. Ähnlich wie ein Start-up im »Seed«-Stadium sind Sie auf der Jagd nach Absichtserklärungen oder ersten Kunden. Das sind typischerweise Early Adopters, die bereits auf der Suche nach einer Lösung des Problems waren, auf das Sie Ihre Energien konzentrieren. Sie werden im Allgemeinen geduldig mit Ihnen sein, und ihre Kommentare können Ihnen helfen, das Produkt weiter heranreifen zu lassen.

Aber es wird die Zeit kommen, wo Sie einen breiten Kundenkreis ansprechen wollen. Sie müssen außerdem ein Verständnis dafür gewinnen, wie Sie deren Bedürfnisse befriedigen, die sich oft sehr von denen Ihrer ersten Kunden unterscheiden. Erneut ist das Kernthema dieser zweiten Phase, zu lernen und Anpassungen vorzunehmen. Der bedeutende Unterschied ist, dass der Grad an Komplexität langsam zunimmt.

In Unternehmen mit breit gestreuten Kundenkreisen ist das sogar noch schwieriger. Sie müssen plötzlich verschiedene Nutzergruppen gleichzeitig ansprechen – und deren Bedürfnisse können sich gegenseitig widersprechen. Das erfordert vielleicht etwas kreatives Denken von Ihrer Seite. Die Gründer von alley.de haben zum Beispiel einen cleveren Weg gefunden, die verschiedenen Probleme in den Blick zu nehmen, die beide Seiten der Plattform betrafen. Das Team realisierte, dass Ärzte es zu schätzen wüssten, eine Übersichtsseite zu haben, die alle relevanten Informationen über ihre Patienten zusammenbrachte. Also fand man einen Weg, das Sammeln all dieser Daten für die Patienten ebenso attraktiv und erstrebenswert zu machen.

Es gibt auch Makrotrends, die Ihr Wertversprechen plötzlich ändern können. Viele Start-ups im Gesundheitswesen haben zum Beispiel ihren Fokus auf die Telemedizin verstärkt. Doktor24, ein weiteres Unternehmen aus unseren Fallstudien, wusste von Anfang an, dass es die meisten erforderlichen Assets besaß, um während der Pandemie verlässliche COVID-19-Tests zu liefern, und wurde schnell zu einem der wichtigsten Akteure in diesem Bereich. Sie werden ständig die Nachfrage neu einschätzen müssen, genau wie Ihr Angebot, und Ihre Aktivitäten neu nach Prioritäten sortieren, während Sie gleichzeitig Ihren alten Versprechen treu bleiben.

Nach und nach gehen Sie dauerhafte Partnerschaften mit Schlüsselakteuren in diesem Bereich ein und gewinnen einige, die freiwillig mit Ihnen zusammen etwas aufbauen. Bei einem Venture fand Sven sogar praktizierende Ärzte, die bereit waren, ihn zu wichtigen Treffen der Ethikkommission zu begleiten, um als vertrauenswürdige Stimme auf dem Gebiet für ihn zu werben und zu helfen, eine neue und potenziell disruptive Technologie voranzubringen. Vertrauen ist essenziell in dieser frühen Phase, wenn man noch keine Erfolge vorweisen kann – vielleicht sind auch Sie in der Lage, es zu »borgen«, wie Sven es getan hat.

Während Ihre Konzepte heranreifen, müssen Sie möglicherweise ein neues Unternehmen aufbauen, Ihre Produkte bei den Behörden registrieren (vielleicht ein CE-Siegel oder eine FDA-Zulassung für medizinische Software erhalten), ein System für Qualitätsmanagement etablieren und langsam neue Talente anwerben. Um es noch komplizierter zu machen, sind Unternehmen in ihrem Frühstadium noch im Fluss und unvorhersagbar, sodass die Leute, die Sie jetzt benötigen, vielleicht nicht dieselben sind, die Sie in sechs Monaten brauchen.

Tatsächlich ist Ihre Organisationsstruktur – das Team, die technologischen Fähigkeiten, der Zugang zu den Assets des Mutterunternehmens, alles, was Sie brauchen, um das Geschäft aufzuziehen – ein weiterer Risikofaktor. Das kann eine sehr steile Lernkurve für Sie sein. Im Gesundheitswesen zum Beispiel kann Ihr ausgefeiltes Geschäftsszenario alles vielleicht sehr einfach aussehen lassen, bis Sie sich in die Details vertiefen. Aber je genauer Sie hinsehen, desto mehr fallen Ihnen die Komplexitäten und regulatorischen Einschränkungen auf. Es ist ein Markt, der sehr viel Expertise erfordert und Wissen über die Abläufe, um potenzielle Fehltritte zu vermeiden, und Sie brauchen Teammitglieder, die wissen, was gemacht werden kann und was nicht.

In diesem Stadium müssen Sie extrem vorsichtig sein, welche Kultur Sie in einem neuen digitalen Unternehmen erschaffen. Wie in Teil 4 hervorgehoben, brauchen Sie unterschiedliche Denkansätze. Zu viele Manager zu haben, die nicht an den Ansatz eines Entrepreneurs gewohnt sind, könnte zu einem verfrühten Ableben des Unternehmens führen. Oliver Schoeller, der neue CEO der Gothaer Versicherung, wurde stets auf dem Laufenden gehalten und akzeptierte Veränderungen des Fokus, was es dem Tochterunternehmen alley.de gestattete, sein eigenes Schicksal zu beeinflussen. In den Meetings fungierte Schoeller als Feedbackgeber, der einen echten Wert beisteuerte. Er drückte aber auch sein anhaltendes Vertrauen aus zu Manuel Mandler, dem CEO von alley.de, und seiner Fähigkeit, eine Kultur zu erschaffen, die auf die Bedürfnisse und Ziele des neuen Unternehmens ausgerichtet war.

SCHLÜSSELFAKTOREN DES ERFOLGS FÜR DIE INKUBATIONSPHASE

Was braucht man also noch, um daraus einen Erfolg zu machen? Sie benötigen auch das richtige Setup, wie in der folgenden Grafik dargestellt.

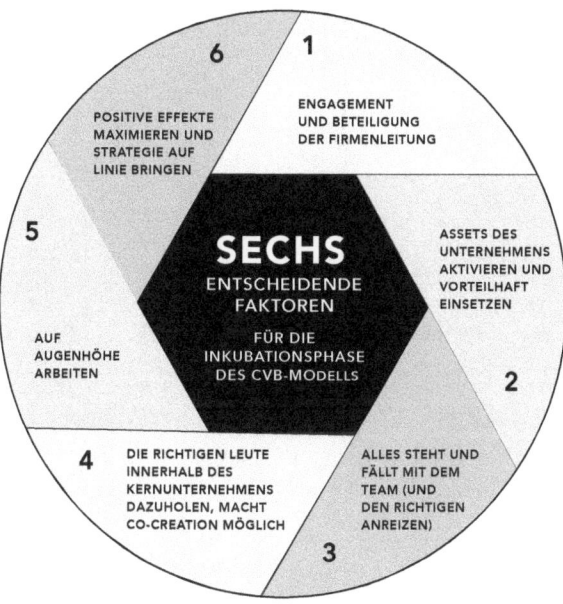

Die essenziellen Faktoren für den Erfolg beim Corporate Venture Building

Das beginnt mit einem zuverlässigen Engagement der Unternehmensleitung und einem direkten Zugang zu ihr. Die Leiter des neuen Unternehmens müssen eine Stimme im Vorstand haben, um Herausforderungen auf Augenhöhe zu besprechen. Die zweite Komponente, wie schon besprochen, ist die Aktivierung bestehender Assets innerhalb des Konzerns. Dann brauchen Sie ein passend zusammengestelltes Team mit einer großen Bandbreite an Fertigkeiten und klaren Verantwortlichkeiten, die zwischen den Entrepreneuren und dem Team des Unternehmens aufgeteilt sind.

Ein kritischer Erfolgsfaktor, den wir mehr und mehr zu schätzen gelernt haben, ist ein interner Experte, der mit der Situation vertraut ist und die Kompetenz und den Respekt des Mutterkonzerns hat, um als Vermittler zu fungieren. Diese Person muss als Fürsprecher für das neue digitale Unternehmen agieren und ihm helfen, die Unternehmenskultur zu gestalten und Zugang zu wichtigen Assets zu bekommen. Gleichzeitig stellt dieser interne Experte sicher, dass das Mutterunternehmen die Lektionen des neuen wachsenden Ventures verinnerlicht. Und last but not least sollte das gesamte Team mit einem klaren Fokus und einer gemeinsamen Vision an die Arbeit gehen.

FALLSTUDIE
WERTBASIERTE PLATTFORM

Was bekommt man, wenn man strategische Visionen und große Neugier kombiniert, den Ehrgeiz, sich ständig zu verbessern, und einen innovationsorientierten Antrieb? Man bekommt Oliver Schoeller und Manuel Mandler, ein Team, das in der Lage ist, eine neue Art von datengestützter Plattform für Gesundheitsfürsorge aufzubauen. Schoeller ist heute CEO der Gothaer, einer der größten deutschen Versicherungsgruppen unter den Versicherungsvereinen auf Gegenseitigkeit mit Umsätzen von 4,7 Milliarden Euro und über 4,1 Millionen Mitgliedern. Mandler, ehemaliger CDO der Gothaer Krankenversicherung AG, ist der Gründer und CEO von alley.de, einer aufstrebenden wertorientierten Gesundheitsfürsorgeplattform, die darauf abzielt, neue nachhaltige Qualitätsstandards im Gesundheitswesen voranzutreiben.

Mandler ist die Art von Corporate Venturer, die wir weiter vorne im Buch beschrieben haben. Er ist ein Mann, der sich während seines Lebens ständig neu erfunden hat und vor Kurzem eine Führungsposition bei der Gothaer Krankenversicherung aufgegeben hat, um der Gründer von alley.de zu werden, dem ersten digitalen Tochterunternehmen der Gothaer. Mandler ist immer noch stark eingebunden in ein europaweites Netzwerk von Krankenversicherern und Mentor beim European Institute of Technology. Für ihn wird ein dringendes Bedürfnis nach Gesundheitssystemen zunehmend offensichtlich, die auf ein wertorientiertes Gesundheitswesen zusteuern – ein wichtiges Konzept, das wir bereits in Teil 3 dieses Buches besprochen haben.

Dorthin zu gelangen ist jedoch kein leichtes Unterfangen, da es massive Verschiebungen auf der Basis des Gesundheitssystems erforderlich macht, um das volle Potenzial auszuschöpfen. Und es bedeutet, die biomedizinischen Scheuklappen abzulegen und sich auch die sozialen Bestimmungsfaktoren der Gesundheit anzusehen (wie Ernährung, Umweltfaktoren, Bildung und Haushaltseinkommen). Das ist dringend nötig, denn sich verändernde Demografien und andere Kostentreiber bedrohen die Nachhaltigkeit des heutigen Gesundheits- und Pflegesystems.

»Der Übergang von einem outputbasierten zu einem ergebnisorientierten Gesundheits- und Pflegesystem beginnt damit, den Patienten, Anbietern und Finanzierern die richtigen Daten zur Verfügung zu stellen«, erklärt Mandler. »Das ist nicht nur ein technologisches Problem. Es geht primär darum zu entscheiden, welche Daten man sammeln sollte, und sicherzustellen, dass sie von hoher Qualität und up to date sind.«

Man stellt den Patienten eine Reihe sorgfältig ausgewählter Fragen, und sie erhalten Hilfe dabei, die für ihre Gesundheitsvorsorge relevanten Dokumente zu sammeln, damit alley.de ein personalisiertes Gesundheitsprofil für jeden User anlegen kann. Dann kann es dem Patienten maßgeschneiderte Informationen und Hinweise zu sportlicher Betätigung liefern und den Gesundheitsversorgern alle erforderlichen Informationen zur Verfügung stellen. Alley.de wird zu einem persönlichen Begleiter für Menschen mit Hüftschmerzen und Arthrose, und das von den ersten Symptomen bis hin zur erfolgreichen Behandlung und darüber hinaus. Das Ziel ist es, die Sicherheit, Autonomie und Lebensqualität des Patienten zu verbessern.

Als Mandler das neue Venture auf den Weg brachte, hatte er bereits eine Menge Nachforschungen betrieben und kannte seine Ziele ganz genau. Nun war die Zeit gekommen, die Hypothesen auf die Realität treffen zu lassen. Er und sein Team sprachen mit über 100 Ärzten, Krankenschwestern und Pflegern, Physiotherapeuten und Patienten. Sie durchforsteten Kommentare in den sozialen Medien von Menschen mit Hüftproblemen, besuchten Orthopädiekonferenzen und Patientenfortbildungen in Krankenhäusern und buchten sogar Termine auf Doctolib, einem mobilen Terminservice für Beschäftigte im Gesundheitswesen, um sich mit den relevanten Leuten in diesem Bereich persönlich treffen zu können (und die Ärzte für dieses Privileg zu bezahlen).

IMPACT

Sie realisierten schnell, dass viele der ursprünglichen Annahmen logisch und ökonomisch sinnvoll waren, aber überhaupt nicht mit den Anreizen und Regeln des heutigen Gesundheitswesens übereinstimmten.

Zum Beispiel bestand eine Schlüsselannahme darin, dass es den Wert des Gesundheitssystems steigern würde, wenn man den Ärzten mehr Patienten bringt, da ein höheres Volumen auch höhere Umsätze bewirkt. Aber in Deutschland gibt es ein Limit für die Patienten pro Doktor, das mit dem Vorjahr und mit den anderen Ärzten in der Gegend abgeglichen wird. Eine Hausärztin, die plötzlich viel mehr Patienten hat, bleibt am Ende womöglich auf ihren Kosten sitzen. Stattdessen zeigten viele Ärzte Interesse an Patienten, die besser auf eine Operation vorbereitet sind, denn das würde den Zeitaufwand für banale Aufgaben wie das Sammeln von Informationen, Anrufe, Überweisungsschreiben und so weiter verringern. Sie waren schnell davon überzeugt, dass alley.de die Patienten aktiver zu ihrer eigenen Behandlung beitragen lassen würde, was zu besseren Ergebnissen führen könnte.

Zu verstehen, wo man die stärkste Wirkung erzielen kann, ist keine einfache Aufgabe. Die Prinzipien der wertorientierten Gesundheitspflege in ein System zu installieren, das auf ganz anderen Prinzipien basiert, kann leicht die flexibel agierenden Produktentwicklungsteams durcheinanderbringen. Das Problem liegt darin, dass es sich um einen Ansatz handelt, der alle Aspekte des menschlichen Lebens inklusive der Umwelt betrachtet. Und Komplexität führt schnell zu Überforderung.

Alley.de musste die Probleme priorisieren, auf die es sich fokussieren wollte, indem es das wichtigste unbefriedigte Bedürfnis sowohl von Patienten als auch von Gesundheitsdienstleistern fand. Bedienten sie nur eine Seite der Gleichung, würde die andere Seite es vermutlich sabotieren. Wenn sie einen großartigen Lösungsansatz für die Patienten boten, aber die Ärzte dafür Überstunden leisten mussten, würden diese ihre Lösung hassen.

Auf der Suche nach dem richtigen positiven Effekt im richtigen Moment in der Krankengeschichte des Patienten ging das Team die kleinsten Details peinlich genau durch. Es war eine wahre Freude, dabei zuzusehen. In den ersten paar Wochen wuchs die Darstellung des Wegs von Patienten durch das System, die an den Bürowänden aufgehängt war, von einer DIN-A1-Seite auf zwei, vier und schließlich auf sechs Seiten – mit neuen Einsichten, die sich nach jedem Update einstellten.

VERBINDUNGEN

Aber Mandler, selbst ein Insider im Gesundheitswesen, wusste, es würde nicht reichen, ein großartiges Produkt zu haben. Und ihm war bewusst, wie wichtig die richtigen Verbindungen innerhalb des Systems waren. »Der erste Schritt ist, vertrauenswürdige Netzwerke mit den Anbietern zu knüpfen, die führend in puncto Qualität sind. Dann muss man die anderen Akteure hinzuziehen, während man schrittweise einen Systemwandel herbeiführt«, sagt er. Dank seiner langen und erfolgreichen Karriere im Mutterkonzern war Mandler darüber hinaus ideal geeignet für die Aufgabe, enge Verbindungen mit dem leitenden Management der Gothaer zu pflegen.

KULTUR

Alley.de wandte sich wiederholt an die potenziellen Kunden mit einfachen Prototypen, manchmal nur auf dem Papier, um die Funktionen und das Design ihres Lösungsansatzes zu illustrieren. Den Ärzten gefiel der innovative Ansatz, doch sie schätzten auch das existierende System. Alley.de verließ sich auf die etablierten, bewährten Messungen und Fragebögen und bot Ratschläge basierend auf der neuesten Forschung und allseits anerkannten Richtlinien.

Da alley.de auf wissenschaftlich fundierten Praktiken im Gesundheitswesen basiert und über umfassend ausgebildete, diverse Teams verfügte, schaffte man es in den ersten paar Monaten des neuen Unternehmens, die Unterstützung bedeutender Meinungsmacher auf dem Gebiet zu gewinnen. Erfahrene orthopädische Chirurgen sind zuweilen schwer zu überzeugen, aber einer von ihnen prägte bald den Begriff »erwachsenes Start-up«, wenn er sich auf die professionelle Herangehensweise von alley.de bezog.

Und auch wenn alley.de einige Mitarbeiter des Mutterkonzerns mit an Bord nahm, wählte man zudem sorgfältig einige Leute von außerhalb, die eine andere Einstellung mitbrachten, sodass das neue Unternehmen eine neue Kultur formen konnte, die gleichzeitig kompatibel mit der des Kernunternehmens blieb.

REGULIERUNG

Es gibt einen weiteren Level der Komplexität: die strenge Regulierung des Gesundheitssektors. Alley.de musste bei den deutschen Behörden drei Softwaretools als medizinisches Produkt registrieren und schaffte das in weniger als sechs Monaten nach der Geburt der Firma. Das IT-Team redete gern von zwei »Monstern«, die bei den PowerPoint-Präsentationen durch gruselige Cartoonfiguren repräsentiert wurden: Datenschutz und die Medizinprodukteverordnung.

Aber das während der White-Space-Garage-Phase entwickelte eindeutige Wertversprechen war auch für die regulatorische Arbeit sehr hilfreich. Der Vorstand der Gothaer war zudem clever genug, seinem neuen digitalen Geschäftszweig keine unnötigen regulatorischen Einschränkungen aufzuerlegen.

Wegen ihres fundierten medizinischen Backgrounds wusste das Gründungsteam von alley.de bereits, dass »Schnell sein ohne Rücksicht auf Verluste« nicht der große Eisbrecher sein würde. Stattdessen durchforsteten sie sorgfältig die wissenschaftliche Literatur und erstellten robuste Sicherheitspläne für die User, was letztlich viel Geld sparte, weil sie dadurch teure Fehler vermieden. Die Dinge gründlich zu durchdenken erlaubte ihnen, Gefahren vorherzusehen und Belege zu finden, welche Features funktionieren würden und welche nicht.

ANREIZE

Alley.de wäre ohne die richtigen Leute unmöglich gewesen. Es braucht immer jemanden wie Mandler, der bereit ist, die Sicherheit einer gehobenen Führungsposition aufzugeben, um für ein noch nicht bewährtes Geschäftsmodell wie alley.de zu arbeiten. Und ebenso braucht man stets die Unterstützung der Führungsebene. Wie Mandler betont, wäre das nicht möglich gewesen ohne die von Herzen kommende und durchdachte Unterstützung des Unternehmensleiters Oliver Schoeller: »Er schreitet mutig voran. Er ist eher ein Steve Jobs oder Elon Musk, weniger ein typischer CEO einer Versicherungsgesellschaft. Er geht viele Risiken ein. Diese Einstellung ist selten im Versicherungsbereich.«

Vor alley.de liegt noch ein langer Weg. »Das ist kein Investment, das man nach drei oder vier oder fünf Jahren verkauft«, erklärt Schoeller. »Es ist ein strategisches Investment, aber wir beschlossen, alley.de selbst aufzubauen. Wir werden nach weiteren Investoren suchen, und jeder Akteur ist potenziell willkommen. Aber wir sind nicht auf schnelles Geld aus; wir suchen nach strategischen Investoren. Wir sind überzeugt, dass man für diese Art von Geschäftsmodell ein strategisches Investment braucht. Also ist es eine langfristige Investition. Die Reaktion des Marktes ist zu langsam, viel zu langsam. Selbst wenn man schnell auf den Markt kommt, braucht man mindestens fünf bis sieben Jahre, um wirklich ein unverzichtbarer Teil des gesamten Systems zu werden.«

Alley.de ist langfristig aufgestellt. Man braucht Geduld, aber die Einsätze und Gewinne sind groß – für die Patienten, für die Ärzte und für die Gothaer und ihr robustes, gedeihendes Tochterunternehmen.

PHASE 3: SKALIEREN UND ERNTEN

SCHLÜSSELKONZEPTE

ZWINGENDE OPTIONEN UNTER DIE LUPE NEHMEN.
Eine häufige Frage ist: »Sollen wir alles allein machen, jemanden aufkaufen oder uns einen Partner suchen?« In der Praxis werden Sie zum einen oder anderen Zeitpunkt alle Optionen wählen müssen. Die wirkliche Frage ist: Was sollten Ihre Kernaktivitäten sein?

LOSLASSEN, ZUMINDEST TEILWEISE. Sie werden lernen müssen loszulassen – aber nicht ganz. Auch wenn man genug Spielraum für Kehrtwendungen braucht und dem Team der Entrepreneure zutrauen muss, Pläne clever auszuführen, sollten Sie die Strategie ständig genau im Auge behalten, um sicherzustellen, dass alle auf einer Linie sind, und um Feedback zu erhalten, wenn Probleme auftreten.

EIN FUNKTIONSFÄHIGES MODELL. Sie brauchen ein Arbeitsmodell, das ausreichend schnelle Reaktionen sicherstellt. Jede Verzögerung, eine vorher ausgemachte Folgefinanzierung oder Zugang zu Kernassets zu bekommen, kann das digitale Unternehmen einem Risiko aussetzen.

DEFINIEREN SIE IHRE UNFAIREN VORTEILE NEU

Die Schwerstarbeit ist schon erledigt. Wir haben ein Produkt oder eine Dienstleistung, die kommerziell bewährt ist, was das Interesse und die Zahlungsbereitschaft dafür angeht. Wir haben außerdem Assets, die uns die Möglichkeit geben, auf dem Markt mitzuspielen und auch zu gewinnen, ein Leitungsteam für das digitale Unternehmen und die Investitionsmittel, um die nächsten Schritte zu gehen.

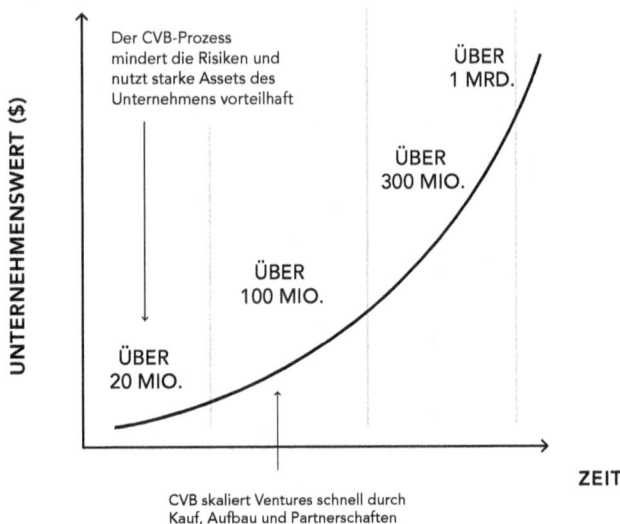

Corporate Venture Building für schnelles Wachstum

Es ist Zeit, das Unternehmen zu skalieren, bevor wir die Ernte einfahren können. Skalieren heißt, wir müssen das Unternehmen zum Wachsen bringen, was vermutlich bedeutet, mehr Leute einzustellen. Sie wollen eine erfolgreiche Unternehmenskultur nicht ruinieren, aber Sie müssen die Kultur und die Einstellung anpassen, die Sie bis hierhin gebracht haben, wenn Sie wachsen wollen. Neue Unternehmenszweige müssen vielleicht eröffnet werden, und Sie müssen in andere Länder expandieren. Weitere Partner müssen womöglich mit ins Boot geholt werden. Die externe Kommunikation muss professioneller und einheitlicher werden. Und es gibt noch viele weitere Komplexitäten, wenn man skalieren will.

Den Umsatz von 1 Million auf 10 Millionen Dollar zu erhöhen ist etwas anderes, als bei null anzufangen und zum ersten Mal die Verkäufe bis auf 1 Million Dollar zu steigern. Man braucht andere Techniken und anderes Fachwissen, möglicherweise sogar andere Persönlichkeiten. Das ist einer der vielen Punkte bei der Entwicklung des neuen Unternehmens, der auf konstruktiven Input durch den Vorstand des Mutterkonzerns angewiesen ist.

Ebenso hilfreich ist die Chance, die eigenen Ideen mit Fachleuten zu diskutieren und zu testen, die hinter den gemeinsamen Zielen und der Strategie stehen.

Beim Corporate Venture Building ist man nicht in derselben Position wie ein typisches Start-up. Das CVB-Modell sorgt für weniger Risiken beim Aufbau und der Skalierung eines digitalen Unternehmens. Denn die Assets des Mutterunternehmens können nutzbringend eingesetzt werden und sorgen auch für die Mittel, etwas aufzukaufen oder Partnerschaften einzugehen.

Der nächste logische Schritt kann sein, ein in Ihrer Branche tätiges Start-up zu kaufen und es auf Ihre strategische Vision auszurichten. Aber ein Unternehmen zu kaufen, einzugliedern und die Gründungsteams erfolgreich zu integrieren ist schwerer, als es aussieht.

Ihre Erfolgschancen steigen signifikant, wenn Sie verstehen, was Sie da gekauft haben und wie ein optimaler Betrieb sichergestellt werden kann. CVB erreicht das durch anhaltende Validierung und Neuvalidierung der Kundenprobleme, der Lösungen und Märkte, durch Talentsuche und das Nutzen von Assets innerhalb des Unternehmens, die einen unfairen Vorteil bieten.

Je mehr Sie über den Geschäftsbereich wissen, in dem Sie operieren, desto wahrscheinlicher ist es, dass Sie einen erfolgreichen Kauf tätigen. Ihre eigene Erfahrung sorgt dafür, dass Sie sich über die Marktchancen und ihre Nutzung im Klaren sind. Sie werden die ganze Zeit dazulernen in Bezug auf die Fähigkeiten, die Assets und die Einstellung, mit der man auf diesen Märkten Geschäftsstrategien umsetzt und wächst. Die beste Methode, um künftige Käufe erfolgreich zu gestalten, besteht also darin, die eigene Strategie umzusetzen und erst einmal das eigene digitale Unternehmen wachsen zu lassen.

Wie die Fallstudie von Solytic zeigt, wird Ihnen das helfen, die richtigen Assets zu erwerben. Außerdem wird es sehr viel leichter, Risiken nach einer Fusion zu reduzieren, wenn man die Anreize zwischen verschiedenen Gründungsteams und dem Kernunternehmen koordiniert. Ein detailliertes Verständnis des Geschäftsmodells und der Schlüsselfaktoren für den Erfolg eines Unternehmens erhöht ebenfalls die Wahrscheinlichkeit, dass Ihr Übernahmeziel Ihr Angebot annimmt. Für Solytic führten die Übernahmen zu einem schnelleren Wachstum und einem Zugang zu anderen Ländern. Auch die Datengrundlage wurde verbessert, um neue Features auf Grundlage von Maschinenlernen einzuführen. Die Beteiligten werden Ihre Erfahrung zu schätzen wissen und Sie als Partner respektieren, noch über die begrenzte Kooperation hinaus, die durch Ihre finanziellen Möglichkeiten angedeutet wird.

Unternehmen, die über Investitionen für das Corporate Venture Building nachdenken, sollten sich klarmachen, dass sie nicht unbedingt alles allein finanzieren müssen. Aber wenn die frühen Finanzierungsrunden erfolgreich waren, die man für gewöhnlich als besonders riskant ansieht, zeigen andere Investoren sehr viel mehr Begeisterung. Das erforderliche Kapital steht auf diese Weise schneller zur Verfügung und lässt das Gründungsteam diese Möglichkeit mit mehr Selbstvertrauen nutzen.

Eine weitere mögliche Option, um das neue digitale Unternehmen zu skalieren, ist eine Partnerschaft. Sie haben Ihr Produkt noch nicht voll entwickelt, und letztendlich werden Sie wahrscheinlich eine Partnerschaft mit Unternehmen eingehen, die Ihnen in der Wertschöpfungskette nahestehen.

Was immer Sie auch auf Ihrem Weg zum Unternehmenswachstum tun, die wichtigsten Lektionen sind:

1. **LOSLASSEN, ZUMINDEST TEILWEISE.** Eine Kernzutat für den Erfolg ist die Fähigkeit, loszulassen ... aber nicht völlig. Lassen Sie Spielraum für ein Umschwenken, und vertrauen Sie darauf, dass die Strategie richtig umgesetzt wird, aber behalten Sie dennoch stets die Gesamtstrategie im Auge. Das garantiert eine präzise Ausrichtung und liefert wertvolle Resonanz und Feedback, indem es als sogenanntes Soundingboard fungiert. Innerhalb und außerhalb von Unternehmen darf die Rolle der Kommunikation nicht unterschätzt werden. Die Soundingboard-Funktion verhindert eine Abkopplung des neuen digitalen Unternehmens von der Unternehmensstrategie des Mutterkonzerns. Dieser Verbindungsverlust geschieht oft schleichend, bis es dann zu spät ist, die Unterschie-

de in den Strategien zu groß werden und die Rechtfertigung für einen gemeinsamen weiteren Weg immer schwächer wird. Das Soundingboard gewährleistet eine solide Kommunikation und die Aufrechterhaltung der Unternehmensbeziehungen.

2. SORGEN SIE FÜR EIN REALISTISCHES ARBEITSMODELL, DAS SIE SCHNELL HANDELN LÄSST.

Jede Verzögerung einer vereinbarten Folgefinanzierung oder beim Zugang zu Kernassets kann das digitale Unternehmen gefährden. Wenn Sie das Unternehmen zu skalieren versuchen, erleben Sie viele Überraschungen – vermutlich mehr, als Ihnen lieb sind. Es gibt viele nützliche Bücher zu diesem Thema, etwa *Wenn es hart auf hart kommt: Schwierige Management-Situationen und wie man sie meistert* von Ben Horowitz, das wir Ihnen auf jeden Fall zur Lektüre empfehlen.

Ziel während dieser Phase ist es, das neue digitale Unternehmen so schnell wie möglich zu skalieren, um im neuen Normal anzukommen. Sie können in dieser Phase Optimierungen für Umsatz, Profit, sozialen Impact oder Marktbewertung vornehmen. Oder Sie können auf eine Kombination all dieser Faktoren setzen. Das muss mit den spezifischen Zielen des CVB, mit dem Vorstand und den Stakeholdern abgestimmt sein.

All das sorgt dafür, dass CVB sein ganzes Potenzial ausspielen kann und eine Skalierung des Unternehmens in enger Kooperation mit dem Mutterunternehmen stattfindet, wobei all seine Assets genutzt werden. Wenn Ihr Bewässerungssystem irgendwo ein Leck hat, dann sind die Verbindungsstellen zu schwach, und es wird zu selten genutzt – welche Ernte können Sie dann erwarten? Ohne die richtige Bewässerung und Skalierung wird es nicht viel zu ernten geben. Mit der richtigen Bewässerung, einem guten Wassermanagement und einem »dichten« System hingegen wird die Ernte reichlich sein. Der Ertrag durch das neue Wachstum übersteigt irgendwann den der auf althergebrachte Weise angebauten Früchte und erzielt einen größeren und signifikanteren Impact.

DAS HYBRIDE UNTERNEHMEN

All diese Aktivitäten sollen vor allem ein Unternehmen schaffen, das sein Kerngeschäft schützen, optimieren und erweitern und gleichzeitig genügend dynamische neue Geschäftszweige, Produkte und Dienstleistungen schaffen kann, um in einer sich schnell ändernden und größtenteils unvorhersehbaren Welt für den Erfolg richtig aufgestellt zu sein.

Das kann man nicht erreichen, ohne in das neue Normal zu investieren, Risiken einzugehen und eine Reihe von Initiativen zu starten, von denen einige vermutlich scheitern werden. Aber diese Art innovativer Aktivität ist innerhalb eines traditionellen Unternehmens buchstäblich unmöglich. Die für große und gut geführte Unternehmen charakteristischen Prozesse, Gewohnheiten, Kennzahlen, Fähigkeiten und Führungsqualitäten, die für ein anhaltendes, schrittweises Wachstum und eine peinlich genaue Strategieumsetzung erforderlich sind, passen einfach nicht zum Betrieb eines Start-ups, besonders wenn es mit digitalen Technologien und neuen Geschäftsmodellen operiert.

Selbst die traditionellen Abteilungsstrukturen, bei denen die Belegschaft in verschiedene funktionsbestimmte Sektoren aufgeteilt ist wie Verkauf, Entwicklung, Produktion, Marketing oder Personalmanagement, wirken wie Barrieren, die schnelles Handeln und holistische Denkansätze über neue Geschäftsmöglichkeiten und die Bedürfnisse der Kunden verhindern. Man braucht etwas anderes: eine Infusion frischen Bluts, neue Ideen und ein Bewusstsein für neue Möglichkeiten.

Die Standardreaktion auf dieses Problem ist es, einen dynamischen neuen Mitarbeiter einzustellen (vielleicht mit einem Titel wie Chief Digital Officer), Berater anzuheuern, sich mit einer chaotischen Reihe an Trainingsprogrammen für die Belegschaft abzugeben, die auf Design Thinking und agile Entwicklungsprozesse ausgelegt sind, oder sich nach Übernahmekandidaten umzusehen, die die gewünschten digitalen Fertigkeiten und die talentierten Entrepreneure ins Unternehmen holen.

Wir haben alle gesehen, wie wenig erfolgreich diese Bemühungen sind. Leider haben CDOs normalerweise nicht die Macht, das Prestige und die Autonomie, die sie bräuchten, um wirklich etwas zu bewirken, und sie werden oft desillusioniert und kündigen, ohne viel erreicht zu haben. Trainingsprogramme können für einen Tag sehr inspirierend wirken, verlieren aber für gewöhnlich ihre Wirkung, sobald die Belegschaft wieder in ihre gewohnte Rolle zurückkehrt. Und vielversprechende, energiegeladene Start-ups verlieren schnell ihren Schwung und oft das Personal, wenn sie in die Routinen, die Disziplin und die Konventionen eines großen, hierarchisch strukturierten Unternehmens hineingezogen werden.

Die Antwort auf all diese Probleme ist es, nach Möglichkeit eine Struktur zu schaffen, die als hybride Organisation bekannt ist. Der Begriff bezeichnet ein Unternehmen, das in der Lage ist, die aktuellen Geschäfte zu managen und sich an künftige Bedürfnisse anzupassen – ein Unternehmen, das die Methoden der kommerziellen Nutzung, die für ein effizientes Alltagsgeschäft vonnöten sind, ausbalancieren kann mit den Sondierungsfähigkeiten und der nötigen Einstellung, um neue Ideen und Geschäftsmodelle zu entwickeln. In der Realität sind natürlich hybride Organisationen, die erfolgreich aktuelle und künftige Bedürfnisse ausbalancieren können, etwa so selten wie Einhörner.

Diese Kombination von Eigenschaften ist in der Tat sehr wertvoll, da die meisten Unternehmen sich weit besser mit den Anforderungen von heute auseinandersetzen können. Einige sind besonders gut darin, konstant Innovationen zu liefern. Wenige sind in der Lage, mit Nutzung und Sondierung zu jonglieren, vor allem, weil hybride Führungspersonen mit Talent in beiden Bereichen schwer zu finden sind. Wir brauchen sie dringend, um einerseits unsere Unternehmen zu modernisieren und auf die neue Post-COVID-Welt auszurichten und andererseits die Politik aufzurütteln und eine gemeinschaftliche Bewegung anzutreiben, die sofort und entschlossen etwas gegen den Klimawandel tut.

DAS BETRIEBSMODELL DES ENTREPRENEURS

Der praktische Rahmen, der es Ihnen erlaubt, eine erfolgreiche hybride Organisation zu schaffen, ist bekannt als Entrepreneurial Operating Model. Das ist eine weitere wichtige Zutat, die man braucht, um auf das neue Normal zu reagieren.

Vielseitigkeit in einem Unternehmen entsteht nicht einfach von selbst. Die hybride Organisation ist der Schlüssel, damit so etwas funktioniert. Sie müssen ein Unternehmen so konstruieren, dass es Form und Struktur hat, und die Menschen ermutigen, gleichzeitig darüber nachzudenken, wie sie heute handeln und welche Konsequenzen sich daraus für die Zukunft ergeben. Das ist nicht leicht. Wenn Sie wie gewohnt vor allem auf den Nutzen schielen wie fast alle großen Unternehmen, sollten Sie eine Organisation schaffen, die mit dem bestehenden Unternehmen eng verbunden, aber kein direkter Teil davon ist. Deren Aufgabe sollte besonders darin bestehen, die Geschäftsgelegenheiten zu definieren, zu validieren und zu skalieren, die sich auf unserem Weg zum neuen Normal auftun.

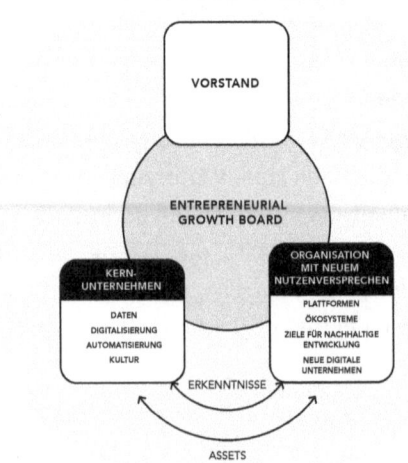

Entrepreneurial operating model

Im Diagramm wird das Kernunternehmen auf der linken Seite dargestellt. Das ist das traditionelle Geschäft, das auf Effizienz, Disziplin, Konsistenz ausgelegt ist. Wenn es nicht auf die Veränderungen der Welt um sich herum reagiert, ist es potenziell anfällig für Disruption.

Auf der rechten Seite ist das neue Unternehmen, das ein neues Nutzenversprechen bietet. Es ist auf neues Wachstum optimiert und verantwortlich für die Saat neuer Geschäftsfelder, die, wenn alles gut geht, die anhaltende Relevanz und den Wohlstand des Unternehmens als Ganzes sichern sollen.

Diese beiden Einheiten werden natürlich zuerst eine sehr unterschiedliche Größe haben. Aber es ist essenziell, dass das Unternehmen mit dem neuen Nutzenversprechen als genauso wichtig betrachtet wird wie die Kerngeschäftseinheit, dass es direkt dem CEO unterstellt ist und dass klar sein muss: Seine Aktivitäten werden immer auf irgendeine Art relevant für die Gesamtstrategie und die Zukunft des Unternehmens sein.

In der Mitte des Entrepreneurial Operating Model ist das Entrepreneurial Growth Board (EGB), das die essenzielle Verbindung zwischen beiden bildet. Es ist die entscheidende Verbindung, die sicherstellt, dass Anforderungen und Erkenntnisse, Assets und Informationen zwischen den beiden hin- und herfließen können. Die Mitglieder des Unternehmensvorstands müssen zum Teil des EGB gemacht werden, um eine strategisch einheitliche Richtung und eine optimale Allokation der Ressourcen sicherzustellen.

Das Entrepreneurial Operation Model liefert dafür einen klaren Rahmen, der es Ihnen ermöglicht, das Corporate Venture Building auf die bestmögliche Art voranzubringen. Es ist für sich betrachtet eine wichtige Struktur und soll sicherstellen, dass die Kommunikation zwischen dem Mutterkonzern und dem neuen digitalen Geschäftszweig klar, ehrlich und unzweideutig ist. Tatsächlich muss das EOM eine zweisprachige Einheit sein. Es muss die Struktur des Unternehmens und seine Sorgen nachvollziehen können. Es muss seine Sprache sprechen, ebenso wie es die Ideen vermitteln können muss, die aus dem neuen Venture hervorgehen.

Boris Marte, der stellvertretende CEO der Erste Group und Kopf des Innovationszentrums der Bank, sieht die Aufgabe, Ideen zwischen dem Unternehmen und dem neuen Venture zu vermitteln, als Schlüssel zu effektiver Innovation.

»Man muss sich selbst infrage stellen«, sagt er. »Der erste Schritt bei der Innovation ist es, sich die richtigen Fragen auszudenken. Wenn man nicht bereit ist, sich selbst infrage zu stellen, bleibt jedes Gespräch oberflächlich. Man braucht eine Menge Übersetzungsarbeit, um sicherzustellen, dass alle dieselbe Sprache sprechen. Für den Erfolg ist eine Menge Aufmerksamkeit des Managements erforderlich.«

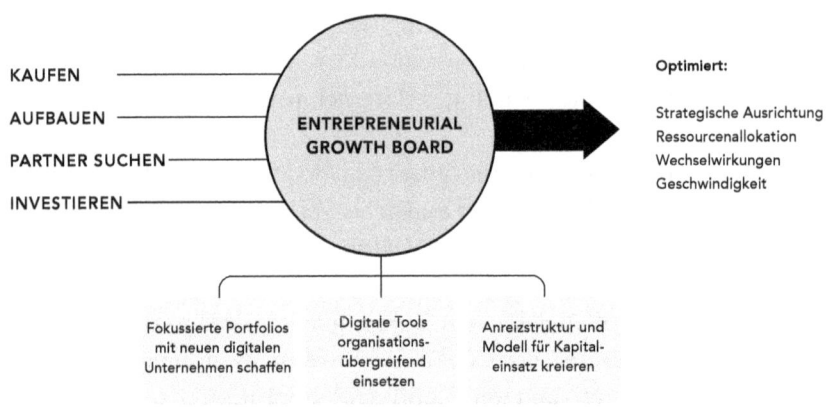

Innovationsaktivitäten entschlacken

Das Entrepreneurial Growth Board greift die strategischen Entscheidungen auf und wirkt wie ein Steuerungskomitee. Und ja, in diesem Buch haben wir das EGB vereinfacht als ein einziges Gremium dargestellt. In einigen Unternehmensorganisationen muss es mehr als ein Gremium geben, um die Compliance-Standards zu erfüllen. Es entscheidet, wann die neue wertbasierte Organisation die Assets des Kernunternehmens einsetzen kann, und ermöglicht einen Wissensaustausch zwischen den beiden Organisationen, was durch die Pfeile dargestellt wird. Außerdem ist es befugt, wichtige Entscheidungen zu treffen zu Fragen wie Kaufen/Aufbauen/Partnersuche oder Investitionen, was durchaus über die Geschwindigkeit und die Richtung des künftigen Fortschritts entscheiden kann.

Besonders in turbulenten Zeiten wie diesen müssen wir darauf abzielen, alle unsere Innovationsaktivitäten möglichst schlank zu gestalten, um die beste Performance zu garantieren, was die strategische Ausrichtung, die Ressourcenallokation, die Wechselwirkungen und die Geschwindigkeit angeht.

Ein formell eingesetztes Entrepreneurial Growth Board hilft Ihnen, all Ihre Wachstumsbemühungen zu koordinieren und auszurichten. Unter anderem muss es wichtige Fragen beantworten, zum Beispiel:

- Wie sehen die Leistungskennzahlen (KPI), Meilensteine und Entscheidungspunkte aus, auf die Ihre neue wertbasierte Organisation hinarbeiten wird?

- Welche Repräsentanten Ihres Kernunternehmens müssen im EGB sitzen und/oder mit dem neuen wertbasierten Unternehmen in Verbindung stehen, um für positive Wechselwirkungen zu sorgen und Assets und Geschwindigkeit mit maximalem Nutzen einzusetzen?

- Wie gewährleisten Sie eine ertragreiche Kreuzbefruchtung zwischen dem Kernunternehmen, der Organisation mit dem neuen Nutzenversprechen und deren neuem digitalen Geschäftsfeld in Bezug auf Erkenntnisse, Fähigkeiten und Assets?

- Welche neuen Bereiche sind strategisch relevant und attraktiv?

Da Geschwindigkeit immer einer der Schlüsselfaktoren bei der Entwicklung eines neuen digitalen Unternehmens ist, sind das wichtige Entscheidungen. Wenn das Team einen White Space gefunden hat, eine echte Marktlücke, wo es keine direkte Konkurrenz gibt – oder wenn es die Chance gibt, ein Unternehmen aufzukaufen, dessen Skills, Businessmodell, Technologie oder Kundenstamm das neue Venture weit voranbringen könnte –, kann die Entscheidung, diese Kaufoption wahrzunehmen, von großer strategischer Bedeutung sein.

Beispielsweise war eBay bereits auf dem Markt etabliert und wuchs schnell, als es PayPal kaufte. PayPal war gerade im Februar 2002 an die Börse gegangen, aber eBay sah einen großen strategischen Vorteil für seine C2C- und B2B-Verkäufe, wenn es einen schnellen und vertrauenswürdigen Bezahldienst besaß.

Diese strategische Entscheidung führte dazu, dass man im Juli 2002 bereit war, 1,5 Milliarden Dollar zu bezahlen – 77 Prozent mehr als der Börsenwert.

Häufiger jedoch wird sich die New Value Organization (A.d.Ü: Organisation mit neuem Nutzenversprechen) darauf konzentrieren, neue Ventures aufzubauen oder sich mit anderen spezialisierten Unternehmen in einer Partnerschaft zusammenzutun, deren Fähigkeiten oder Assets die eigenen ergänzen. Das Entrepreneurial Growth Board muss den richtigen Weg für jedes einzelne Projekt einschätzen und absegnen, und seine Zusammensetzung muss den Umfang und die Komplexität dieser Einschätzungen und anstehenden politischen Entscheidungen widerspiegeln.

Aufgrund seiner entscheidenden Rolle als Brücke zwischen den beiden Organisationen, wie im Entrepreneurial Operating Model gezeigt, sollte im Entrepreneurial Growth Board immer mindestens ein Repräsentant des Vorstands sitzen, idealerweise der CEO. Ein guter Indikator, wie viel Fokus derjenige auf seine Aufgabe legt, ist die Zeit, die ein Vorstandsmitglied dafür aufwendet. Rechnen Sie nicht damit, eine New Value Organization für ein großes Unternehmen aufbauen zu können, wenn ein Vorstandsmitglied weniger als 10 Prozent seiner Zeit investiert.

Das EGB sollte auch einen geeigneten Top-Level-Manager aus der New Value Organization beinhalten, jemanden aus dem Bereich Strategie oder Finanzen (oder beides) und einen Repräsentanten der Innovationsabteilung des Kernunternehmens. Und um sicherzustellen, dass das Board dem Bedarf eines schnellen und nachhaltigen Aufbaus der New Value Organization wohlwollend gegenübersteht, die oft überwiegend digital aufgestellt ist, braucht man zudem die ausgleichenden Stimmen von mindestens zwei erfahrenen externen Führungskräften aus dem digitalen Bereich, die möglichst viel praktische Erfahrung mit Aufbau und Skalierung eines digitalen Unternehmens haben.

Natürlich geht es, abgesehen von der mitgebrachten Erfahrung, auch darum, dass das EGB sich auf den Impact und nicht nur auf politische Diskussionen konzentriert. Es ist außerdem dafür da, die New Value Organization zu verteidigen, wenn sie unter Druck gerät; um Ziele und Kennzahlen zu setzen; das Venture-Portfolio zu überwachen und die Organisation und ihre Aktivitäten auf dem richtigen Kurs zu halten.

Seine Mitglieder tragen letztlich die Verantwortung für die erfolgreiche Implementierung des Corporate-Venture-Building-Prozesses und müssen darauf vorbereitet sein, als Soundingboard für Ideen herzuhalten, als Investoren und als Botschafter, die Neuigkeiten über die Aktivitäten der Geschäftseinheit in die anderen Teile des Unternehmens tragen.

Ein gut geführtes Entrepreneurial Growth Board erfüllt überdies eine wichtige Bildungsrolle in Bezug auf den Vorstand des Hauptunternehmens, seine Berichte an den Vorstand oder die Berichte der dafür abgestellten Vorstandsmitglieder an ihre Kollegen über den Fortschritt der New Value Organization und über bestimmte Vorhaben. Und es stellt sicher, dass die Unternehmensspitze ein Verständnis für die Schlüsselkonzepte und die übliche Vorgehensweise in der Welt der digitalen Plattformen, Ökosysteme und Technologien entwickelt.

Während diese Ideen Schwung aufnehmen, veranlasst das den weiteren Kreis an gehobenen Führungskräften oft dazu, anders über den größeren Teil des Unternehmens nachzudenken und sich langsam an ihre umfassende Rolle bei der Entwicklung einer mit neuen Fähigkeiten ausgestatteten und vielseitigen hybriden Organisation zu gewöhnen.

MAN KANN ES LEICHT FALSCH MACHEN

Die Form des Entrepreneurial Operation Model mit dem Entrepreneurial Growth Board als Brücke in der Mitte ist ein bewährtes und getestetes Format, an das man sich halten sollte. Es ist zum Beispiel entscheidend, dass die New Value Organization nicht irgendeinem Teil des Kernunternehmens Rechenschaft schuldig ist, denn sie muss die Freiheit haben, auf andere Weise zu arbeiten, mit ganz anderen Erfahrungen in Bezug auf Zeitabläufe und Risiko.

Wie einer unserer Unternehmenspartner neulich anmerkte, bleibt die New Value Organization ohne diese strikte Trennung stets anfällig für jede Kostensenkungsrunde innerhalb des Kerngeschäfts. Mit einem längeren Planungshorizont und aller Wahrscheinlichkeit nach wenig kurzfristigen Erträgen sitzt sie wie auf dem Präsentierteller, sobald Einsparungen und Kostensenkungen auf dem Programm stehen. Deshalb ist es ratsam, ein spezielles Programm für den Kapitaleinsatz zu haben.

»Wenn es plötzlich ein Programm zur Kostenreduzierung gibt, heißt es schnell: ›Hören wir mal mit diesem neuen Kram auf‹, denn das Geld wurde noch nicht ausgegeben, und wir sehen keine unmittelbaren Resultate«, sagte einer unserer Partner. »Sie müssen es als außerhalb des Kerngeschäfts stehend betrachten, um es nicht gleich als Erstes zu killen.«

Das Problem ist die Fehlausrichtung

Idealerweise sollte das Entrepreneurial Operating Model mindestens 10 Prozent der Zeitressourcen des Top-Level-Managements des Kernunternehmens erhalten.

Das Ziel der New Value Organization ist, das neue Normal mit einem Portfolio digitaler Unternehmen aufzubauen, die relevant für die strategischen Ziele des Gesamtunternehmens sind und von diesem kontrolliert werden können sowie die Fähigkeit des Unternehmens stärken, seine übergeordnete Mission zu erreichen.

Als Methoden können Kaufen, Aufbauen, Kooperationen oder die Nutzung diverser interner Innovationswerkzeuge wie Unternehmens-Acceleratoren, Innovationslabore und Ähnliches zum Einsatz kommen, je nachdem, was am besten geeignet ist. Das Hauptziel ist für gewöhnlich, dass die digitalen Unternehmensteile in diesem Portfolio Wachstumspotenzial haben und so wertvoll werden wie das gesamte aktuelle Unternehmen. (Stellen Sie sich vor, Sie bauen etwas wie Doktor24 auf, wenn Sie ein großer Gesundheitsdienstleister sind, oder N26, wenn Sie eine große Privatkundenbank sind.) Aber das ist nicht immer das Ziel. Manchmal kann der strategische Wert eines neuen Ventures im Grunde defensiv sein, um den Zug eines Konkurrenten abzuwehren, einen Brückenkopf in einem sich entwickelnden Markt aufzubauen oder Kontrollpunkte zu sichern, die den Zugang zu Schlüsselkunden bieten. Strategisch geht es letztlich oft darum, das Unternehmen in eine bestimmte Position zu manövrieren, nicht nur um das Abschöpfen kurzfristiger Profite. Verschiedene Elemente in einem digitalen Portfolio müssen vielleicht unterschiedliche Rollen spielen, um die Voraussetzungen für einen künftigen Erfolg zu schaffen.

Aber wie diese Ventures ins Leben gerufen werden und sich entwickeln, unterscheidet sich sehr von der Arbeitsweise des Kernunternehmens. Die meisten Entwicklungsprojekte im Kernunternehmen arbeiten immer noch nach dem traditionellen Wasserfallmodell, bei dem alles in aufeinanderfolgenden Stufen abläuft – normalerweise Konzeption, Initiation, Analyse, Design, Konstruktion, Testen, Einsatz und Wartung –, und jede Phase beginnt erst, wenn die vorherige abgeschlossen ist.

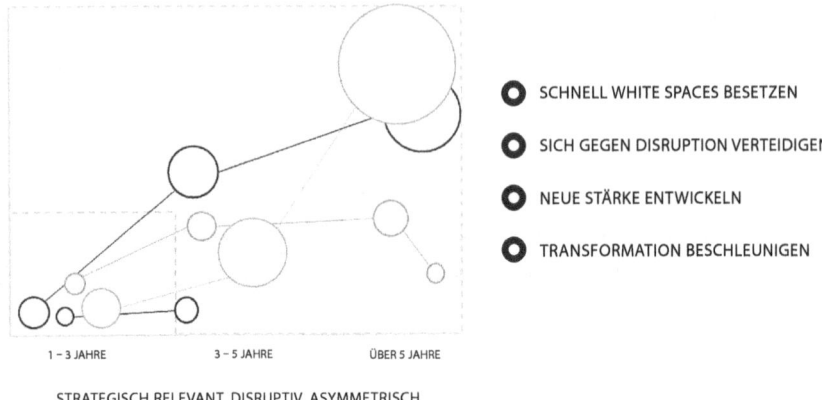

SCHNELL WHITE SPACES BESETZEN

SICH GEGEN DISRUPTION VERTEIDIGEN

NEUE STÄRKE ENTWICKELN

TRANSFORMATION BESCHLEUNIGEN

1 – 3 JAHRE   3 – 5 JAHRE   ÜBER 5 JAHRE

STRATEGISCH RELEVANT, DISRUPTIV, ASYMMETRISCH

Lernen auf der Überholspur: Portfolio verschiedener Ventures

Der klassische Wasserfallplan läuft etwa folgendermaßen ab. Wenn ich eine Fabrik in Indien bauen will, denke ich über unsere bisherigen Erfahrungen in Mexiko nach. Ich kalkuliere mit einem Jahr Bauzeit und sechs weiteren Monaten, bis sie einsatzbereit ist inklusive Arbeitskräfte, Infrastruktur, Marketing und globaler Integration. Dann starten wir die Fließbänder und machen die ersten Umsätze, und im dritten Jahr kommen wir in die Profitzone.

So arbeiten die meisten Unternehmen. Und das ergibt Sinn für Aktivitäten, die tatsächlich so vorhersagbar sind. Man tut es, um zu planen, alles zum Laufen zu bekommen und bis auf den letzten Dezimalpunkt zu optimieren.

In der neuen digitalen Welt ist es nicht so. Sie bauen ein Unternehmen auf, das von Natur aus unvorhersagbar und in den frühen Tagen instabil ist. Der Fortschritt kommt in Sprüngen, manchmal unterbrochen durch Rückschläge. Und kein Plan, der drei Jahre in die Zukunft blickt, wird Ihnen etwas nützen, denn die Technologie und die Geschäftsumgebung ändern sich zu schnell dafür.

Um vor diesem Hintergrund ein erfolgreiches Unternehmen aufzubauen, muss man auf das Verhalten der Kunden und ihre Bedürfnisse reagieren und sich intensiv damit auseinandersetzen. Verhalten ändert sich schnell –

denken Sie nur daran, dass junge Leute heute lieber Buchungen oder Verabredungen über eine App treffen, statt zu telefonieren, auch wenn ein Anruf schneller wäre. Wenn Sie sicher sein wollen, dass Sie produzieren, was die Kunden wollen, müssen Sie beständig mit ihnen interagieren und schnell reagieren. Nur so können Sie das liefern, was sie wollen, solange sie es noch wollen.

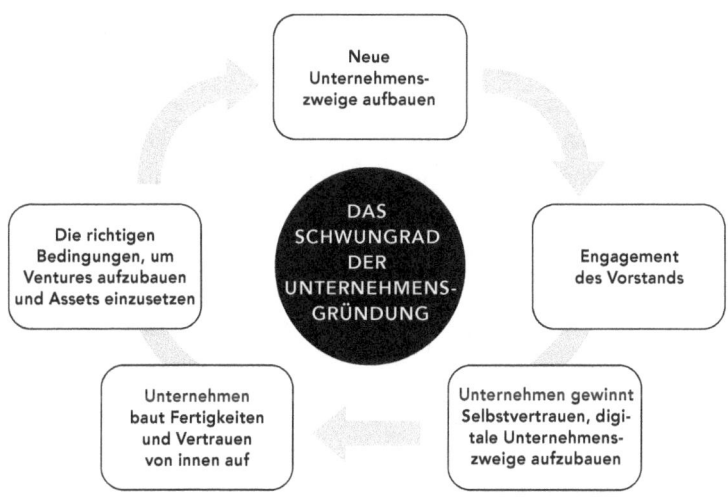

Sie können zu Jahresbeginn eine einzigartige Position in einem attraktiven, noch nicht bedienten digitalen Markt haben und feststellen, dass im August ein neues Unternehmen an dieser Stelle sitzt, eines, das jemand mit 10 Millionen Dollar finanziert hat. Wenn das Entrepreneurial Growth Board mit Ihrer Einschätzung übereinstimmt und der Logik dahinter zustimmt, dann können Sie dieses Unternehmen aufkaufen und möglicherweise noch vor Ende des Jahres wieder im White Space sein mit einem Unternehmen, das nun doppelt so groß ist. In Märkten, die sich schnell bewegen, greift ein Wasserfallmodell einfach zu kurz.

Schnelligkeit, Agilität und die Bereitschaft zur Richtungsänderung, wenn der richtige Moment gekommen ist, sind wertvoller als irgendwelche Zahlen auf Gantt-Diagrammen und Schemata kritischer Pfade mit Punkten und Pfeilen darauf.

Das Kernunternehmen hat viele der Ressourcen, um ein neues Business zu lancieren und wachsen zu lassen: die Fertigkeiten, die Bereichsexpertise, Verkaufs- und Verteilungskanäle, Marken und Daten – vermutlich eine riesige Menge Daten.

Was es nicht hat, ist das Flair des Entrepreneurs und die benötigte Expertise oder das aktuellste Tech-Know-how. Jedem potenziellen Entrepreneur, der dort arbeitet, hat man vermutlich die nötigen Instinkte ausgetrieben oder sie seit Jahren begraben unter den Vorgaben und Leistungskennzahlen eines Unternehmens, das auf Effizienz hin optimiert ist und nicht auf exponentielles Wachstum. Die kulturellen Unterschiede zwischen den beiden Teilen Ihrer hybriden Organisation, der Nutzen-Seite und der Erforschen-Seite, sind zu groß, um sie ignorieren zu können. Nur durch Übernehmen des disziplinierten, zweckgerichteten Entrepreneurial-Operating-Model-Rahmens kann man vernünftigerweise hoffen, eine Situation zu kreieren, in der man in den vollen Nutzen des Corporate-Venture-Building-Prozesses kommt.

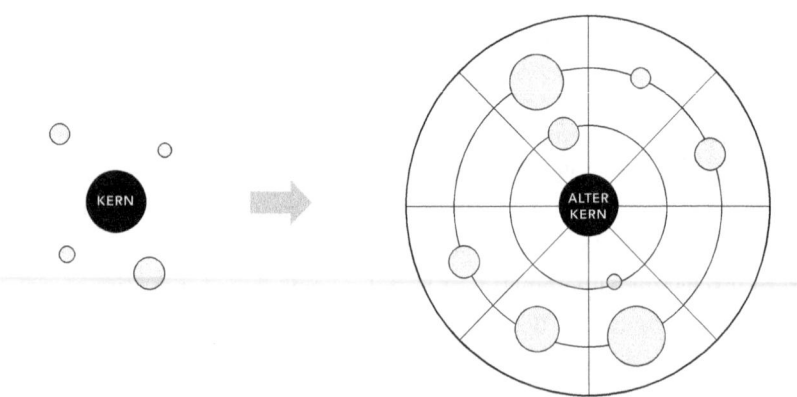

Struktur ins Ökosystem bringen

Die Grafik oben zeigt, wie dieser Transformationsprozess funktioniert. Auf der linken Seite sieht man, was heute typischerweise passiert. Das Unternehmen hat ein paar digitale Projekte, aber sie sind nicht miteinander verbunden, und ihnen fehlt die strategische Übereinstimmung mit dem Kernunternehmen. Um mehr Schwung zu bekommen, muss das Kernunternehmen die führende Rolle übernehmen, die Aktivitäten seines Sprösslings koordinieren und sicherstellen, dass alle verfügbaren Synergien vorteilhaft eingesetzt werden. Diese orchestrierende Rolle erfordert echte Hingabe und Fokussierung. Der Orchestrator des Kerns ist das Entrepreneurial Growth Board, über das wir schon gesprochen haben.

SCHLÜSSELEMPFEHLUNGEN

- Beginnen Sie damit, Ihre Stärken zu analysieren. Wozu sind einzig Sie in der Lage? Welche Assets, die jetzt langweilig und irrelevant erscheinen, könnten in einem neuen Umfeld besonders wertvoll sein? Mit dem Corporate Venture Building können diese Assets mit den Talenten der erfahrenen Entrepreneure kombiniert werden, um Ihnen zu helfen, in komplexen Industrien zu operieren, in denen keine mit Venturekapital oder eigenem Geld finanzierten Start-ups auch nur wagen, ihr Gesicht zu zeigen.

- Stellen Sie sicher, dass alles, was Sie tun, strategisch relevant ist, sodass alles zum Gesamtbild beiträgt. Setzen Sie ein Gremium ein – das Entrepreneurial Growth Board –, um Entwicklungen zu steuern und das neugeborene Unternehmen vor den Angewohnheiten und Eigeninteressen des Kernunternehmens zu schützen. Im Vorstand sollten Entrepreneure sowie Top-Manager sitzen.

- Corporate Venture Building erfordert Engagement und Beteiligung der obersten Firmenleitung. Diejenigen, die das neue Corporate Venture leiten, müssen eine garantierte persönliche Gesprächszeit mit der obersten Führungsetage des Mutterkonzerns haben, damit sie neue Entwicklungen und Chancen angemessen erklären können.

- Holen Sie am Anfang die richtigen Leute an Bord. Die Bedürfnisse eines Unternehmens in den frühen Tagen können sich schnell verändern, binnen Monaten. Beginnen Sie klein, stellen Sie die richtigen Leute ein, und versuchen Sie nicht, Personalentscheidungen zu weit in die Zukunft zu planen. Wen Sie jetzt einstellen, wird bestimmen, wen sie später mit an Bord holen können.

- Sie müssen bereit sein, in verschiedenen Dimensionen parallel tätig zu werden, wie im Corporate-Venture-Kreislauf gezeigt. In jedem Fall müssen Sie clever sein, was die Teamkultur angeht, sollten regulatorische Blickwinkel berücksichtigen, die richtigen Anreize setzen und eine nahtlose Verbindung zwischen dem neuen digitalen Geschäftsfeld und dem Unternehmenskern schaffen, um sicherzustellen, dass die Kommunikation reibungslos läuft und es einen leichten Zugang zu den benötigten Assets gibt. Dann können Sie über die Mission reden, den Purpose und das übergeordnete Ziel, auf die Welt einen positiven Einfluss zu nehmen.

VATTENFALL:
ENERGIE TRIFFT AUF INNOVATION

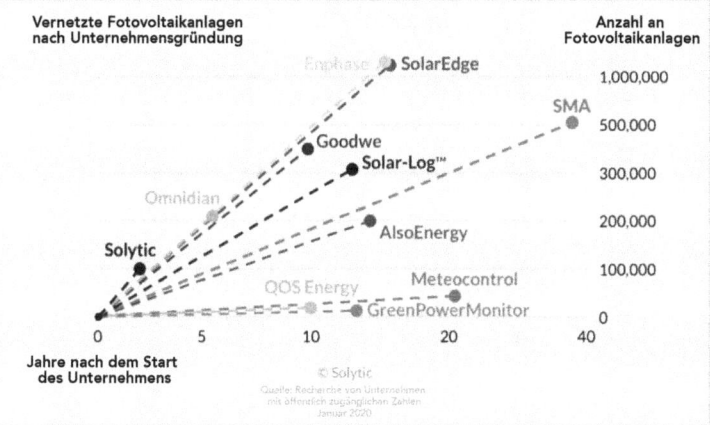

Weltmarkt für Fotovoltaikanlagen 2020:
Solytic erreicht 100.000 Anlagen nach zwei Jahren

Wenn der Sektor der erneuerbaren Energien ein Sport wäre, würden Johannes Burgard und sein Solytic-Team mittlerweile in der Champions League spielen. Burgard und sein Team sind Vorreiter auf dem Weg zur digitalen Transformation in diesem Sektor und haben mit Integrität, einer positiven Einstellung und dem Gefühl, einen sinnvollen Beitrag zu leisten, Solytic zum am schnellsten wachsenden Unternehmen für Solaranlagen-Software gemacht.

Solytic liefert ein hervorragendes Beispiel für den Corporate-Venture-Building-Prozess in Aktion, wurde in nur zwei Jahren zu einem revolutionären Hightech-Unternehmen im Bereich Monitoring-Software für Solarenergie und erreichte einen achtstelligen Unternehmenswert.

Jeder redet heute von einer Umstellung auf grüne Energie und einer dezentralisierten Elektrizitätsproduktion. Aber niemand ist so motiviert, das schnell und richtig hinzubekommen, wie einer von Europas größten Stromversorgern, Vattenfall. Wie kommt ein riesiges, über hundert Jahre altes Stromversorgungsunternehmen zu den Ideen, der Inspiration und der Agilität, völlig umzudenken und wie ein Start-up aus dem Silicon Valley zu handeln?

Vattenfall ist ein gewaltiges Unternehmen. Es befindet sich zu 100 Prozent im Besitz der schwedischen Regierung und ist ein Hauptenergielieferant in ganz Nordeuropa mit 14 Millionen Kunden in Dänemark, Finnland, Deutschland, den Niederlanden und England sowie in seinem Heimatland.

Aber trotz seines umweltfreundlich »grün« klingenden Namens (Vattenfall bedeutet auf Schwedisch Wasserfall) ist dem Unternehmen bewusst, dass es noch einen langen Weg vor sich hat, um saubere Energie zu produzieren. Ursprünglich drehte sich alles um Wasserkraft, aber ab den 1970er-Jahren baute man auch in großem Maßstab Atomkraftwerke und Kraftwerke mit fossilen Brennstoffen.

Heute konzentriert sich das Unternehmen auf sauberere, grünere Erzeugungsmethoden. Es besitzt einen schnell wachsenden Unternehmensbereich für Solarenergie, und unter dem Namen Vattenfall gibt es heute mehr als 1000 Windkraftanlagen in fünf europäischen Staaten sowohl offshore als auch an Land. Vattenfall hat das ehrgeizige Ziel, innerhalb von einer Generation zu einer Energiegewinnung ohne CO_2-Ausstoß zu gelangen und ein Leben ohne fossile Energieträger zu ermöglichen.

»Wir wollen den Menschen helfen, in ihrem Alltagsleben smarter zu werden, was das Klima angeht«, sagt Gunnar Groebler, der ehemaliger Senior Vice President, der zum Zeitpunkt des Interviews für die Geschäftsaktivitäten Vattenfalls im Bereich Wind- und Solarenergie zuständig war und dem Executive Management Board angehörte. Heute ist er CEO der Salzgitter AG. »Wir sind noch nicht am Ziel. Wir haben noch nicht alle Antworten. Aber wir machen gute Fortschritte als Unternehmen – für uns selbst, für unsere Kunden, für unsere Zulieferer und für die Gesellschaft.«

Es liegt noch ein langer Weg vor ihnen, aber Vattenfall war nicht zu stolz, um Hilfe zu bitten bei der Entwicklung neuer Ideen und neuer Geschäftszweige, um im Bereich Solar- und Windkraft weiterzukommen. Man machte sich keine Illusionen über die mangelnde Erfahrung bei neuen digitalen Technologien. Das Unternehmen erkannte, dass Menschen, die ihre gesamte Karriere in einem Elektrizitätsunternehmen in Staatsbesitz verbracht haben, nicht unbedingt auf die schöne neue Welt der Start-ups, des Venturekapitals und der Plattformgeschäftsmodelle vorbereitet waren.

»Wir haben miterlebt, wie die Digitalisierung andere Industrien veränderte«, sagt Juliane Schulze, die Vattenfalls Initiative zur Entwicklung von Geschäftsfeldern im Bereich erneuerbare Energien leitet. »Aber wir hatten keine Ahnung, wie es den Energiemarkt in der Zukunft beeinflussen würde.«

Genauso wenig wussten wir das bei FoundersLane. Aber wir wussten, wie man die nötige Vorarbeit leistet, um ein neues Geschäftsfeld zu erkunden und auszuloten, und wie man mit entsprechendem Hintergrundwissen neue Ideen entwickelt. Als dann Schulze und ihr Director of Business Development, Claus Wattendrup, sich mit Felix in Verbindung setzten und fragten, ob wir ihnen vielleicht helfen konnten, waren wir sehr an einem Ideenaustausch interessiert.

Vattenfall hatte bereits eine Innovationsplattform namens green:field aufgebaut, die darauf abzielte, neue Geschäftsfelder im Bereich Stromproduktion mit Fotovoltaik und im Batteriesektor aufzubauen. Im Oktober 2016 begann eine Reihe von Beratungsgesprächen mit Felix und seinen FoundersLane-Mitgründern Michael Stephanblome und Andreas von Oettingen, die sich darum drehten, wie man ein Steuerungsmodell für die Initiativen zur digitalen Transformation bei green:field aufbauen sollte. Daraus entstand bald eine umfangreichere Partnerschaft.

Zuerst bat uns Vattenfall, ein digitales Arbeitsmodell zu entwickeln und einen digitalen Beraterstab bereitzustellen. Er sollte monatliche Meetings auf Leitungsebene abhalten und den Unternehmensvorständen helfen, ihr Verständnis für digitale Themen zu erweitern und schneller auf neue Geschäftsgelegenheiten zu reagieren.

Innerhalb von zwei Monaten hatten wir einen digitalen Lenkungsausschuss eingesetzt unter der Bezeichnung Board of Entrepreneurs. Er bestand aus vier Top-Managern von Vattenfall, angeführt von Groebler, und drei Mitarbeitern von FoundersLane – Felix, Michael und unserem guten Freund und Verbündeten Markus Fuhrmann, der bekannt dafür ist, Delivery Hero und mehrere andere erfolgreiche Start-ups mitgegründet zu haben.

Die Hauptaufgabe des Board of Entrepreneurs war, sich die verschiedenen Wege anzusehen, die dem Energiegiganten auf seiner Suche nach bedeutenden neuen Ventures offenstanden. Vattenfall konnte seine neuen Geschäftszweige von innen aufbauen, als interne Start-ups, was ihm ermöglichen würde, von bestehendem Know-how zu profitieren, aber weniger ideal war, wenn man völlig neue Ideen brauchte und die Konkurrenzfähigkeit am Markt der wichtigste Aspekt war.

Oder man konnte durch gemeinsame Projekte mit externen Start-ups Partnerschaften aufbauen, um neue Technologien zu schaffen, die für das Kerngeschäft des Unternehmens nutzbar waren, mit denen man die Bedürfnisse der Kunden identifizieren und Pilotprodukte entwickeln konnte. Die Alternative waren Übernahmen, um neue Geschäftsfelder, neue Technologien oder bestimmte Fähigkeiten und Talente zu erhalten, die intern nicht verfügbar waren.

Aber innerhalb weniger Wochen verlagerte sich der Schwerpunkt. Vattenfall hatte entschieden, direkt mit uns zusammenzuarbeiten, und buchte ein zwölfwöchiges White-Space-Garage-Projekt, um Ideen zu sammeln. Dabei kam man schnell zu aufregenden Ergebnissen. Es entstand ein ausgewachsenes Corporate-Venture-Building-Projekt, das letztlich zur Gründung von Solytic führte.

STRUKTURIERTE DATEN

Der dringend nötige Übergang zu einer CO_2-neutralen Welt wird nicht ohne einen massiven Ausbau der Energiegewinnung durch Solarstromanlagen erreicht werden. Aber damit diese Energierevolution die nötige Durchschlagskraft erreicht, müssen die Kosten für Solarenergie sinken, und das während der nächsten Jahre.

Von der Erzeugung bis zum Recycling wird die Wertschöpfungskette der Solarenergie in atemberaubendem Tempo digitalisiert. Die heute installierten Fotovoltaikanlagen finanzieren sich nach acht bis fünfzehn Jahren selbst. Das Ziel muss sein, die Kosten weiter zu reduzieren, die Lebensdauer der Solarpaneele zu erhöhen und die Leistung und Zuverlässigkeit mit automatischer Überwachung und vorausschauender Wartung zu steigern, um potenzielle Ausfälle zu identifizieren.

Heute ist Solytic das am schnellsten wachsende Start-up für Solar-Software. Es brauchte weniger als zwei Jahre, um den Meilenstein von 100.000 Fotovoltaikanlagen zu erreichen, die 2,5 Gigawatt in dezentralisierten Anlagen für B2B-Kunden von Mexiko bis Japan produzieren. Das Ziel ist, 1 Million Anlagen bis 2023 zu erreichen.

Der Schlüssel zu diesem Erfolg war zweifellos das Modell des Corporate Venture Building mithilfe eines gemeinsamen Teams an Mitarbeitern von Vattenfall und FoundersLane. In den ersten paar Wochen der Kollaboration, als das Team sich durch den White-Space-Garage-Prozess arbeitete, wurden ein Dutzend verschiedener Geschäftsideen ausgelotet. Das führte zu einem bescheidenen Portfolio von drei vielversprechenden Themen: Echtzeitsoftwareanalyse zu nutzen, um Energieerträge zu steigern; fortgeschrittene KI einzusetzen, um die Wartung und das Asset-Management zu verbessern; und Crowdfunding-Techniken zur Finanzierung von Projekten für erneuerbare Energien einzusetzen.

Selbst in diesem Frühstadium geschah ein Großteil der Recherche hinter den Kulissen. Teammitglieder machten Tausende Anrufe, redeten mit 80 Experten und führten 60 detaillierte Interviews. Sie hatten schnell mehrere bedeutende Ineffizienzen identifiziert, die die Leistung von Fotovoltaikanlagen auf der ganzen Welt beeinflussten.

Wegen des Verschleißes der Solarpaneele, so fanden sie heraus, verloren die Fotovoltaikanlagen stetig an Leistung. Die Betreiber konnten nicht wissen, wie gut ihr System arbeitete, wenn man weitere Faktoren wie das Wetter, den Winkel der Paneele, die Ausrichtung und die Leistung der Transformatoren berücksichtigte, die Gleichstrom in Wechselstrom umwandeln.

Innerhalb weniger Wochen war klar, dass das Team auf etwas Großes gestoßen war. Bis zum Ende der zweiten Phase des formellen Corporate-Venture-Building-Prozesses, der Validierungsphase eines Minimum Viable Product, waren die Verluste, die durch Verschleiß der Fotovoltaikpaneele und der Transformatoren verursacht wurden, als ein Hauptproblem für die Betreiber identifiziert worden. Es gab definitiv eine Marktchance für eine digitale Lösung, die auf Datenanalyse basierte und den Profit durch Verbesserung des Asset-Managements steigern konnte.

Das neue Projekt wurde ursprünglich Phoenix genannt, ein klassischer, positiv konnotierter Name, der aber wenig über den Lösungsansatz aussagte. Er wurde bald in Solytic geändert, eine griffige Kombination der Begriffe Solar und Analytics. Als das Team sich weiter vorarbeitete, identifizierte es einen potenziellen Markt für Monitoring von Solarenergieanlagen, der allein in Europa zig Milliarden Dollar wert war. Wenn die Besitzer von Fotovoltaikanlagen, die jeden Tag des Jahres Geld verloren, die Werkzeuge hätten, um eine bessere Leistung und mehr Profit zu erzielen, dann war Solytic im Geschäft.

Der Schlüssel dafür war vom technischen Standpunkt die Kombination einer spezialisierten KI mit dem Know-how über das Internet der Dinge, das unser Team mit einbringen konnte. Solytic schuf ein Benchmark-Profil für jede einzelne installierte Solarenergieanlage – im Grunde ein digitaler Zwilling der tatsächlichen Fotovoltaikanlage. Dabei wird eine massive Zahl an Datenpunkten aus ähnlichen Anlagen an anderen Standorten berücksichtigt – und diese wird verwendet, um die Effizienz des Systems zu überwachen.

Wenn ein Solarpaneel keine gute Leistung bringt oder ein Trafo fehlerhaft ist, meldet Solytic das in Echtzeit und empfiehlt korrigierende Maßnahmen. In der Zukunft wird es sogar vorausschauende Wartung geben, die den Besitzern schon vorher sagt, ob ein einzelnes Paneel oder ein Trafo möglicherweise versagen wird, basierend auf den Ausfallberichten Tausender ähnlicher Einheiten, sodass ein Ersatz schon vorgehalten oder sogar installiert werden kann, bevor der Fehler auftritt. Ein defektes Solarpaneel produziert keine Erträge mehr, also ist das eine wertvolle Information.

Nur neun Monate nachdem der Prozessbeginn der White Space Garage war Solytic bereit für den Einsatz. Es erregte bereits Aufmerksamkeit, und die Branche war schon hellhörig geworden.

Johannes Burgard wurde mit an Bord gebracht, um das neue Unternehmen zu leiten. Er hatte fünf Jahre als Projektingenieur bei CLAAS gearbeitet, einem führenden Hersteller landwirtschaftlicher Maschinen, und davor bei Airbus. Er wusste, wie ein großes Unternehmen arbeitete, und hatte miterlebt, wie Hierarchien neue Initiativen erstickt und schnelle Entscheidungen verhindert hatten. Ihn begeisterte die Idee einer Brücke zwischen einem großen Unternehmen und einem agilen, geistesgegenwärtigen Start-up. Er sah, dass Vattenfall sich dem Weg zu einem Leben ohne fossile Brennstoffe verschrieben hatte, also passte er von Anfang an dazu.

»Es kann nicht immer nur ums Geld gehen, um 10x-Regeln oder unglaublich schnell skalierende Start-ups«, sagt er. »Vattenfall hat das strategische Ziel, in einer Generation CO_2-neutral zu sein, und ich habe eine Leidenschaft für Technologie, die das Leben der Menschen verbessern kann.

Fotovoltaik ist eine modulare Technologie, die in jeder Größe eingesetzt werden kann – sehr klein oder sehr groß. Sie kann in den meisten Regionen der Welt mit Atomkraftwerken mithalten und bietet ein riesiges Potenzial in bestehenden städtischen Strukturen. Das ist eine Technologie, die unsere Städte auf sehr organische Weise verändern wird, aber wir brauchen alle digitale Intelligenz, damit es funktioniert. Das zu kreieren löst bei mir Leidenschaft und Engagement aus.«

Solytic wuchs schnell. Nach knapp über zwei Jahren übernahm es das Fotovoltaik-Monitoring-Portal von SolarWorld, einem deutschen Unternehmen mit dreißigjähriger Geschichte und 3000 Angestellten. Es hatte bereits eine achtstellige Bewertung, und es war klar, dass es noch viel mehr erreichen würde.

Burgard war in seinem Element. Er schätzte die Unterstützung durch Vattenfall und die Freiheit, schnell auf sich ändernde Gegebenheiten zu reagieren. »Ein großes Unternehmen ist darauf ausgelegt, risikoscheu zu sein«, sagt er. »Manchmal kann man, wenn man eine schnelle Entscheidung braucht, nicht erst die Abteilung für M&A fragen, dann die Personalabteilung, dann das Marketing. Man muss einfach handeln.«

BRENNT DIE HÜTTE, IST VERÄNDERUNG LEICHT

Für Vattenfall war der schnelle Aufstieg von Solytic viel mehr als ein erfolgreiches Investment in ein neues Geschäftsfeld. Auf der strategischen Ebene ist das Unternehmen entschlossen, sich hin zu kundenzentrierten, digitalisierten Geschäftsmodellen zu bewegen, und macht wertvolle Erfahrungen mit Technologien, Märkten und Methoden zur schnellen Entwicklung.

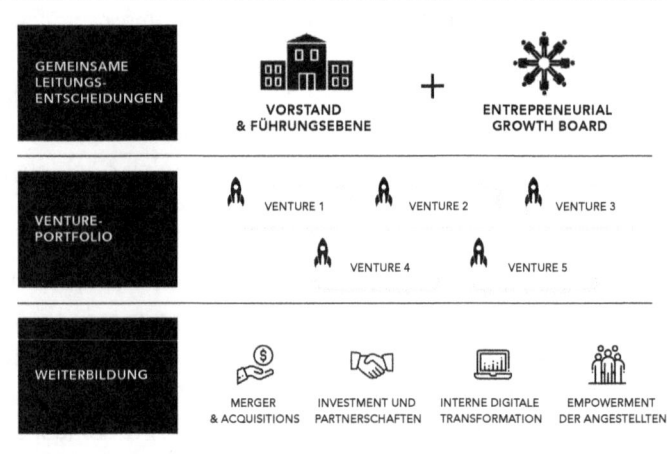

Es ist auch eine Lektion über die Realitäten und Unsicherheiten des Startup-Lebens und darüber, dass unweigerlich nicht alles die ganze Zeit glattläuft.

»Bei Vattenfall kommt es vor, dass bei großen Investitionsprojekten das Budget überschritten wird, aber jeder kann das nachempfinden«, sagt Groebler. »Die Leute verstehen es. Sie sagen: ›Na ja, das war offshore und wir hatten schlechtes Wetter, also wird es ein paar Verzögerungen geben, und das kostet Geld.‹ Und das können schnell ein paar Millionen Euro sein. Aber ein Fehlschlag in einem Start-up wird ganz anders gesehen.

Die Menschen können einfach nicht zugeben, dass eine bestimmte Idee nicht funktioniert hat oder nicht so wie gedacht, dass sie einfach ausgebremst wurde oder einen anderen Verlauf genommen hat. Das ist eine Veränderung der Kultur, und kulturelle Veränderungen brauchen Zeit.«

Tausende Start-ups auf der ganzen Welt haben ein Auge auf die Chancen geworfen, die sich durch die Digitalisierung auf dem Energiemarkt ergeben. Einige davon werden vermutlich zu einem bestimmten Zeitpunkt als direkte Konkurrenten der alteingesessenen Energieriesen auftreten. Vattenfalls erfolgreiche Zusammenarbeit mit FoundersLane beim Prozess des Corporate Venture Building hat ihm gezeigt, dass man schnell und agil sein muss, um neue Ideen zu entwickeln und sie rasch auf den Markt zu bringen, und sie lernten etwas über nicht-lineares Denken und den iterativen Validierungsprozess, der zu innovativen digitalen Produkten und Dienstleistungen führt.

Man wird diesen Denkansatz in der Zukunft noch häufiger brauchen. Aber ein Problem derjenigen, die ungewöhnliche Methoden und Innovationen einführen wollen, besteht darin, dass Vattenfalls Kerngeschäft im Moment sehr gut läuft, danke der Nachfrage. Goebler hat den Eindruck, es fehlt an einem Gefühl der Dringlichkeit.

»Reden wir davon, dass gerade die Hütte brennt, oder befinden wir uns in einem relativ stabilen Umfeld, wobei uns bewusst ist, dass sich die Dinge weiterentwickeln und verändern? Es ist leichter, radikale Veränderungen und eine radikale Neuerfindung anzustoßen, wenn die Leute das Gefühl haben, die Hütte brennt.«

Ein hybrides Geschäftsmodell, bei dem die Ressourcen und Fertigkeiten beider Partner auf Augenhöhe zusammengebracht werden und neue Geschäftsgelegenheiten bieten, funktioniert gut. Aber die Kombination von Geschäftsabläufen und Strategieumsetzung in großen Unternehmen mit dem Flair des Entrepreneurs und dem digitalen Know-how kann nur funktionieren, wenn beide Seiten sich verstehen und einander vertrauen, wie es Vattenfall und Solytic gelernt haben.

Solytic schreitet weiter in großen Schritten voran. Es hat sich Ende 2019 mit Powerdoo zusammengetan, einem anderen deutschen Spezialisten für Solarenergie, und es gab eine weitere erfolgreiche Finanzierungsrunde im Februar 2020, gerade als COVID-19 sich bemerkbar machte. Vattenfall erhöhte sein Investment, und ein weiteres großes europäisches Energieunternehmen schloss sich ihnen an: EWE steuerte mehrere Millionen bei und erklärte, es wolle seinen Kunden »einfache und bequeme Lösungen liefern, um die Komplexität ihres Alltagslebens zu verringern«.

BALOISE:
DER VERSICHERER DER MOBILITÄT

Wie sagt man die Zukunft des Personentransports voraus? Für Patrick Wirth, Head of Mobility der Baloise Group, und Alexander Bockelmann, den CTO des Unternehmens, ist die Antwort einfach. Man erschafft diese Zukunft selbst. Ihre gemeinsamen Projekte mit dem drittgrößten Schweizer Versicherungsanbieter beweisen, dass Nachhaltigkeit und Entrepreneurship sich im Arbeitsumfeld eines großen Unternehmens nicht ausschließen müssen.

Darüber hinaus bereiten sie den Weg für Baloise, um zu einem wichtigen Player im Mobilitätssystem der Zukunft zu werden.

»Das erfordert möglicherweise auch neue wissenschaftliche Ansätze«, erzählt uns Bockelmann, »um zu neuen Lösungen zu kommen, die Nachhaltigkeitsziele voranbringen.« Aufgrund seines Doktors in Geowissenschaften der Universität Tübingen hat er sicher ein tiefgehendes Verständnis, was das bedeutet. Er ist nach einer Karriere im Bereich Digitalisierung und Transformation zur Baloise gekommen und hat für die Boston Consulting Group und später in verschiedenen leitenden Positionen bei der Allianz SE in Deutschland und den USA gearbeitet, danach eine Zeit lang als CIO und später CDO bei der österreichischen UNIQA Versicherungsgruppe. Baloise bietet Versicherungen und Bankendienstleistungen in der Schweiz an und ist aktiv auf dem Versicherungsmarkt in Deutschland, Belgien und Luxemburg.

Das Unternehmen hat schnell Mobilität als wichtigen Schwerpunkt von Wandel und Wachstum erkannt, weil dies eine Möglichkeit bot, seine Angebote über Versicherungen hinaus zu diversifizieren. Es hat mehrere Initiativen gestartet, um eine Präsenz in diesem Bereich aufzubauen, von Investments und interner Innovation bis zu Corporate Venture Building. Wirth sitzt am Ruder der Mobility Unit und ist verantwortlich dafür, die Präsenz von Baloise im Ökosystem Mobilität aufzubauen. Bevor er bei Baloise anfing, war er CEO von zwei Start-ups, und davor leitete er das Familienbüro eines der Gründer von SAP.

Es mag sich nach einer ungewöhnlichen Strategie für ein Versicherungs-unternehmen anhören, aber Baloise hat lange Zeit nach einer Diversifizie-rungsmöglichkeit gesucht, um über das Versicherungskerngeschäft hinaus-zugehen, und intensivierte seine Anstrengungen in den letzten vier Jahren. Jetzt will die Gruppe die Mission einen Schritt weiter voranbringen, indem sie die neuen Geschäftszweige weiter ausbaut, für die sie bereits den Grundstein gelegt hat. Das Ziel ist, eine neue Art von Mobilitätsökosystem zu entwickeln. Nachhaltigkeit ist eines der wichtigen Elemente im Rahmen dieser Innovation. Baloise betrachtet sie als Schlüsselelement seines Wert-schöpfungsmodells.

Das Unternehmen hat umfangreiche Erfahrungen im klassischen Versiche-rungsgeschäft mit Kraftfahrzeugen und ein breites Netzwerk an Partnern in traditionellen und sich neu herausbildenden Bereichen der Mobilität. Der nächste Schritt ihres Plans, in einen neuen Mobilitätssektor vorzustoßen, basiert darauf, ein eigenes Mobilitätsunternehmen aufzubauen, die Kernas-sets und Netzwerke einzusetzen, um einen bedeutenden Beitrag zum Er-folg des neuen Unternehmenszweigs zu leisten, während man auch einen positiven Impact für Baloise und seine Shareholder erzielen kann. Der neue Ansatz begann mit einer Erkenntnis, die sich daraus ergab, dass man die Kunden fragte, welche Probleme sie mit den heutigen Mobilitätsoptionen hatten, sagt Wirth. Die überraschende Antwort war: »Mein Auto. Ich habe ein Auto und benutze es nicht jeden Tag. Das erscheint mir wie ein teurer Spaß.« In Europa stehen jeden Monat 68 Millionen Autos mindestens zehn Tage am Stück ungenutzt herum.

Nur wenige Kunden nannten direkt die Sorge um die Umwelt. Mit nachhalti-gen Lösungen lässt sich schwer Geld verdienen, denn man steht vor einem klassischen Problem, wenn kollektiv gehandelt wird. Wir profitieren alle von niedrigeren Emissionen, aber wenn ich mein Auto nicht fahre, muss ich mit den Nachteilen der Abstinenz leben, während ich immer noch unter dem Schadstoffausstoß aller anderen leide.

»Wir zielten darauf ab, unseren Kunden einen finanziellen Vorteil zu bieten, kombiniert mit der Idee, dass dies auch positive Auswirkungen auf den Kli-mawandel haben würde«, sagt Wirth.

Baloise machte sich daran, ein digitales Peer-to-Peer-Carsharing-Unternehmen aufzubauen, das sich auf Bequemlichkeit und Sicherheit konzentrierte. Wer sein Auto wenig nutzte, konnte es verleihen und damit dafür sorgen, dass andere gar kein Auto besitzen müssen.

Aber Expertise beim Aufbau neuer Ventures war nicht unbedingt Teil der Unternehmens-DNA. In der Versicherungsindustrie werden mehrere verschiedene Skillsets gebraucht, um erfolgreich Policen zu verkaufen, ein Geschäft zu betreiben und das Versicherungsversprechen zu erfüllen. Ein Mobilitätsunternehmen aufzubauen ist wieder etwas anderes.

Bockelmann ist sich der Gefahren bewusst, die von den Unbekannten ausgehen, und das Unternehmen realisierte, dass das besonders bei der Mobilität so war, denn ein nachhaltiges Geschäftsmodell beinhaltet oft wichtige Komponenten, die tief in der Wissenschaft verwurzelt sind. Also gab es mindestens drei Bereiche, von denen das Baloise-Team wusste, dass dort Unbekannte auftreten würden: die Wissenschaft, der Markt und die Kundenerwartungen sowie der Entrepreneursansatz.

Baloise beschloss, sich Partner zu suchen, um die eigenen Assets mit der Möglichkeit zu ergänzen, wirklich schnell Teams von Entrepreneuren zu skalieren. »Wir kriegen das aus dem Stegreif nicht schnell genug selbst hin«, sagt Wirth. Das war eine Lernphase, aber der Gruppe bot sich eine wertvolle Chance, und man wollte die Gunst der Stunde nutzen. Um diese Anstrengungen zu koordinieren, setzte man ein Mobility Board ein, eine Adaption des Entrepreneurial Growth Board, das in Teil 5 beschrieben wurde.

»Wenn man nur mit dem eigenen Netzwerk zu tun hat«, sagt Bockelmann, »findet man nur eine bestimmte Art von Lösungen. Man muss neue Impulse einbringen, um etwas Kreatives und Neues zu erhalten. Die Menschen bleiben das wichtigste Thema. Wenn man nicht die richtigen Leute hat mit der richtigen Einstellung und den richtigen Fähigkeiten, um Ideen voranzubringen, kann man die besten Ideen der Welt haben und ist trotzdem nicht erfolgreich.«

Während Baloise die Konkurrenz durch digitales Venture Building hinter sich ließ, begann es auch von den sich verändernden Regeln und Bedingungen des Marktes zu profitieren. Wie Bockelmann sagt: »Nachhaltigkeit ist zu einem Kriterium geworden, wonach Investoren Unternehmen bewerten. Wenn man in diesem Spiel mitspielen will, wird Nachhaltigkeit zu einer von ›Porters sechs Kräften‹. Es sind nicht mehr nur fünf. Die sechste ist heute Nachhaltigkeit – und man muss sich mit all diesen Dimensionen auseinandersetzen, wenn man auf dem Markt wettbewerbsfähig bleiben will.«

MOBILIAR:
JEDER HAT EIN TICKET

Andreas Brülhart und Ralph Rimet verwandeln die Mobiliar, eine fast zweihundert Jahre alte Schweizer Versicherung, in eine Start-up-Maschine. Brülhart, der selbst unternehmerische Erfahrung hat, ist zuständig für den kompletten Innovationsprozess. Zusammen mit seinem Team identifiziert und exploriert er neue Geschäftsgelegenheiten über interne und externe digitale Ventures in vordefinierten Ökosystemen. Eines davon ist tooyoo, eine digitale Nachlassmanagement-Plattform, die von dem Serienunternehmer Rimet geleitet wird.

Dass ein Traditionsunternehmen wie die Mobiliar sich derart intensiv mit der Entwicklung neuer digitaler Geschäftsmodelle beschäftigt, ist nicht selbstverständlich. Der Wettbewerb ist begrenzt: In der Schweiz teilen sich lediglich eine Handvoll Konkurrenten über 90 Prozent des Marktes, und das Versicherungsgeschäft kann weiterhin profitabel betrieben werden. »Aber wir sehen zunehmend Bewegung im Markt. Darauf müssen wir reagieren«, so Brülhart. »Die meisten Menschen beginnen, Lösungen für ihre finanziellen Bedürfnisse zu aggregieren. Zunehmend werden Versicherungen mit anderen Angeboten verbunden, die mehr als nur Versicherungsbedarf abdecken.«

Versicherungen, die erst spät in der Wertschöpfungskette auftauchen, weil sie weder einen direkten Kundenkontakt noch Möglichkeiten zum Up- oder Cross-Selling haben, werden sich hier schwertun. Die Strategie der Mobiliar ist es daher, sich zu einem wichtigen Teil des Ökosystems zu machen, in dem sich ihre bestehenden und potenziellen Kunden bewegen. Hier kommen ihre eigenen digitalen Ventures wie tooyoo und auch Partnerschaften ins Spiel.

Doch das weitere Ökosystem ist komplex. Hier gibt es viel mehr Akteure als im Kerngeschäft der Mobiliar. Wie entscheiden Brülhart und sein Team also, worauf sie sich fokussieren sollten? Brülharts Antwort ist klar: »Ich bin überzeugt, dass wir nicht wie jedes andere Start-up da draußen sein sollten, denn dann wären wir zahlenmäßig unterlegen. Die Start-ups außerhalb der Mobiliar sind nicht unbedingt smarter oder schneller als wir, aber sie sind immer in der Überzahl. Für jedes Start-up, das wir innerhalb unseres Unternehmens entwickeln, gibt es wahrscheinlich zehn, fünfzehn oder zwanzig andere, die das gleiche Problem lösen wollen. Anstatt einer von zwanzig zu sein, setze ich daher auf eine Differenzierung über Assets, die wir im Unternehmen haben.«

Daher lautete der Auftrag an Rimet, einen digitalen Service zu entwickeln, der mehr Touchpoints zu den Kunden generiert und in verschiedenen Lebensabschnitten über Versicherungslösungen hinaus Mehrwerte schafft. Ob jemand heiratet, Kinder bekommt, ein Haus kauft, in Rente geht oder sich auf das Lebensende vorbereitet – die Mobiliar möchte in allen wichtigen Phasen ein zuverlässiger Partner sein.

Als Rimet das Mandat übernahm, schaute er sich mit seinem Team unterschiedliche Gelegenheiten an und erkannte, dass es für die Vorbereitung auf das Lebensende nur einen hoch fragmentierten Markt und keinerlei digitale Lösung gab. Also beschlossen sie, mit dem Aufbau eines digitalen Tresors anzufangen, in dem man alle wichtigen Fragen zur Verfügungs- und Nachlassregelung an einem sicheren Ort organisieren und speichern kann.

Damit entstand eine Vision für das neue Nebenunternehmen, die eng verknüpft mit und komplementär zu der Vision der Mobiliar war. Der finanzielle Schutz, den das Mutterunternehmen seinen Kunden bietet, wird durch tooyoos persönlichen Schutz ergänzt. Neben der strategischen Koordination konnte das Gründungsteam von tooyoo hierbei auch von der Expertise im Umgang mit der Zielgruppe profitieren, die in der Kernorganisation der Mobiliar vorhanden war. Und dennoch war früh klar, dass tooyoo Unabhängigkeit brauchen würde von der Mutter.

Da sich das Geschäftsmodell vom Kerngeschäft der Mobiliar stark unterscheidet, wollten sie tooyoo die notwendigen Freiheiten lassen. Und da noch nicht klar war, wie der Markt auf das Angebot reagieren würde, war eine neutrale Marke wichtig. Ob sich tooyoo später in die Kernorganisation integriert, ist noch offen. Aktuell ist es noch keine vollständig neue Firma, sondern an eine bestehende Schwesterfirma der Mobiliar angegliedert. Diese Schwesterfirma wurde speziell für Innovationsprojekte etabliert und begleitet die frühe Reifung neuer Unternehmen, bis diese ausgegründet oder in die Kernorganisation integriert werden können.

Wie gelingt einem Versicherungsunternehmen, das seit 1826 ein bewährtes traditionelles Geschäftsfeld mit Erfolg bedient, eine solche Transition hin zu einem Venture Builder? Für Brülhart und Rimet, beide Experten in der »Lean-Start-up«-Methodik, ist eines klar: Die richtige Vorgehensweise ist höchstens die halbe Miete. Denn auch die beste Methode funktioniert nur, wenn sie auf das richtige Mindset trifft. Viele traditionelle Organisationen sind es nach wie vor gewöhnt, sich Monate mit Strategie und Projektplanung zu beschäftigen, bevor sie mit einer neuen Idee an den Markt gehen. Um hier einen Wandel hin zu einer agilen Arbeitsweise zu meistern, bei der frühzeitig gemeinsam mit echten Kunden getestet und iteriert wird, braucht es mehr als nur eine »Werkzeugkiste« für Innovation.

»Für innovative Talente gibt es in der Schweiz viele Optionen am Arbeitsmarkt. Deswegen haben wir sehr viel Energie in Employer Branding gesteckt und geben uns viel Mühe, Menschen für unsere Organisation zu gewinnen, die Lust haben, etwas Neues zu kreieren«, sagt Brülhart. Doch er weiß nur zu gut: Damit allein ist es nicht getan, denn auch die Menschen, die bereits in der Organisation arbeiten, sind ein wichtiger Bestandteil der Transformation.

Die Manager der Mobiliar wissen, dass es viel Investition braucht, um Wandel umzusetzen. Brülhart zitiert hierbei auch die Unternehmensführung, welche die Mitarbeitenden zur Eigeninitiative aufrief: »Jeder hat ein Ticket für den Zug zu einer neuen Position, zu einer neuen Mobiliar oder zur Transformation. Jeder hat das Ticket, aber Sie müssen die Gelegenheiten aktiv ergreifen.«

Doch wieso legt die Mobiliar auf interne Transformation so viel Wert, wenn sie doch ein unabhängiges und gut funktionierendes Vehikel für neue Ventures etabliert hat? Einer der vielen Gründe liegt in den Assets, die in der Mobiliar ruhen. Brülhart: »Start-ups sind per Definition ineffizient, weil sie alles von Grund auf entwickeln müssen. Wir dagegen haben unzählige Assets in unserem Unternehmen, die unsere Ventures erfolgreich machen können, von unseren Distributionskanälen über die Marke und vieles mehr. Aber wir müssen sie effektiv hebeln können, ohne unsere Ventures zu verlangsamen oder Kompromisse im Wertversprechen eingehen zu müssen.«

Und auch umgekehrt kann die Kernorganisation enorm von den neu aufgebauten Assets der Ventures profitieren. Brülhart spricht davon, »Business-APIs« aufzubauen, die einen synergetischen Asset-Transfer vereinfachen.

Dieser Brückenbau, der so essenziell ist für den Aufbau unfairer Vorteile gegenüber externen Wettbewerbern, bedarf einer agilen und digital-kompetenten Kernorganisation. Bei jedem Venture gibt es stets einen Balanceakt zwischen dem richtigen Maß an Unabhängigkeit für mehr Geschwindigkeit und genügend Nähe zur Kernorganisation, um existierende Ressourcen mobilisieren zu können.

»In den letzten fünf Jahren hat die Mobiliar bewiesen, dass sie einiges leisten kann«, findet Rimet. »Man muss natürlich intern zuerst vom Wert eines Projekt überzeugen, aber dann kann man die Personen finden, die einen in der Umsetzung auch wirklich unterstützen können.« Und sollten die internen Fähigkeiten mal nicht für neue Innovationen ausreichen, kooperieren sie gern mit externen Unternehmerinnen.

Es klingt durchgehend wie eine gut durchdachte und sehr ausgereifte, systematische Herangehensweise. Doch Brülhart bleibt bescheiden. Mehrfach betont er im Interview: »Wir sind immer noch dabei, zu lernen und zu experimentieren.« Ein echter Unternehmer eben.

TEIL 6:

ES GIBT KEINEN PLAN B

JETZT ODER NIE

Mit der COVID-19-Katastrophe ganz oben auf der Agenda und dem drohenden Klimawandel, der nach Überwinden der Pandemie unsere Vorstellung vom neuen Normal prägt, ist es entscheidend, dass wir unseren Blick in die Zukunft richten.

Wenn es vorher noch nicht offensichtlich war, ist spätestens jetzt klar, dass unsere vernetzte und von gegenseitiger Abhängigkeit geprägte Welt heute nach entschlossenem, konzertiertem Handeln über Länder, Kontinente und Industrien hinweg verlangt. Es ist keine Zeit zu verlieren. Wir haben eine Welt, einen Planeten, und wir müssen sicherstellen, dass wir all unsere Ressourcen und Talente mobilisieren, um entsprechend zu handeln: schnell, kreativ und entschlossen.

Der Geist der internationalen Zusammenarbeit, den die Corona-Krise begünstigt hat, ist ein Asset, das wir nicht vergeuden dürfen. Aber wir haben auch noch andere Assets – neue digitale Technologien, neue Geschäftsmodelle und neue Arten, an Innovation heranzugehen –, die uns helfen können, unsere Ziele zu erreichen. Wenn wir all diese Elemente kombinieren und auf unsere Probleme anwenden, können wir mit der gebotenen Schnelligkeit handeln.

Die vierte industrielle Revolution wurde oft als disruptive Herausforderung für die etablierten Industrien und die althergebrachte Vorgehensweise betrachtet. Uns ist bewusst, dass die Menschen verunsichert sind, doch klar ist auch, dass die Technologien, die sie uns an die Hand gegeben hat – KI, Maschinenlernen, Gentechnik, Nanotechnologie, 5G, Cloud-Dienste, Blockchain, Robotik, 3-D-Druck, die Sensoren des Internets der Dinge und alles Weitere –, Werkzeuge für einen positiven Wandel sein können. Diese Techniken sind an sich neutral und verleihen uns enorme Macht, die Welt zum Besseren zu verändern, wenn wir sie umsichtig und fantasievoll einsetzen.

In diesem Buch geht es darum, die dringende Notwendigkeit anzuerkennen, schnell und wohlüberlegt auf die Chancen und die Bedrohung zu reagieren, die durch die halsbrecherische Geschwindigkeit der heutigen technologischen Fortschritte entstehen. Es geht außerdem darum, dass wir uns den globalen Herausforderungen durch Klimawandel, Krankheiten, Ungleichheit, Hunger, Krieg und politische Unruhen stellen und unseren technologischen Erfindungsreichtum nutzen, um praktikable Lösungen zu finden. In der Wirtschaft, in Regierungen und darüber hinaus müssen wir unsere Verzagtheit und Trägheit überwinden, kreativ denken, schnell lernen, fantasievoll investieren und gemeinsam konstruktiv daran arbeiten, unser Schicksal in die Hand zu nehmen.

> »Wir müssen die vierte industrielle Revolution mit einem wirklichen Verständnis dafür kombinieren, wie naturbasierte Lösungen aussehen können. Wenn wir versäumen, uns um unsere Meere zu kümmern, erreichen die bereits eingetretenen negativen Veränderungen einen Tipping Point, und das gesamte Ökosystem leidet.«
>
> **TORSTEN THIELE**
> GRÜNDER VON GLOBAL OCEAN TRUST

Die Bürde liegt auf den Schultern unserer politischen Führungsgestalten, Unternehmensleiter, zielstrebigen Entrepreneure, Akademiker, Wissenschaftler und Meinungsbildner. Sie müssen die beste Möglichkeit finden, sich diesen Herausforderungen zu stellen und die vor uns liegenden Chancen zu nutzen. Die Zeit läuft uns davon. Wir müssen so schnell wie möglich die Weichen stellen, um eine nachhaltige Zukunft voller Wohlstand für die kommenden Generationen zu sichern.

ALLE SIND GEFRAGT

Bei der Abfassung der zweiten Ausgabe von *Das entscheidende Jahrzehnt* (Original: *FightBack*) haben wir uns bemüht, direkt, provokativ, informativ und hilfreich zu sein – und natürlich relevant auf das Thema bezogen.

Wir wollten eine Diskussion anstoßen über die wichtigsten Themen, die uns gedanklich die letzten Monate beschäftigt haben. Eines davon ist die Frage, wie Technologie, Zweckorientierung und Innovation zusammengebracht werden können, um überzeugende und bisher nicht vorstellbare Antworten auf die größten Probleme unserer Zeit im Bereich Umwelt, Gesundheit und Soziales zu finden.

> »*Das entscheidende Jahrzehnt* zeigt uns, wie die größten heutigen Institutionen ihre Assets besser einsetzen können, um ein inklusiveres Wachstum in unserer post-pandemischen Zukunft zu schaffen. Es ist eine einsichtsvolle Analyse einer neuen Assetklasse, die systemische Innovationen vorantreibt.«
>
> SANGEET PAUL CHOUDARY
>
> AUTOR VON *DIE PLATTFORM-REVOLUTION* UND *PLATFORM SCALE*
> MANAGEMENTBERATER VON FORTUNE-500-UNTERNEHMEN

Uns ist bewusst, dass Sie und alle unsere Leser die Probleme, mit denen wir konfrontiert sind, aus vielen verschiedenen Blickwinkeln sehen. Einige unserer Vorschläge wirken vielleicht wie Vorschriften oder gar dogmatisch, aber wir haben ein breites Spektrum zusammenhängender Themen angeschnitten und wollten Ihre Zeit nicht mit folgenlosem Philosophieren oder vorgefertigten Meinungen verschwenden. Wenn Sie uns bei einigen Punkten vehement widersprechen, ist das vielleicht gar nicht schlecht. Nehmen Sie gerne mit uns Kontakt auf, und wir können über unsere unterschiedlichen Standpunkte diskutieren. Wir begrüßen eine Herausforderung, widerstreitende Denkansätze und unerwartet abweichende Blickwinkel. Und wenn Sie uns überzeugen, dass wir falschliegen, sind wir nur zu gerne bereit, unsere Ansichten zu ändern. Auf diese Weise kommen Menschen, Ideen und auch Unternehmen voran.

Wir halten uns jedoch zugute und sind stolz darauf, ein erstaunliches Star-Ensemble an Interviewpartnern versammelt zu haben. Persönlichkeiten aus der Wirtschaft, dem akademischen Bereich und der Politik lieferten ihren

Beitrag. Ihre Meinungen und Einsichten halfen uns sehr bei unseren Überlegungen und bereicherten dieses Buch. Wir sind ihnen allen dankbar und haben eine Menge gelernt. Wir wissen nun sicher mehr über die Detailfragen unseres Themas als noch vor wenigen Wochen, als wir spontan beschlossen, einen Folgeband zum letztjährigen Bestseller *FightBack* zu schreiben, der unsere sich ändernde Sicht auf die Welt wiedergab, die von einer der größten globalen Pandemien der jüngsten Geschichte heimgesucht wurde.

Mehrere der inspirierenden Führungspersonen, die in unserem ersten Buch erwähnt wurden, darunter Jonathan Larsen von Ping An, Martina Larkin vom Weltwirtschaftsforum, Ida Tin von Clue, Linda Hill von der Harvard Business School, Brigitte Mohn von Bertelsmann und Michael G. Jacobides von der London Business School, gestatteten uns netterweise, ihnen erneut Löcher in den Bauch zu fragen im Lichte der veränderten Umstände im Jahr 2020.

»Wir müssen zusammenkommen, Partnerschaften eingehen und gemeinsam daran arbeiten, Hindernisse und Gefahren zu beseitigen. Führungspersonen müssen verstehen, wie wichtig es ist, die digitale Transformation zu integrieren, um neue Dynamiken zu schaffen und eine umfassendere Interaktion zu begünstigen. Unsere Zukunft wird von dem bestimmt, was wir jetzt tun. Wir brauchen schnelleres Wachstum und müssen die Geschwindigkeit erhöhen, indem wir die Prinzipien der digitalen Inklusion und Nachhaltigkeit verinnerlichen.«

DEEMAH ALYAHYA
MITGLIEDER DER GESCHÄFTSFÜHRUNG BEI KING ABDULLAH INSTITUTE FOR RESEARCH AND CONSULTING STUDIES

Andere, die auf diesen Seiten vorkommen, brachten neue Perspektiven und Ideen ein, von denen einige uns zweifellos geholfen haben, unsere eigenen Ansichten über viele der drängendsten tagesaktuellen Themen klarer zu fassen.

Zu diesen neuen Stimmen gehörten die brillante Rita McGrath von der Columbia Business School, Dr. Claire Novorol und Daniel Nathrath, die Mitgründer von Ada Health, Alexander Wennergren Helm von Doktor24, Anna Alex von Planetly, Manuel Mandler von alley.de und Oliver Schoeller von der Gothaer, Geoff Parker vom MIT, Eva Kaili, Abgeordnete des Europäischen Parlaments, Boris Marte von der Erste Bank, Klimaaktivist und Arktisforscher Sebastian Copeland, Thomas Ogilvie von DHL, 40-under-40-Professorin Ivanka Visnjic, Patrick Wirth und Alexander Bockelmann von der Baloise Group und Alex Manson, der Chef von SC Ventures bei Standard Chartered.

VIRAL GEHEN

Während COVID und der Klimawandel die bedeutendsten Themen für uns darstellten, waren wir auch darauf bedacht, wie immer Licht auf die nicht klar umrissenen Themen Innovation und Entrepreneurship zu werfen. Wir arbeiten seit vielen Jahren in diesem Bereich, und die immerwährende Herausforderung scheint sich nie zu ändern. Wie soll man sein unternehmerisches Potenzial entfalten und eine kreative, risikobereite Innovationskultur innerhalb eines großen Unternehmens einführen, das vielleicht jahrzehntelanger Tradition verhaftet und von einer Disziplin durchzogen ist, die kreatives Denken über den Tellerrand hinaus abwürgt?

Innovation wird dringender gebraucht als je zuvor, wenn es um die Frage geht, wie Gesundheitsfürsorge zu den Patienten gelangt, und ebenso beim Thema Klimawandel. Das neue Corona-Virus hat deutlich gezeigt, dass die Natur in der Lage ist, mit einem genialen neuen Angebot aufzuwarten, das brillant daran angepasst ist, unsere Verteidigung zu überrennen und in der Gesellschaft Unheil anzurichten. Seine Eigenschaften waren nicht das Ergebnis böser Absicht – ein Virus zählt nicht einmal zu den Lebewesen –, sondern das Resultat eines außerordentlich effektiven Prozesses der natürlichen Auslese.

Niemand wird je wissen, wie viele nicht erfolgreiche Viren gekommen und unbemerkt wieder gegangen sind, bevor dieses überlegen erfolgreiche neue

Produkt aus dem natureigenen Inkubator in den Wäldern Zentralchinas so mörderisch die Welt überschwemmte. Aber wenn Sie versucht hätten, ein unaufhaltsames Virus zu entwickeln, hätten Sie es nicht besser hinkriegen können. Das Corona-Virus hatte viele spezielle Eigenschaften, die es zu dem perfekten Horror machten, zu dem es letztlich geworden ist. Es schlich sich heimlich an und entwickelte die maximale Effektivität zwei oder drei Tage bevor die ersten Symptome auftreten. Kinder ließ es größtenteils unbeschadet, nutzte sie jedoch als Vehikel und schien Erwachsene auf launische und zufällige Weise anzufallen, tötete Tausende, während andere praktisch symptomfrei blieben.

Anders als Viren oder Fruchtfliegen haben Menschen nicht den Luxus, sich auf eine Highspeed-Evolution verlassen zu können, die für sie die Innovationsarbeit erledigt. Wir bleiben, wie wir sind, und das ein Leben lang. Selbst unsere besten Schöpfungen müssen wir durch Prozesse zustande bringen, die darauf beruhen, unsere Vorstellungskraft und unsere Empathie für andere anzuzapfen, unsere Genialität sowie Technologien und Methoden einzusetzen und so schnell wir können aus der Erfahrung zu lernen.

EIN BISSCHEN SCHNELLER, BITTE

Ein Ergebnis davon ist, dass wir zu langsam lernen und innovieren. Einfach nur unsere Fähigkeit zu beschleunigen, neue Ideen in die Praxis umzusetzen, wäre ein großer Segen. Aber wir sind überzeugt, dass wir nun über alle erforderlichen Elemente verfügen, um noch darüber hinauszugehen, mehr aus unscren Organisationsstrukturen und erfinderischen Talenten zu machen und Lösungen zu entwerfen, die nicht nur schneller, sondern auch besser sind.

Was uns häufig fehlt, ist die Fähigkeit, unsere Assets zu erkennen und zu nutzen, sowohl im Business als auch in der Zivilgesellschaft. Deswegen freuen wir uns darüber, unsere Einsichten auf diesem Gebiet mitteilen zu können und besonders unseren strukturierten Ansatz des Corporate Venture Building, das wir als eine neue und produktive Assetklasse für Corporate Investment sehen. Auch wenn wir es in diesem Buch relativ knapp beschrieben haben, glauben wir fest, dass dieser Ansatz das Potenzial hat, viele latent vorhandene und zu wenig genutzte Assets in unseren großen Unternehmen und Organisationen im öffentlichen Bereich freizusetzen und zu nutzen, um schnelle und fruchtbare Innovation voranzutreiben. Sie können ungeahnte Antworten selbst auf die größten und unlösbarsten Probleme liefern, mit denen sich die Welt konfrontiert sieht.

> »Nach der COVID-19-Krise müssen wir die Chance für einen Systemwechsel in Europa nutzen. Allein mit dem Venturekapital-Ansatz und der fragmentierten Nutzung von Eigenkapital zur Förderung von Innovation schaffen wir das nicht. Wir brauchen einen integrierten Ansatz, der über Assetklassen, Technologien, geografische Gegebenheiten und Industrien hinausreicht. Das zentrale Ziel muss sein, Unternehmen zu schaffen, die resilient und regenerativ sind, und Portfolios, die sich auf Impact und Ergebnisse konzentrieren. Um das sicherzustellen, brauchen wir eine europäische Innovationsplattform, die den nachhaltigen Entwicklungszielen der UN Tribut zollt und auf dem Konzept der Kreislaufwirtschaft basiert.«
>
> BRIGITTE MOHN
> **BERTELSMANN STIFTUNG**

Wenn wir recht haben, erleben wir vielleicht bald ein Aufblühen neuer Ideen, die dazu beitragen, CO_2-Emissionen zu reduzieren, das Recycling und Abfallmanagement zu verbessern, bessere, smartere und patientenorientiertere Gesundheitsfürsorge zu liefern und die Entwicklung einer gesünderen, besser gegen Krankheiten gewappneten Bevölkerung in armen und reichen Ländern zu fördern. Der Enthusiasmus, mit dem unsere Ideen von umsichtigen Akademikern und skeptischen politischen und wirtschaftlichen Führungspersonen aufgenommen wurden, macht uns zuversichtlich, dass wir etwas anzubieten haben, das in eine Vielzahl nützlicher Ideen umgewandelt werden kann.

Das Element der wohlüberlegten, kooperativen Kollaboration, das im Herzen des Corporate Venture Building liegt, bedeutet, dass dieser Ansatz letztlich skaliert werden könnte, um umfassende Allianzen über Firmen- und Landesgrenzen hinweg zu schmieden. Wir sind der festen Überzeugung, dies könnte zu einer bedeutenden Kraft für das Gute in der Welt werden. Aber bis es so weit ist, ist es zumindest ein interessanter und stimulierender Denkanstoß und sicherlich eine oder zwei Stunden Ihrer Zeit wert.

DER BALL LIEGT BEI IHNEN

Der Kampf für die Umwelt darf nicht aufgeschoben werden. Wenn die jungen Menschen von heute das Gefühl haben, ihre Stimmen werden nicht gehört, dann sendet das die klare Botschaft aus, dass etwas nicht stimmt und in Ordnung gebracht werden sollte.

Wenn Sie dieses Buch gern gelesen haben und wie wir ebenfalls fest entschlossen sind, ehrgeizig, koordiniert und zielstrebig auf die großen Probleme Klimawandel und Gesundheit zu reagieren und etwas zu bewirken, dann kontaktieren Sie uns bitte und lassen Sie uns wissen, was Sie denken.

Die Corona-Pandemie ist eine furchtbare Geißel mit schrecklichen Folgen für Menschen, Unternehmen und Nationen in allen Teilen der Erde. Aber sie kann kompensierende Effekte entfalten, indem sie unsere Aufmerksamkeit schärft und uns zwingt, in den Abgrund zu blicken – und uns daran erinnert, wie abhängig wir voneinander sind.

Es muss eine Menge getan werden, und uns bleibt wenig Zeit. Wir brennen darauf, Ideen und Einsichten von Organisationen und Individuen auf der ganzen Welt mit Ihnen zu teilen, die inspiriert wurden, schnell und entschlossen etwas zu verändern. Kontaktieren Sie uns – direkt oder durch unsere Homepage www.joinfightback.com, auf der Sie weitere Fallstudien finden können –, und lassen Sie uns wissen, was Sie denken, während wir uns gemeinsam daranmachen, unsere Wirtschaft wiederaufzubauen, die Gesundheit der Gesellschaft zu verbessern und das neue Normal nach COVID zu schaffen.

Felix Staeritz und *Dr. Sven Jungmann*
Berlin, September 2020

DIE STIMMEN DER JUNGEN GENERATION

WIR SIND DIE ZUKUNFT, UND ES IST UNS NICHT EGAL

Die Stimme der jungen Generation, geschrieben von den Global Shapers aus aller Welt:

50 Prozent der Weltbevölkerung sind unter dreißig. Das ist die höchste Anzahl junger Menschen in der Geschichte. Für uns ist die Zukunft des Planeten am wichtigsten, aber die Ansichten unserer Generation werden bei globalen Entscheidungen größtenteils ignoriert.

Die Wahrheit ist, wir haben die Nase voll von symbolischen Programmen für mehr Mitspracherecht für Jugendliche. Wir haben das Recht auf wirkliche Macht, die Macht, große Systemveränderungen herbeizuführen, und sind entschlossen, teilzuhaben an den Entscheidungen, die unsere kollektive Zukunft beeinflussen und formen.

Als junge Menschen sind wir diejenigen, die darauf hinarbeiten müssen, die siebzehn Ziele für nachhaltige Entwicklung der UN zu erreichen. Aber damit das passiert, muss sich etwas ändern. Wir fordern große Schritte nach vorne, nicht nur Quoten und ein anerkennendes Nicken in unsere Richtung. Wir sind bereit mitzumachen, hier und jetzt, und wir brauchen die Autorität, um Veränderungen herbeizuführen.

Heute haben wir eine dringende Botschaft an alle globalen Leader da draußen in Wirtschaft und Gesellschaft. Eure Entscheidungen sind uns wichtig. Ihr müsst Verantwortung für die Entscheidungen übernehmen, die ihr in eurer aktuellen Rolle fällt, denn sie werden unsere Lebenschancen definieren und das Leben bestimmen, das wir in den nächsten fünfzig Jahren führen. Wir sind bereit, unseren Teil zu leisten. Seid ihr das auch?

Wir arbeiten daran, eine bessere Zukunft mit innovativen Ideen aufzubauen, voller Energie und Hoffnung. Wir wollen eine bessere Gesellschaft für morgen und sind glücklich, die Arbeit zu leisten, um sie zur Realität werden zu lassen. Wir treffen uns zu gemeinsamen Aktionen auf der ganzen Welt, um unsere Entschlossenheit zu einem wichtigen Motor der sozialen Transformation zu machen. Wir werden für die Umwelt kämpfen, die Rechte von Frauen und Mädchen schützen und ausdehnen, auf ökonomischer Gerechtigkeit bestehen und ein Ende von Hunger und vermeidbaren Krankheiten fordern. Die Welt ist unser Geburtsrecht, und wir stehen an vorderster Front, um den Wandel herbeizuführen.

Ein Beispiel dieses Wandels ist die Global Shapers Community, eine vom Weltwirtschaftsforum inspirierte Initiative, an der auch die Autoren dieses Buches, Felix und Sven, teilnahmen, als sie in den Zwanzigern waren.

Diese weltweite Gemeinschaft umfasst bereits 10.000 Shaper und Alumni in über 400 Zentren in mehr als 150 Ländern. Unser Ziel ist es, eine weltweite Gemeinschaft herausragender junger Leute aufzubauen, die sich fest der Aufgabe verschrieben haben, den Zustand der Welt zu verbessern. Shaper sind hoch motivierte Individuen, die das Potenzial haben, künftige Führungsrollen in der Gesellschaft zu übernehmen. Sie sind vereint durch ihren Wunsch und ihr Engagement, etwas zu bewirken und eine friedlichere und inklusivere Welt aufzubauen. Ihr Motto: Lokal und regional handeln, um global Einfluss zu nehmen. Große Dinge können ihren Anfang an kleinen Orten nehmen, und wir wissen, dass der Wandel direkt hier anfängt, vor Ort, wo wir leben.

Die Zeit der Diskussionen ist vorbei. Die Fakten stehen fest. Die jungen Menschen von heute sind die erste Generation, die mit den frühen Auswirkungen des Klimawandels in unserer wunderschönen, leidenden Welt leben muss. Aber wir wollen nicht die Letzten sein. Unsere Mission ist es, eine bessere, grünere, gerechtere und friedlichere Welt für unsere eigenen Kinder zu errichten, die sie einst erben werden.

Global Shapers glauben, dass eine nachhaltige Welt nötig und möglich ist. Wir wollen, dass die Leader der Welt ihre Verantwortung wahrnehmen, und wir wollen auf konkrete und positive Weise handeln. Laut dem Global Shapers Survey des Weltwirtschaftsforums (der über 30.000 Menschen unter dreißig Jahren in 186 Ländern umfasst), glauben junge Menschen auf der ganzen Welt, dass die Klimakatastrophe und die Zerstörung der Umwelt die schlimmsten Bedrohungen sind, denen wir uns gegenübersehen. Und wir werden uns nicht mit zweifelhafter Wissenschaft abspeisen lassen. Über 90 Prozent der jungen Leute stimmen der Aussage, dass der Mensch für die Erderwärmung verantwortlich ist, weitgehend oder voll und ganz. Es ist unser Ziel und unsere Aufgabe im Leben, Widerstand zu leisten, den Angriff auf den einen und einzigen Planeten, den wir haben, zu stoppen und eine Welt zu erschaffen, die für morgen gerüstet ist.

NOCH ZEHN JAHRE BIS ZUM POINT OF NO RETURN

Als Unternehmensführer würde ich mich selbst fragen: Wie sieht die Zukunft aus, die ich meinen Kindern und Enkelkindern hinterlassen will, meinen Verwandten und Freunden? Welche Lebensqualität will ich ihnen geben? Welchen Fußabdruck will ich auf der Welt hinterlassen?

Unsere Führungsgestalten, die Machtpositionen innehaben, sollten einen Moment nachdenken und sicherstellen, dass die Entscheidungen, die sie heute treffen, sie später stolz machen werden, wenn sie eines Tages zurückblicken auf das, was sie mit ihrem Leben angefangen haben.

Im Moment besteht die Chance, die Wirtschaft und unsere Art des Lebens und Arbeitens zu transformieren. Unsere gegenwärtigen Leader müssten mutiger sein. Sie müssen tapferer voranschreiten und kreativer sein. Sie müssen nicht nur ihren Mut beweisen, sondern, was noch wichtiger ist, mit Empathie handeln.

Wir wissen, dass es keine einfache Aufgabe ist, geschäftlichen Wohlstand und den Nutzen für die Gesellschaft auszubalancieren. Aber es ist eine notwendige. Der Klimawandel ist da, das ist nicht zu leugnen. Die Ziele des Pariser Klimaabkommens sind kein Allheilmittel – sie sprechen von einem Anstieg der Durchschnittstemperatur von 2 Grad Celsius –, aber das ist immerhin besser als die fatalen 8 Grad Celsius, auf die wir zusteuern, wenn wir nicht entschlossen handeln.

Sie erinnern sich vielleicht noch an die Präsidentin der UN-Vollversammlung, María Fernanda Espinosa Garcés, die die Welt auf einer hochrangigen UN-Versammlung über Klima und Nachhaltigkeit warnte, dass wir nur noch elf Jahre hätten, um unser Verhalten zu ändern, bevor der Klimazusammenbruch nicht mehr abzuwenden wäre. Ihre Aussage machte auf der ganzen Welt Schlagzeilen. Aber das war Ende März 2019. Auf Basis ihrer Berechnungen bedeutet das, wir haben heute weniger als zehn Jahre übrig. COVID-19 mag uns abgelenkt haben, aber die Uhr tickt weiter.

Was auch immer wir tun, das Klima der Erde wird sich als Reaktion auf die stets steigenden Treibhausgaskonzentrationen in der Atmosphäre weiter verändern. Eine weitere Erwärmung wird zu dramatischen Veränderungen überall auf dem Planeten führen. Einige dieser Effekte sind bereits spürbar. Viele der Auswirkungen künftiger Erwärmung werden wir zu spüren bekommen, die jüngere Generation.

Der Klimawandel wird unser Wohlergehen und unsere Lebensqualität stark beeinflussen. Dieselben dreckigen Emissionen durch fossile Brennstoffe, die zum Treibhauseffekt beitragen, führen auch zu einer Zunahme von Lungenkrankheiten wie Asthma und COPD. Laut der Weltgesundheitsorganisation tötet die Luftverschmutzung 7 Millionen Menschen pro Jahr. Das Corona-Desaster war nur eine kurze und schockierende Illustration dessen, wie verletzlich wir angesichts von Problemen sind, die ihren Ursprung möglicherweise an weit entfernten Orten auf diesem Planeten nahmen. Wir sind heutzutage alle miteinander verbunden und voneinander abhängig. Was an einem Ort passiert, kann Tausende Kilometer entfernt tödliche Auswirkungen haben.

Gleichzeitig hat uns COVID-19 auch einen Blick auf unser wahres Potenzial gestattet. Menschen kamen zusammen im Geiste der Kollaboration und Einheit, um sich der Bedrohung durch die Pandemie zu stellen. Wir brauchen die gleiche Entschlossenheit, wenn wir uns der Klimakrise stellen. Es gibt viel zu tun, aber wir können es schaffen, beginnend mit den schwierigen

Echtzeitentscheidungen, die wir treffen müssen, um nicht weiter Schulden in Bezug auf die Umwelt zu machen. Die heutigen Entscheidungen formen die Welt von morgen, also müssen wir gut nachdenken, wie man die nächsten 100 Millionen Dollar ausgeben oder ein neues Produkt lancieren will. Der Wille ist vorhanden. Was zur Neige geht, ist die Zeit, und das schnell.

Unsere Mitarbeiter von »Global Shapers«

JAPAN

Wenn der Meeresspiegel steigt, ist Japan eines der bedrohtesten Länder der Welt. Mehrere Millionen Menschen in Osaka und anderen japanischen Städten sind durch die Überflutung von Küstengebieten bedroht. Um das Bewusstsein bezüglich des Klimawandels zu steigern, hat das Osaka Hub in Japan seine Kampagne »Voice for the Planet« gestartet, eine weltweite Bewegung, um Individuen dazu zu motivieren, unsere Erde zu schützen, solange es sie noch gibt. Bisher haben sich 365.000 Leute angeschlossen und ihren Handlungswillen zugesagt.

SPANIEN

Spanien wurde schwer von COVID-19 getroffen. Um die Ausbreitung der Krankheit zu bekämpfen, lancierte das Madrid Hub eine Initiative, die als »Corona-Virus Makers« bekannt wurde, eine landesweite Bewegung, die 17.000 Ingenieure, Designer und Tech-Enthusiasten mobilisierte, um

450.000 Gesichtsschilde und Masken zu Hause und am Arbeitsplatz herzustellen. Mitglieder des Madrid Hub benutzten 3-D-Drucker, um Gesichtsschilde herzustellen, Atemfilter und andere Schutzausrüstung für Krankenhäuser im ganzen Land. Sie lieferten 1 Million Gesichtsmasken in weniger als einem Monat.

ECUADOR

Trotz seines Rufs, über eine erstaunliche Biodiversität zu verfügen, litt Ecuador unter Missmanagement in der Abfallwirtschaft, das seine natürlichen Ressourcen beeinflusst und Ökosysteme gefährdet. Das Quito Hub zielt darauf ab, durch Initiativen in Schulen zu beeinflussen, wie Stadtbewohner organischen Abfall bewerten und damit umgehen. Das Hub entwickelte ein Ökokompostsystem, baut einheimisches Gemüse in Kollaboration mit Schülern aus der Gegend an und plant, die Idee an andere Schulen im Land weiterzugeben mit Unterstützung privater und öffentlicher Institutionen. Während des Lockdowns und der Schulschließungen nahm das Quito Hub bereits Einfluss auf die Lokalpolitik, indem es Vorschläge für neue Abfallwirtschaftsgesetze in der Hauptstadt unterbreitete.

RUMÄNIEN

Unterstützt durch einen Zuschuss des Climate Reality Project nutzt das Bukarest Hub die Installation von Solarpaneelen auf Dächern eines typischen Wohngebäudes als Anlass, die Nachbarn zusammenzubringen, um saubere Energie zu produzieren und Umweltbewusstsein zu wecken. Unser Ziel ist es, einen Dialog anzustoßen, die lokale Gemeinde zu vereinen und sich geschlossen hinter saubere Energie zu stellen. Auch wenn COVID-19 die Installation temporär gestoppt hat, arbeiten Mitglieder des Hubs daran, Genehmigungen und Erlaubnisse einzuholen, während sie nach Stakeholdern suchen und weitere Finanzierung aufbringen, bis die Arbeit fortgesetzt wird.

SÜDAFRIKA

Südafrika hat die höchste Zahl an diagnostizierten COVID-19-Fällen auf dem afrikanischen Kontinent. Um die Pandemie in Durban zu bekämpfen, hat das Hub sich zum Ziel gesetzt, 100.000 Körbe mit essenziellen Dingen wie Reinigungsmitteln, Seife, Taschentüchern, Toilettenpapier und Bleiche zusammenzustellen und an Haushalte in der Stadt zu verteilen, die vermutlich am heftigsten unter dem Virus zu leiden hatten. Grundnahrungsmittel wurden ebenfalls beigefügt, um eine ausreichende Ernährung der Kinder sicherzustellen, die normalerweise eine zusätzliche Mahlzeit in der Schule erhielten.

KANADA

Kanada gehört zu den Ländern, die am stärksten vom Klimawandel betroffen sind. Eine fundierte Studie besagt, dass das Land sich ungefähr zweimal so schnell aufheizt wie der Rest des Planeten. Um die nächste Generation auf die kommenden Herausforderungen vorzubereiten, setzen sich mehrere Hubs in Kanada bei der Regierung dafür ein, die Wirtschaft des Landes zukunftssicher zu machen, indem sie im Nachgang von COVID-19 in Kanadas Jugend investiert. Shaper haben offene Briefe geschrieben, unterzeichnet von der Mehrheit der kanadischen Hubs, in denen die Regierung gedrängt wird, in sektorspezifische Schulungen zu investieren, um die dringlichsten Probleme anzusprechen, mit denen sich die Gesellschaft konfrontiert sieht, wobei der Klimawandel ganz oben auf der Liste steht.

ÜBER FOUNDERSLANE

FoundersLane ist ein Kind der Leidenschaft. Felix Staeritz gründete das Unternehmen 2016 zusammen mit Andreas von Oettingen und Michael Stephanblome. Andreas hatte eine Führungsposition im Tech-Bereich bei Rocket Internet und Project A, während Michael ein Business Angel war, ein Venture-Partner beim Venturekapitalzweig von Fidelity, Eight Roads, ein erfolgreicher Entrepreneur, der nach erfolgreicher Mitarbeit mehrere Firmen wieder verlassen hat, und Marketingdirektor bei eBay und Gumtree.

Während seiner unternehmerischen Karriere war Felix immer fasziniert gewesen von den Möglichkeiten, die ein hochskalierbares Geschäftsmodell der Gesellschaft bietet. Eine für ihn maßgebliche Erfahrung war die App ShareTheMeal, die Sebastian Stricker, Bernhard Kowatsch und er als Co-Creation zusammen mit der UN lanciert hatten. Seit 2015 hat ShareTheMeal mehr als 70 Millionen Mahlzeiten für Kinder und Familien in Entwicklungsländern verteilt.

Über die Jahre wurden Felix und seine Mitgründer von Vorstandsmitgliedern mehrerer Unternehmen angesprochen, die vom selben starken Gefühl getrieben wurden, etwas Sinnvolles tun zu wollen, und darum gebeten, ihnen bei ihren digitalen Strategien und Wachstumsinitiativen zu helfen. Sie bemerkten die Muster, die sie gemeinsam hatten – Muster, die ihre Erfolgsmöglichkeiten in der digitalen Welt einschränkten und mit den in diesem Buch angesprochenen Themen zusammenhingen.

Als FoundersLane Gestalt annahm, ging es bei den ersten Projekten um große Versorgungsunternehmen und Automobilunternehmen. Sie konzentrierten sich auf Themen, die einen großen Einfluss auf den Klimawandel hatten. Das junge Unternehmen begann, mit Vattenfall zu arbeiten, und lancierte bald Solytic, was der Startpunkt für FoundersLane war, so wie wir es heute kennen.

Heute operiert es in ganz Europa, Asien sowie in Nahost und Nordafrika mit einem Kernteam, das von einem Netzwerk aktiver Venturepartner ergänzt wird. Dazu gehören Entrepreneure, Investoren und Führungspersonen des öffentlichen Sektors, die gemeinsam mehr als 30 Milliarden Dollar an Unternehmenswerten aufbauten und mit 130 Firmen zusammenarbeiteten.

Eine Schlüssellektion aus der Erfahrung bei FoundersLane war die Erkenntnis, dass die größten Herausforderungen unserer Zeit auch am schwierigsten anzugehen sind. An dieser Stelle zeigen Industrieexperten wie Sven Jungmann, was sie können. Als ausgebildeter Arzt hat er geholfen, die Methoden und Konzepte von FoundersLane auf das Gesundheitswesen zu übertragen, ein besonders herausfordernder Markt für diejenigen ohne Insiderkenntnisse.

Die Themen und Empfehlungen in diesem Buch basieren nicht auf irgendeinem einzigartigen Wissen, das nur den Autoren zugänglich wäre. Die Konzepte, über die wir reden, sind das Ergebnis vieler Unterhaltungen, gemeinsamer (unternehmerischer) Reisen und neuer Ideen, die der weltweiten Gemeinschaft von Freunden und Kontakten entsprangen, gepaart mit einer Menge handfester Erfahrung, wie man Theorie in die Praxis überführt. Wenn sie bei Ihnen eine Saite zum Klingen bringen, dann vermutlich, weil sie in den Realitäten einer Welt verankert sind, in der wir uns alle den gleichen Herausforderungen gegenübersehen.

ÜBER FIGHTBACK

FightBack ist eine neutrale Plattform, die darauf abzielt, Kollaborationen zu befördern und Allianzen zu schmieden zwischen Unternehmen, Entscheidungsträgern, politischen Führungspersonen und Regierungsbehörden. Sie wurde geschaffen vom Leitungsteam von FoundersLane und soll Organisationen helfen, ihren Impact auf die Gesellschaft zu erhöhen, indem sie ungenutzte Assets anzapfen und Synergien über Industriezweige und Landesgrenzen hinweg nutzen.

Der erste FightBack-Event fand 2016 statt, auch wenn der Name damals noch nicht beschlossene Sache war. Weitere Events folgten, während Teilnehmer Felix drängten, die Kampagne voranzutreiben. FightBack hat heute sein eigenes Team, geführt von Tim Thonhauser-Röhrich, einem Serien-Entrepreneur, der vorher die internationale Innovations- und Kollaborationsplattform Pioneers mitgeschaffen hat. Ziel ist es, die Fähigkeiten, Ressourcen und Expertise von Start-ups, Unternehmen und Venturekapitalisten zusammenzuführen, um gemeinsam eine bessere Zukunft zu schaffen und die Idee des impactgetriebenen Entrepreneurship zu verbreiten. Heute glauben wir bei FightBack, dass die Welt sich massiven sozialen und wirtschaftlichen Herausforderungen gegenübersieht, die einfach zu groß sind, um von einem einzelnen Akteur allein gelöst zu werden.

DANKSAGUNG

Besonders 2020 war das Leben sehr anstrengend für uns und die Menschen um uns herum. Danke an unsere Familien – an Felix' Frau Kamelia und seinen Sohn Kian sowie an seine Eltern Simone und Christian, außerdem an Svens Anne und Friedhelm, Dirk und Anke – und an all unsere Freunde.

Wir sind dankbar für die unablässige Unterstützung unserer Partner bei FoundersLane, Andreas und Michael und das ganze Team, das Tag und Nacht zu diesem Buch beigetragen hat. Ihr Beitrag war gewaltig, was das Diskutieren über Ideen angeht, das Vorwort, die Fallbeispiele, die Zitate und das Feedback. Sie haben uns immer wieder herausgefordert. Danke an alle, die uns auf dieser Reise unterstützt haben und hinter diesem Buch standen, hinter unserer Gemeinschaft und allem, was noch daraus entstehen mag.

Ein Aspekt beim Schreiben dieses Buches, der uns überrascht und erfreut hat, war das erstaunliche Maß an Interesse, Begeisterung und Zusammenarbeit von Top-Leuten in der Wirtschaft, Entrepreneuren und selbst politischen Führungspersonen, mit denen wir gesprochen haben.

Herzlichen Dank also an folgende führende Personen der Wirtschaft, die ihre Perspektive beisteuerten: Thomas Ogilvie (Vorstandsmitglied, DHL Group), Jonathan Larsen (CIO von Ping An), Sascha Pallenberg (ehemals Head of Digital, Daimler), Karthik Suri (ehemals bei GE Digital), Gisbert Rühl (CEO von Klöckner), Marcus Wallenberg (Vorstand der SEB Bank, Saab AB und FAM AB; Vice Chair of Investor AB), Dr. Rahmyn Kress (ehemaliger CDO von Henkel), Alain Uyttenhoven (MD von Toyota Europe), Gert De Winter (CEO von Baloise), Alex Manson (CEO, Standard Chartered Ventures), Peter Albiez (MD von Pfizer Germany), Boris Marte (Leiter des Erste Bank Innovation Hub), Lars Zimmermann (MD von public.io), Oliver Schoeller (CEO der Gothaer), Anne Berner (Investorin, Vorstand und ehemalige Ministerin), Gerard Grech (CEO von Tech Nation) und Verena Pausder (Startup-Gründerin und Bestseller-Autorin »Das Neue Land«).

Für ihre Bereitschaft zu Interviews danken wir Claire Novorol und Daniel Nathrath (Mitgründer von Ada Health), Ida Tin (Mitgründerin von Clue), Anna Alex (Mitgründerin von Planetly), Nicolas Brusson (Gründer von Bla-BlaCar), Rolf Schrömgens (Mitgründer von Trivago), Markus Fuhrmann (Mitgründer von Delivery Hero), Plamen Russev (Gründer der Webit.Foundation), Alexander Wennergren Helm (Vorstandsvorsitzender bei Doktor24), Dr. Christoph Zindel (Vorstandsmitglied bei Siemens Healthineers), Monika Rimmele (Head of Digital Transformation bei Siemens Healthineers), Ralph Rimet (Mitgründer von tooyoo), Andreas Brühlhart (Director – Head of Ecosystems & Innovation bei Die Mobiliar) und Alejandro Plater (COO at A1 Telekom Austria Group).

Wir erhielten faszinierenden Input von führenden Wissenschaftlern, Politikern und Nichtregierungsorganisationen, unter anderem von Eva Kaili (Europäisches Parlament), Martina Larkin (Weltwirtschaftsforum), Geoff Parker (MIT Initiative für Digital Economy), Linda Hill (Harvard Business School), Brigitte Mohn (Vorstandsmitglied, Bertelsmann), Sebastian Borek (Founders Foundation), Rita McGrath (Columbia Business School), Ivanka Visnjic (ESADE), Michael G. Jacobides (London Business School), Anant Jani (University of Oxford), Steven Tebbe und Laurent Babikian (Carbon Disclosure Project), Roland Deiser (Executive Chairman am Center for the Future of Organization, Drucker School of Management), Sebastian Copeland (Polarforscher, Autor und Aktivist) und Torsten Thiele (Gründer des Global Ocean Trust).

Obgleich wir hier nicht alle nennen können, denen unser Dank gilt, möchten wir die folgenden Personen nicht unerwähnt lassen: Ziar Khosrawi, Cain Rothe, Frank Van Beuzekom, Tim Thonhauser-Röhrich, Ian Shircore, Nikola Likov, Rita Maier, Andrej Henkler, Adam Mitchell-Heggs, Gustav Wakeus, Andreas Ringman Uggla, Richy Ugwu, Peter Borchers, Tomasz Bilakiewicz, Bradley Franco, Manuel Mandler, Alexander Bockelmann, Patrick Wirth, Mark Cliffe, Sangeet Paul Choudary und natürlich all unsere Freunde und Kollegen beim Weltwirtschaftsforum. Außerdem bedanken wir uns bei Jochen Wilms, Alex Uglov, Anthony Roberts, Christian Rebernik, Gernot Przestrzelski, Jürgen Furian, Antonia Becker, Fabio Hotic, Lionel Paillet, Andrej Henkler, Cliff Hinrichs, Chasan Mochament, Andreas Aspoeck, Andreas

Kunze, Rodrigo Freire de Sa, Carolin Lessoued und dem Team von Openers, Alexej Habinski, Ulrich Faisst, Ralf Belusa, Michael Meehan, Wolfgang Gründinger, Johanna Lehmann, Lisa von Rabenau, Deemah AlYahya und Dmitriy Aksyonov.

Wir sind ihnen allen dankbar für ihre Zeit und ihre Ideen und dafür, dass sie *Das entscheidende Jahrzehnt* zu einem noch besseren Buch machten, als wir je zu hoffen wagten.

ÜBER DIE AUTOREN

FELIX STAERITZ

Felix Staeritz ist Serien-Entrepreneur, Investor, Ehemann und Vater. Er begann seine unternehmerischen Aktivitäten im Alter von sechzehn Jahren und gründete seitdem mehrere erfolgreiche Start-ups und digitale Plattformen, darunter KochAbo/MarleySpoon, ShareTheMeal, Solytic und viele weitere. Er ist auch ein Business Angel und investiert als Teilhaber mit beschränkter Haftung in Venturekapitalfirmen und Private Equity.

Felix ist Mitgründer und CEO von FoundersLane, einem Corporate Venture Builder mit einer Mission und einem Schwerpunkt auf Gesundheitswesen und klimabezogene Industrien, die in Europa, Nahost und Nordafrika sowie Asien tätig sind.

Mit über dreißig Jahren Erfahrung beim Aufbau von Unternehmen bis zum Börsengang ist Felix außerdem Mitglied der Digital Leader Community des Weltwirtschaftsforums und des Forbes Technology Council. Er schrieb den Bestseller *FightBack* und lancierte die FightBack-Initiative, eine Multi-Stakeholder-Plattform, die strategische Bündnisse zwischen Unternehmen, Entscheidungsträgern und Unterstützern in ganz Europa schmiedet, um gemeinsam nachhaltige Lösungen für die größten Herausforderungen im Bereich Klima und Gesundheit zu schaffen.

DR. SVEN JUNGMANN

Dr. Sven Jungmann ging im Alter von achtzehn Jahren zur Bundeswehr und wurde schließlich Offizier bei den Fallschirmjägern. Auch wenn das die aufrichtige Verwirklichung seines Wunsches war, Menschen in Krisengebieten Frieden zu bringen, wurde ihm klar, dass es ihm nur begrenzt ermöglichte, einen bleibenden Eindruck zu hinterlassen. Also änderte er den Kurs und studierte Medizin an Universitäten in verschiedenen Ländern der Welt.

Er studierte Public Health an der London School of Hygiene sowie Tropical Medicine und Public Policy in Oxford, wobei er Einsichten aus erster Hand in die einzigartigen Mechaniken des Gesundheitssystems gewann – besonders auch in seine Schwächen. Nach mehreren Jahren in der Pulmologie, Onkologie und Notfallmedizin bei Helios und an der Charité wurde Sven Chief Medical Officer bei einem digitalen Corporate Venture von Helios, Europas größtem privaten Krankenhausträger.

Heute ist er Partner bei FoundersLane, wo er den Bereich Health Practice mitgründete. Er sitzt außerdem im Beratergremium von Spring, einer großen deutschen Verschreibungsplattform, berät Start-ups auf der ganzen Welt im Gesundheitssektor und unterstützt Investoren bei ihrer Due Diligence für Investments im Bereich digitale Gesundheitsfürsorge.

DER FIGHTBACK-EID

Gratulation, dass Sie es durch das Buch geschafft haben.
Wir hoffen, es hat Ihnen gefallen.

Wir haben eine Menge Themen behandelt,
und nun ist es an der Zeit zu handeln.

Sie können damit anfangen, sich selbst ein Versprechen zu geben
und Ihren Kollegen in Führungspositionen.

Gehen Sie einfach auf **www.joinfightback.com,**
lesen Sie unser Manifest und
machen Sie Ihr Engagement öffentlich.

VERZEICHNIS DER SCHLÜSSELBEGRIFFE

Assetklasse

Assetklassen sind Gruppen von Investments, die ähnliche Charakteristika aufweisen und denselben Regulierungen unterliegen. Historisch betrachtet waren die vier wichtigsten Assetklassen: Bargeld, Aktien, Anleihen und handfeste Assets wie Grundbesitz.

Analysten nennen zunehmend Investments in Rohstoffe, Venturekapital, Corporate Venture Building, Hedgefonds und Kryptowährungen als wichtige Beispiele für alternative Assetklassen.

Corporate Venture Building (CVB)

Corporate Venture Building ist eine Assetklasse, die auf einem systematischen Prozess basiert. Es werden dabei neue Unternehmen mit Unternehmensmodellen aufgebaut, die substanzielle Unterschiede zum Mutterkonzern aufweisen.

CVB ist ein hybrider Ansatz, der Entrepreneur-Methoden anwendet, um die Hebelwirkung mittels der bestehenden Assets eines alteingesessenen Unternehmens zu maximieren – Industrieexpertise, Werke, Daten, Ruf und so weiter – und ein Portfolio von gleichartig ausgerichteten, aber unabhängigen Unternehmen zu schaffen.

CVB ist nicht darauf begrenzt, neue Unternehmen aus dem Nichts zu schaffen. Es kann seine Ziele auch durch Aufkauf oder das Eingehen von Partnerschaften erreichen. Der Erfolg hängt davon ab, ein geeignetes digitales Operationsmodell zu erschaffen, und besonders von der Einsetzung eines Entrepreneurial Growth Board, das die neuen Ventures bei Gründung, Finanzierung und Wachstum führt und managt.

Entrepreneurial Operating Model (EOM)

Das EOM regelt die Beziehung zwischen dem Mutterkonzern und dem neuen digitalen Unternehmen. Es liefert die essenziellen Kanäle für ehrliche, unzweideutige Kommunikation in beide Richtungen.

Das EOM ist ein strukturierter Rahmen für das Management eines hybriden Unternehmens (das Kerngeschäft und neue Unternehmenseinheiten) und stellt sicher, dass Corporate Venture Building und andere Investmentaktivitäten (wie Mergers & Acquisitions und Corporate-Venture-Kapitalinitiativen) stets mit den allgemeinen strategischen Zielsetzungen auf einer Linie sind.

Entrepreneurial Growth Board (EGB)

Das EGB hat die Autorität, wesentliche Entscheidungen zu treffen, was Käufe, Aufbau, Partner und Investment angeht. Es bestimmt, wie und wann jede neue Unternehmenseinheit Zugang zu den Assets des Kernunternehmens hat und diese einsetzen kann. Es dient als Lenkungskomitee, kontrolliert die Strategie und überwacht alle Aktivitäten, bei denen digitale Werte geschaffen werden.

Das EGB besteht aus erfahrenen Leuten von beiden Seiten des hybriden Unternehmens und erfahrenen Entrepreneuren, die von außen hinzugezogen werden. Er bildet die essenzielle Brücke zwischen der Unternehmensleitung und den neuen Tochterunternehmen sowohl auf der praktischen operativen Ebene als auch bei der Behebung unternehmenskultureller Spannungen. In einigen regulierten Industrien kann es notwendig sein, mehr als einen Rat zu bilden, um die Compliance mit gesetzlichen Regelungen zu überwachen.

White Space Garage

Ein White Space bezeichnet eine Marktnische, die noch nicht bedient wird und das Potenzial für schnelles Wachstum oder enormen sozialen Impact bietet. Diese »weißen Flecken« zu identifizieren eröffnet immense neue Chancen der Wertschöpfung, indem man neue Technologien und Geschäftsmodelle gewinnbringend einsetzt.

Die White Space Garage ist ein »sicherer Ort«, an dem die tiefgründigsten Bedürfnisse der Kunden erkundet und neue Ideen erdacht, erforscht, simuliert, bestätigt und wenn nötig wieder eliminiert werden können, und zwar mit hoher Geschwindigkeit in einer Atmosphäre der ungehemmten Kreativität.

STIMMEN ZUM BUCH

»*Das entscheidende Jahrzehnt* bietet hilfreiche Einsichten, wie man verschiedene Denkweisen und Kulturen zusammenbringt, um bedeutende Innovationen zu liefern.«

EVA KAILI
MITGLIED DES EUROPÄISCHEN PARLAMENTS UND DES KOMITEES DES EU-PARLAMENTS FÜR DIE ZUKUNFT VON WISSENSCHAFT UND TECHNOLOGIE

»Dieses Lehrbuch ist ein Muss für Leader in großen Unternehmen und der Gesellschaft, die sich auf eine unternehmerische Reise begeben und neues Wachstum aus bestehenden Assets generieren wollen.«

RALF BELUSA
MANAGING DIRECTOR, HAPAG-LLOYD AG

»Die Platzhirsche in sämtlichen Wirtschaftsbereichen haben den Aufstieg von Big Tech fasziniert und mit Eifersucht betrachtet, aber hatten oft Mühe, dem etwas entgegenzusetzen. *Das entscheidende Jahrzehnt* bietet praktische Ratschläge für Unternehmen, um zu reagieren, indem sie ihre starken existierenden Assets nutzen. Ich fand die Ratschläge für Corporate Venture Building besonders relevant: die richtigen Anreize setzen, Kulturen auf Linie bringen, sich mit dem ›Mutterschiff‹ verbinden und sichergehen, dass Regularien beachtet werden, ohne zu hart durchzugreifen.«

GEOFFREY PARKER
PROFESSOR, DARTMOUTH COLLEGE, GASTDOZENT UND FELLOW, MIT-INITIATIVE FÜR DIGITAL ECONOMY

»Während wir uns durch das Chaos arbeiten, das die Pandemie angerichtet hat, werden die Tools für zweckgerichtete Innovationen zentral sein bei den Bemühungen, uns von der Krise zu erholen. *Das entscheidende Jahrzehnt* bietet eine Fülle neuer Ideen und fundierter Überlegungen zum weiteren Weg nach vorne.«

RITA MCGRATH
PROFESSORIN FÜR MANAGEMENT AN DER COLUMBIA
BUSINESS SCHOOL

»Als Impact-Entrepreneur kann ich der Kernthese des Buches aus ganzem Herzen zustimmen: Wir können den Klimawandel bekämpfen, indem wir Unternehmen mit nachhaltigen Visionen aufbauen. Vom Warenverkehr bis zur Mobilität – ich bin überzeugt, dass jeder Wirtschaftsbereich heute handeln muss, um unseren Planeten jetzt zu schützen! *Das entscheidende Jahrzehnt* skizziert eine klare Vision dafür, wie man das im großen Maßstab umsetzen kann.«

LAWRENCE LEUSCHNER
CEO UND MITGRÜNDER VON TIER MOBILITY

»Wir brauchen radikale Innovationen, um die komplexen gesellschaftlichen Herausforderungen anzugehen, die von der Krise aufgedeckt wurden. *Das entscheidende Jahrzehnt* weist auf etwas Wichtiges hin: Große Unternehmen müssen eine viel größere Rolle spielen, wenn wir diese radikalen Innovationen erreichen und letztlich das neue Normal nachhaltiger gestalten wollen.«

IVANKA VISNJIC
PROFESSORIN AN DER ESADE BUSINESS SCHOOL

»Die Versicherungsindustrie ist einer der Schlüsselfaktoren für den menschlichen Fortschritt. Die Gesellschaft verändert sich und mit ihr die zugrunde liegenden Risiken. Neue Ansätze, um unsere Assets als Unternehmen gewinnbringend einzusetzen, werden unsere Rolle in einer sich wandelnden Gesellschaft sichern. Aber wir benötigen jede Menge neuer Fähigkeiten und eine dramatische Steigerung des Tempos. *Das entscheidende Jahrzehnt* illustriert, warum und wie Corporate Venture Building diesen Übergang beschleunigen kann.«

OLIVER SCHOELLER
CEO, GOTHAER ALLGEMEINE

»Ein nachhaltiger Markt ist eine Herausforderung, und daher müssen sich Führungskräfte aus möglichst verschiedenen Bereichen unserer Mission anschließen. *Das entscheidende Jahrzehnt* ist das Buch für eine neue Bewegung von Leadern, die etwas bewirken wollen.«

ANNA ALEX
MITGRÜNDERIN UND CCO VON PLANETLY

»Toyota hat sich vorgenommen, bis 2030 von einem Autohersteller zu einem Unternehmen für integrierte Mobilität zu werden. Wir wissen, dass wir das nicht allein tun können, sondern indem wir unsere Kräfte mit Menschen aus ganz verschiedenen Bereichen vereinen. *Das entscheidende Jahrzehnt* zeigt uns Wege, wie derartige neue Kollaborationen funktionieren können, die der Gesellschaft als Ganzes nützen.«

ALAIN UYTTENHOVEN
CEO, TOYOTA DEUTSCHLAND GMBH

»Die monumentalen Herausforderungen unserer Zeit fallen mit der Notwendigkeit zusammen, den institutionellen Rahmen unserer Gesellschaft in globalem Maßstab zu ändern. Mit seiner Betonung einer kreativen Kombination von unternehmerischen Innovationen und der formgebenden Macht verantwortungsbewusster, weltweit aufgestellter Unternehmen schickt sich *Das entscheidende Jahrzehnt* an, das zu beschleunigen, was getan werden muss.«

ROLAND DEISER

GRÜNDER UND EXECUTIVE CHAIRMAN,
CENTER FOR THE FUTURE OF ORGANIZATION AN DER
DRUCKER SCHOOL OF MANAGEMENT UND AUTOR VON
DESIGNING THE SMART ORGANIZATION.

»*Das entscheidende Jahrzehnt* stellt ganz darauf ab, bestehende Assets durch die Macht der digitalen Technologien zu nutzen für eine nachhaltigere Zukunft und widerstandsfähigere Gesellschaft.«

ANDREAS KUNZE

GRÜNDER UND CEO VON KONUX

»Wir alle sind dafür verantwortlich, das neue Normal zu definieren. Wir können die Arbeit, die unsere Gesellschaft entscheidend beeinflusst, nicht nur der Öffentlichkeit und den Nicht-Regierungssektoren überlassen. Wie *Das entscheidende Jahrzehnt* so wunderbar herausstreicht, liegt es genauso in der Verantwortung der großen Unternehmen, den bedeutenden strukturellen Wandel herbeizuführen, der uns hilft, die Ziele der UN für nachhaltige Wirtschaftsentwicklung zu erreichen.«

ANDREAS RICKERT

CEO UND GRÜNDER VON PHINEO

»Während wir alle uns zur Verfügung stehende Technologie nutzen, um das neue Normal zu definieren, müssen wir uns über den tieferen Sinn im Klaren sein. Es geht nicht darum, die Effizienz zu verbessern oder das Wirtschaftswachstum anzukurbeln. So wichtig das auch sein mag, die wahre Mission besteht darin, stärkere menschliche Bande zu knüpfen, der Kultur zu ihrer Bedeutung in der Gesellschaft als ein wichtiges Element zu verhelfen und uns zu ermöglichen, das sinnvolle und bereichernde Leben zu führen, nach dem wir uns alle sehnen. *Das entscheidende Jahrzehnt* ist ein Aufruf zu handeln und die durchschlagenden Geschäftsinnovationen hervorzubringen, die wir jetzt so dringend brauchen.«

DMITRIY AKSYONOV
VORSTANDSVORSITZENDER
DER RDI GROUP

»In der Welt nach der Pandemie ruft *Das entscheidende Jahrzehnt* große Unternehmen dazu auf, ihre Assets anders einzusetzen, als sie das bisher getan haben, um mit größerer Flexibilität durch digitale Technologien und plattformbasierte Geschäftsmodelle zu reagieren.«

SANGEET PAUL CHOUDARY
BEKANNTER PLATTFORM-ÖKONOM UND -STRATEGE

»Wenn wir die Pandemie hinter uns lassen, müssen wir sicherstellen, dass wir unseren Schwung behalten und künftigen Herausforderungen besser vorbereitet gegenüberstehen. Darum geht es in *Das entscheidende Jahrzehnt.*«

ANNE BERNER
ENTREPRENEURIN UND INVESTORIN,
EHEMALIGE FINNISCHE MINISTERIN

»Wir als Leader eines Ökosystems und wir als Gemeinschaft dürfen kein Entrepreneurship fördern, das nicht auf verantwortlicher, nachhaltiger Entwicklung beruht, mit klaren Regeln sowie klaren Auswirkungen, Zielen und Zwecken. *Das entscheidende Jahrzehnt* ist ein Aufruf zu handeln für Unternehmer, die soziale Werte schaffen wollen.«

PLAMEN RUSSEV
GRÜNDER UND EXECUTIVE CHAIRMAN, WEBIT.FOUNDATION

»Unternehmensinnovationen erfordern ein radikales Umdenken, während wir uns auf eine Welt zubewegen, die zunehmend von digitalen Ökosystemen vermittelt wird. Besonders die westliche Industrie muss einen neuen Dialog mit Investoren anstoßen, langfristig denken, neue Maßzahlen einführen und neues wirtschaftliches Talent nutzen. *Das entscheidende Jahrzehnt* liefert einen durchdachten Plan, um das zu tun.«

MICHAEL G. JACOBIDES
PROFESSOR FÜR STRATEGIE AN DER
LONDON BUSINESS SCHOOL

»Der Wandel ist die (einzige) dauerhafte und sichere Variable auf dem Weg in die Zukunft. Er ist kein Fehler im System. Er wird die Norm sein. Nicht nur ist er notwendig und angemessen für die größten Unternehmen. Nachhaltiger Wandel reicht noch viel weiter. Führungspersonen und CEOs müssen soziale Verantwortung umsetzen. Von Upgrades bis zu neuen Dienstleistungen und Produkten haben wir die Verantwortung, Werte zu schaffen und neue Jobs zu generieren. *Das entscheidende Jahrzehnt* ist die Feuerprobe für diesen dringend benötigten Wandel.«

LIONEL PAILLET
BERATER UND EHEMALIGER GENERAL MANAGER, NEST,
GOOGLE, APPLE

»Jede Krise bringt auch einen Boom beim Unternehmertum. Eine ganze neue Generation an Entrepreneuren wird aus dieser unglückseligen menschlichen und ökonomischen Krise hervorgehen. Schließlich ist die Not die Mutter der Erfindung. Wenn Sie ein Teil dieser neuen Art zu denken sein wollen, dann ist *Das entscheidende Jahrzehnt* ein guter Startpunkt.«

GERARD GRECH
CEO, TECH NATION

»*Das entscheidende Jahrzehnt* zeigt, wie etablierte Unternehmen kreative Menschen ans Steuer setzen können, um bedeutende Innovationen voranzutreiben.«

SASCHA PALLENBERG
EHEMALS HEAD OF DIGITAL TRANSFORMATION
DER DAIMLER AG

»Es gibt kein Patentrezept, um neue Unternehmen zu gründen, aber es gibt Ansätze und Leitprinzipien, die für uns wiederholt erfolgreich waren. Eine Reihe davon sind in *Das entscheidende Jahrzehnt* zusammengefasst und hilfreich für Leader, die transformative neue Unternehmen schaffen wollen.«

JONATHAN LARSEN
CHIEF INNOVATION OFFICER,
PING AN GROUP

»Digitale Transformation scheitert oft. *Das entscheidende Jahrzehnt* bietet Strategien dafür, wie man seine Mitarbeiter dazu bringt, den Arbeitsansatz zu verändern und den Ertrag ihres digitalen Investments einzubringen.«

LINDA HILL
PROFESSORIN, HARVARD BUSINESS SCHOOL

»Während wir in die Zukunft voranschreiten, müssen wir unsere Industrien aktiv neu gestalten, neue innovative Strukturen aufbauen und neue Wertschöpfungsketten entwickeln, um die UN-Ziele für nachhaltige Entwicklung zu erreichen. *Das entscheidende Jahrzehnt* zeigt uns, wie wir die Initiative ergreifen, um diese neue Art des innovativen Leadership umzusetzen.«

BRIGITTE MOHN
VORSTANDSMITGLIED BERTELSMANN STIFTUNG
UND ENTREPRENEURIN

»Wir müssen den Erfindungsreichtum der Tech-Entrepreneure nutzen, um drängende globale Probleme zu lösen. *Das entscheidende Jahrzehnt* regt den Entrepreneursgeist der Leser an und vermittelt Lektionen, wie man bedeutende Wachstumsquellen mit positivem Impact schafft.«

NICOLAS BRUSSON
MITGRÜNDER UND CEO, BLABLACAR

»Ich kann den Autoren von *Das entscheidende Jahrzehnt* nur zustimmen, dass große Unternehmen eine wichtige Verantwortung tragen, ihre Assets für das digitale Zeitalter zu nutzen, um resilientere Gesellschaften und einen gesünderen Planeten zu schaffen. Dieses Buch wird die Begeisterung in Ihnen wecken, ein Leader des neuen Normal zu werden.«

THOMAS OGILVIE
MANAGEMENT BOARD MEMBER, DEUTSCHE POST DHL GROUP

INDEX